U0085758

臺灣發展
知識經濟
之路

孫震 著

三民書局

國家圖書館出版品預行編目資料

臺灣發展知識經濟之路 ／ 孫震著. – 初版一刷
　　 – 臺北市：三民，民 90
　　面；　　公分

ISBN 957-14-3363-2（平裝）.

552

網路書店位址　http://www.sanmin.com.tw

© 　臺灣發展知識經濟之路

著作人　　孫　震
發行人　　劉振強
著作財
產權人　　三民書局股份有限公司
　　　　　臺北市復興北路三八六號
發行所　　三民書局股份有限公司
　　　　　地址／臺北市復興北路三八六號
　　　　　電話／二五○○六六○○
　　　　　郵撥／○○○九九九八——五號
印刷所　　三民書局股份有限公司
門市部　　復北店／臺北市復興北路三八六號
　　　　　重南店／臺北市重慶南路一段六十一號
初版一刷　中華民國九十年一月
編　號　　S 55201
基本定價　伍　元
行政院新聞局登記證局版臺業字第○二○○號

有著作權·不准侵害

ISBN　957-14-3363-2　（平裝）

序——自然從不跳躍

一、

　　二十世紀末期，世界經濟發展有兩大主流，在美國的引導下，席捲世界各國，促進生產因素的移動，改變國際分工的面貌，提高生產力和經濟成長率，使二十世紀結束前的十數年，成為人類歷史上成長最快速的時期。預期此一快速成長的趨勢在進入二十一世紀後仍將繼續。根據《經濟學人》(The Economist)今年9月23-29日專文的分析，1800-1840年美國經濟的平均每人GDP年成長率只有0.6%，但1960-1999年達2.3%，預估今後一、二十年可能達2.5%。

　　這兩大主流，一為從資訊技術(information technology, IT)發展晚近形成的知識經濟(knowledge economy)，或所謂新經濟(new economy)；一為從貿易自由化、經濟自由化發展近年形成的全球化(globalization)。知識經濟與全球化互相激盪，互相支助，促進了世界經濟的發展。

　　臺灣有幸在1970年代作了正確的選擇。1970年代是臺灣產業政策從發展資本密集工業轉向技術密集工業的時代。1973年經濟部成立財團法人工業技術研究院，從事應用技術研發，以提升臺灣的產業技術水準。1974年，政府決定發展積體電路，在工研院成立電子工業發展中心負責推動。隨了積體電路開發的成功，電子工業發展中心升格

為電子工業研究所，繼又擴編為電子工業研究所、電腦與通訊工業研究所與光電工業研究所，研發相關科技產業發展所需的關鍵技術。民間的資訊業於 1970 年代後期蓬勃發展；政府也於 1980 年根據二高（技術密集度高，附加價值高）、二低（污染程度低，能源依存度低）、二大（關聯效果大，市場潛力大）六項標準，選定電子等若干產業為策略性產業，加以推動發展。目前臺灣技術密集產業的產值已超過製造業產值的 40%。1999 年資訊硬體產值排名世界第三，以積體電路為主的半導體產值排名第五。今年五月組成的新政府最近宣布，臺灣要發展知識經濟。

1970 年代後期，也是臺灣經濟走向全面自由化的開端。自由化的理念和政策清晰的列入 1982-85 年的經建計畫之中。1984 年，俞國華先生就任行政院長，以自由化、國際化、制度化作為他經濟政策的基本原則。80 年代後期貿易順差的迅速擴大、國際短期資金的大量流入、外匯存量迅速累積與貨幣數量大量增加，形成巨大物價膨脹的壓力，迫使政府加速自由化的腳步。

1990 年代臺灣以資訊產業發展成就聞名於世。1997-98 年東亞金融風暴時期，東亞市場經濟國家無一倖免，臺灣仍維持 5% 左右的成長率，資訊科技的發展與自由化的努力是重要的原因；而科技產業的進步快速，又與高等教育發展以及旅居國外的科技菁英大量返國有密切的關聯。

二、

本書探討臺灣近年經濟自由化和科技產業發展的歷程。全書由二

十三篇文字組成，其中二十一篇是我近年服務於工業技術研究院期間的一部分演講和論文，另外補充兩篇舊作，使本書的體系趨於完整。

我將這些文字分為四篇，依序為〈從自由化到全球化〉、〈科技、知識與產業〉、〈教育的經濟功能與社會功能〉以及〈凝聚世紀新倫理〉。第四篇的標題是接受三民書局編輯的建議，我敬表謝意。這些看似分散的課題，正是臺灣近年經濟發展最關鍵、最相關的因素。我自己早年在經濟建設委員會工作，獻身經濟自由化觀念的傳播與自由化政策的推動；後來回到母校臺灣大學負責校務，正值臺灣高等教育發展預算充裕、研究所階段教育快速擴張的黃金時期；離開公職到財團法人工業技術研究院服務，親身體驗諾貝爾經濟學獎得主顧志耐(Simon Kuznets)的觀察；以科技研發為基礎的技術進步是現代經濟成長最根本的原因。

我常說，臺灣過去經濟發展的成就，如果只容許提出一個原因，這個原因就是教育。早期國民教育的普及幫助了勞動密集產業的發展，而 1980 年代以來高等教育的發展與知識菁英返國，促成了科技產業的發展，使臺灣在二十世紀結束的前夕，略具條件可以談發展知識經濟。馬夏爾(Alfred Marshall)的名言說：「知識是生產最有力的引擎」。不過隨了經濟成長與所得水準的提高，教育的性質也不斷發生變化。教育不僅是一種投資，也是一種消費；教育不但生產經濟價值，也生產文化價值；教育不僅是促進經濟發展的手段，也是人民直接追求的目的。

經濟發展引起社會的分殊化與多樣化，個人的自由度因可支配的資源增加而提高，自我意志不斷膨脹，衝擊著傳統價值與社會秩序，

需要社會倫理的重建。最近我在臺北西門徒步區，看到十數位青少年正在從事街頭表演。他們鵝黃色背心的背後寫著：「一個人的價值大於全世界」。的確，我們誠然應尊重個人的價值，但個人在伸展自己的價值時，也不應侵害別人的價值。倫理並非過時的概念，倫理是社會有效運作的基礎，也是民主政治健全發展必須的條件。

這些課題都是本書主要的內容。

三、

本書書名三民書局的編輯建議用《再造臺灣經濟奇蹟》。我原來覺得很有吸引力，打算採用。但是推敲再三，感到不妥，主要有三個理由：第一，自從今年五月新政府主政以來，臺灣經濟日趨衰敗，失業增加，投資裹足，產業界疑懼，人心惶惑，看不出有任何創造奇蹟的可能。第二、經濟發展，有一定的原因才有一定的結果，本來即無奇蹟。第三、馬夏爾在他的巨著《經濟學原理》(*Principles of Economics*)的書名頁(title page)寫著：「自然從不跳躍」。他在《經濟學原理》第八版的序文中如此寫道：

> 經濟的演化(evolution)是漸進的。經濟的進步(progress)有時因政治上的災害受阻或反轉，但其前進的運動絕非突然，因為即令在西方世界或日本，也是基於部分出於自覺、部分出於非自覺的習性。雖然天縱聰明的發明家、組織家或金融家似乎一舉改變經濟的結構，然而探索之下我們發現，他們真正發生作用的影響，無非是將長期進行之中的建設性運動加以突現而已。

回顧過去臺灣經濟的發展，從 1960 年代的勞動密集產業，經過 1970 年代的轉折，到 1980 年代的技術密集產業，與 1990 年代的科技產業，如今政府宣布發展知識經濟，正如馬夏爾所說，為一漸進的過程。

全球化與高等教育的發展猶如知識經濟的雙翼。然而自舊政府以來的「戒急用忍」，與當前高等教育的齊頭式擴張，使教育資源稀釋，則如鎖鍊，牢牢綑綁臺灣邁向知識經濟的腳步。三百多年前鄭成功驅逐荷蘭人在臺灣建立基業，清廷封鎖東南沿海一帶經貿，使明鄭不易取得民生和軍事所需的物資。想不到今天我們自己採取自我設限的政策。所幸臺灣商民彈性務實的做法，使經濟所受的傷害程度減低。臺灣如不能利用大陸的資源和市場，充分實現全球化的利益，學術與研發環境如不能累積知識，產生源源不絕的科技進步，則發展知識經濟不過是一個空洞的政治口號，不久也會像一般欠缺內涵的政治口號一樣，流為空言。

本書述說晚近臺灣推行自由化、國際化、全球化與發展科技產業的經驗。今後向知識經濟邁進，應是自然要走的道路。因此我決定用《臺灣發展知識經濟之路》作為書名。我希望目前臺灣經濟所遭遇的種種困難，正像馬夏爾序中所言，只是暫時受到政治災害的影響而已。

孫　震

民國 89 年 10 月 22 日

臺灣發展知識經濟之路

目　次

第二篇 科技、知識與產業

第三篇 教育的經濟功能與社會功能

第四篇　凝聚世紀新倫理

第一篇

從自由化到全球化

第一章　臺灣經濟發展的檢討與展望

　　中華民國政府於 1949 年遷來臺灣，改革財政，穩定物價，從事土地改革，實施經建計畫，發展經濟，至今已逾 50 年。今值千禧年到臨，二十世紀將盡，執政黨更替，正是檢討既往，策勵來茲之適當時機。以下第一節回顧臺灣經濟過去發展的情形與目前到達的狀況，第二節檢討當前經濟存在的若干重要問題，這些問題如不予以解決，勢將對未來經濟發展產生不利的影響，第三節展望臺灣經濟未來的前途與成長的來源。

一、回　顧

　　先看經濟成長率。

　　經濟成長率可按國內生產毛額(GDP)計算，亦可按國民生產毛額(GNP)計算，前者與勞動生產力及就業有直接之關係，後者與所得及儲蓄有直接之關係。從 1951 年到 1998 年，臺灣按 GDP 計算的年平均經濟成長率為 8.4%，GNP 成長率平均亦為 8.4%，是世界上經濟成長最快的少數國家之一。1997 年平均每人 GNP 達美金 13,559 元，在國際

　　本章初稿為臺灣大學主辦「臺大對新世紀新政府的期許」(89 年 4 月 29-30 日)引言報告，本章較初稿略有增刪。

貨幣基金(IMF)之 *World Economic Outlook* 中，開始與新加坡、香港、韓國、以色列同被列入 28 個先進經濟(advanced economies)之中。1997年後半年，所謂「東亞金融危機」(the East Asian financial crisis)從泰國開始，迅速蔓延至東亞各國，臺灣因經濟成長率降低及新臺幣對美元貶值，致平均每人 GNP 在 1998 年降至 12,333 美元，1999 年復甦，回升至 13,248 美元，預期今(2000)年可達 14,634 美元。

經濟成長率早年呈上升趨勢，在 1960 年代和 70 年代維持大約兩位數字的水準，80 年代以後下降。主要因為過去失業及隱藏性失業人口隨了經濟發展進入生產行列，以及人口成長，幼少年人口逐漸到達工作年齡，使工作人口占總人口的百分比增加，但其增加率從上升而漸下降。目前「生之者眾，食之者寡」的優勢不久即將消失，未來的經濟成長將日益依賴技術進步與勞動生產力之提高。

在經濟成長的過程中，產業結構不斷改變乃必然的現象。農業生產占 GDP 之百分比從早期的 30% 以上降低到目前 3% 以下。工業生產從不到 20%，最高時增加到 1980 年代中期的 45% 以上，再下降到目前的略高於 30%；其中製造業於 1980 年代中期最高時接近 GDP 的 40%，目前下降到 25% 左右。服務業所占的比重不斷提高，目前已達 65% 左右。

製造業生產占 GDP 的百分比自 1980 年代後期以來快速下降，引起所謂產業「空洞化」之憂慮。然而當製造業的生產力提升到一定水準，致其產品與經由貿易所交換之產品，超過國內消費與投資之所需，形成巨額貿易盈餘，終將迫使貨幣升值，使製造業部門縮小，釋出人力從事服務業之發展。如勞務出口多，資金流入多，則製造業部門可

能更小。臺灣在 1980 年代後期，貿易順差幾達 GDP 之 20%，新臺幣大幅升值，使順差逐漸調整至目前約占 GDP 之 3% 左右，是良性的反應。

在製造業中，自 1970 年代後期，政府推動科技產業發展以來，科技產業所占比重迅速提高，漸成為臺灣製造業之主流。下表顯示 1986 年至 1998 年製造業中科技產業相對於傳統產業之變動。臺灣現已成世界半導體產業與資訊產業之重鎮，近年正大力向顯示器、無線通信、網路與電子商務發展。❶

表 1–1　1986–1998 臺灣製造業之結構變化

單位: %

	1986	1998
技術密集之科技產業	24.0	40.7
勞力密集之傳統產業	40.4	23.5
資本密集之基礎產業	35.6	35.8

資料來源: 行政院經濟建設委員會。

在經濟發展的過程中，經濟制度從管制和計畫走向自由化、國際化和全球化，經建計畫雖仍存在，但逐漸成為參考和期許的性質。金融已自由化，中央銀行調節貨幣供給，經由市場影響利率，唯若干金融機構尚待整頓，俾使金融自由化的機制更臻健全。外匯採浮動制度，匯率隨外匯供需而變動，唯短期國際資本流動成為威脅證券市場甚至整個經濟安定的因素，特別是在 1997–1998 東亞金融危機的慘痛經驗之後，需要世界金融組織與金融專家的關注。財政措施日益受到政治

---

❶　參看第七章。

因素的影響，成為政客假福利與公義之名，贏取選戰之工具，終將加重全民之負擔，並削弱整個經濟之生產力與競爭力。

二、檢　討

1984 年 5 月俞國華出任行政院長，宣布其經濟政策的基本方針為自由化、國際化與制度化。早在 1982–1985 年之新經濟建設四年計畫中，行政院經濟建設委員會已規劃建立制度，引導臺灣經濟走向自由化之市場經濟。❷然而政府的行動總是緩慢而妥協，以致自由化、國際化的速度無法趕上現實的需要，不免有 80 年代後期貿易順差的迅速擴大和新臺幣的大幅升值。幸賴產業界之強大調適能力，經濟成長在短期中雖受挫，但大批傳統產業移往中國大陸與東南亞國家投資生產，科技產業迅速興起，使製造業之結構改善，技術水準提升。

在舉國上下都高呼自由化和國際化的同時，作為自由化和國際化有效運作基礎之制度化則少為人重視，而成為臺灣經濟現代化中改進較為緩慢的一環。東亞金融危機之後，臺灣於 1998 年下半年與 1999 年初，發生本土性金融危機，就是制度化未臻健全引發的災害。在這場由於政府施以援手幸未釀成大禍的災難中，若干不務本業的經營者，平時利用公司或金融機構的資金，過度投資其他行業，炒作股票，或從事政治活動，於周轉失靈時，竟能掏空公司或金融機構的資產以自肥，使眾多關係人承擔損失，甚至使整個經濟蒙受風險。我們很難想像，事業內部的稽查和監督制度何在？主管機關職司何事？

政府出面救助，幸而阻止財務災害擴大蔓延。然而將個別事業的

---

❷　參看第六章。

虧損轉化為公共成本，最後透過租稅，成為社會大眾的負擔，是否公平？是一個值得探討的問題。諾貝爾經濟學獎得獎人傅利曼(Milton Friedman)教授曾經說：一家公司倒閉，社會有什麼損失？廠房依然存在，設施依然存在，土地依然存在，人員依然存在，只不過失去一個無效率的經營者而已。自由經濟憑著汰弱留強，將社會有限的資源不斷重組，以促進經濟的繼續成長。當然我們也了解，政府伸出援手未必是因厚愛個別事業，而是希望保護整個經濟，至少所據的理由是如此，但其結果使整個經濟付出代價。這更顯示健全的制度對經濟效率與經濟成長何等重要，必須加以重視。

雖然近年政府經濟政策的主軸是自由化，連戰先生任行政院長時之「亞太營運中心」構想，宣示政府的角色要從管理者轉變為支援者，從參與者轉變為監督者。但高層之決策，執行階層似乎甚少體會，在法令制度方面也依然重重約束，管制嚴苛而少見功效。以民營銀行為例，發起人簽名蓋章文件百餘份，董事被要求填寫三親等親屬之職業、電話與身分證號碼；銀行在主管機關之要求下，展延對問題廠商之信用，因此發生之風險與成本，則以降低營業加值稅補償，最後導致財政赤字擴大或稅負增加。

中央政府批准之投資，可能不為地方政府接受，民眾對合法投資之抗爭，以及黑道對正當商人之脅迫，政府束手無策，甚至袖手旁觀，儼然成為無政府狀態。地方與中央對經濟活動之態度不一，一部分原因與稅收的分配有關，如果稅收分配制度的設計含有足夠的誘因，地方應會歡迎甚至爭取而非排斥投資生產的活動。

臺灣雖然人稱地狹，但和香港與新加坡等城市經濟相比，仍擁有

廣大之土地，然而一方面都市擁擠，農地閒置，另一方面非農業用地價格高而取得不易，一向是投資的重大障礙，也是奇貨可居、投機的良好標的，顯然是土地政策和土地規劃不當所致。為排除土地取得困難之障礙，政府設置各種園區，分屬不同部會掌管，如國科會之新竹科學工業園區、臺南科學工業園區，經濟部之加工出口區、工業區、科技工業區、智慧型工業園區，各有不同的條件與不同的優惠，因而形成不同的成本。產業所負擔的土地成本不同，正如過去在複式匯率制度下，不同的進出口商品適用不同的匯率一樣，扭曲價格機制之功能，影響資源分配之效率，實有加以檢討整合之必要。

　　在財政方面，政治人物為討好選民，爭取選票，利用各種名目，增加福利支出，舉辦缺乏經濟效益的公共工程，以致排斥生產性或投資性的經費，如教育和研發，並使赤字擴大，加重後人之負擔。傅利曼教授曾說：「花別人的錢不心痛。」政治人物假借某種公義之名，慷他人之慨，而由勤勞無助的平民百姓負擔沉重的成本，公義何在？

三、前　途

　　以上之檢討，並非說政府對臺灣的經濟發展沒有貢獻，而是說如加以改善，當有更大的貢獻。經濟成長是生產力長期持續增加的過程，政府政策如不能使技術進步、生產力提高，無助於經濟成長。過去 50 年臺灣經濟發展的成功，在人力方面有三項有力的因素：(1)勞力供給充裕，而且基礎教育好，勤奮、努力而有紀律；(2)1940 年代末期自大陸隨政府來臺的菁英，填補了日本人遣返後高級人力的空虛，1946 年底，臺灣總人口中受過高等教育的百分比只有 0.3%，1950 年底提高到

1%，主要由於這批大陸來臺的人士平均受有較高的教育；(3)1980 年代後期和 1990 年代自國外大量返國的留學生，助長了臺灣科技產業的蓬勃發展。

臺灣戰後早期人口增加快，成長率在 3% 以上，幼、少年依賴人口多，妨礙儲蓄和投資，對經濟成長不利，於是政府實施人口政策，推行家庭計畫，以降低人口成長率。目前人口成長率已降至 1% 以下，人口結構老化，15–64 歲工作年齡人口占總人口百分比之成長率，雖仍呈微升，但大約五年左右將開始下降，幼、少年依賴人口之比例下降，老年依賴人口之比例上升。民國 85 年平均大約每 9 個工作年齡（15–64 歲）人口，扶養一位老年（65 歲以上）人口，民國 100 年每 7 人、120 年每 3 人扶養一位老年人口。如按近年勞動參與率 58.5% 換算，則民國 100 年每 4 位勞動者扶養一位老年人口，民國 120 年每 2 位勞動者扶養一位老年人口。生之者日寡，食之者日眾，必須提高人力素質，加強研究發展，加速技術進步，以不斷提高勞動生產力，才能維持按平均每人 GDP 計算的經濟成長率於不墜。

1980 年代後期以來，科技產業蓬勃發展，維持了臺灣經濟的持續成長，而科技產業之快速發展，除了政府的大力扶助，主要由於高等教育，特別是研究所階層理工系所教育的迅速擴張，與大批回國的留學生。1980 年代以來，臺灣高等教育發展以及返國高級人力情形如表 1–2 與表 1–3。從 1985–1986 學年到 1997–1998 學年，臺灣的大學從 16 所增加到 39 所，獨立學院從 12 所增加到 45 所，專科學校因有若干升格為學院，故數目減少。同一時期應屆畢業獲學士、碩士、博士學位的人數分別增加 1.2 倍、2.7 倍和 7 倍。1980–1989 年從國外返

國服務的留學生有 14,880 人，1990–1995 年有 30,238 人，分別相當於同時期國內所有高等教育學府畢業的碩士和博士人數的 44.4% 和 56.5%。

表 1–2　臺灣高等教育的擴張
1985–86──1997–98 學年

	1985–86	1997–98
高等教育學府		
大　學	16	39
獨立學院	12	45
專科學校	77	52
在學學生人數		
大學部	179,334	409,705
碩士班	10,638	43,025
博士班	1,780	10,845
專科學校	236,824	449,573
應屆畢業人數		
學　士	38,625	85,802
碩　士	3,800	14,146
博　士	161	1,282

資料來源：教育部，《中華民國教育統計》。

表 1–3　留學生返國人數
1980–1995

	1980–95*	1980–89	1990–95
總人數	45,118	14,880	30,238
碩　士	37,061	11,901	25,160
博　士	7,256	2,416	4,840
其　他	801	563	238

資料來源：教育部，《中華民國教育統計》。
*1995 年以後無完整之留學生返國人數資料。

　　1940 年代末期隨政府渡海來臺的人力，包括大陸數億人口中政府培植之菁英。例如李國鼎係戰時自英國習物理返國參加抗日戰爭，孫運璿係戰後送往美國田納西河谷管理局實習電力來臺整建電力，俞國華係抗日戰爭將結束時先後留學美國哈佛大學與英國倫敦政治經濟學院嗣代表政府任職世界銀行與國際貨幣基金於民國 40 年返臺。1980–1995 返國之留學生，則主要為 60 年代和 70 年代出國留學，在國外攻讀高級學位，然後繼續在國外工作多年，累積學識與經驗之高級人才。然而 90 年代以來，出國攻讀艱深之理工高級學位人數漸少，學業完成後繼續在國外大學、研究機構或大公司研發部門任職者亦漸少。今後不再有大批外來的人力，不再有過去累積在科技先進國家成長的人力，發展所需人力將主要依賴國內之教育系統，因此必須提升國內大學的水準，培育國際水準之英才。目前錢少、學校多、平頭主義的作法，不利於大學追求卓越。

　　我們希望政府真正像自己所主張的：退居監督者和支援者的地位，建立遊戲規則，監督執行；維護清廉的政治和社會治安，提供簡化有效率的行政服務；做好國家發展所需要的規劃和基礎建設；充實研發能量，大力發展教育，讓民間的活力和創造力充分發揮。

第二章　臺灣的生產力提升與國家競爭力

國家競爭力的提升是臺灣近年朝野關懷的重要課題。華府國建聯誼會選擇「提升競爭力，再創新奇蹟」作為今年學術研討會的主題，邀集相關領域的菁英，從不同的角度探討，如何提升國家總體的競爭力，突破產業升級的瓶頸，再創臺灣奇蹟，是一項切合國家當前需要的決定，我覺得十分敬佩。影響國家競爭力的因素很多，但是最核心的因素是勞動生產力的持續增加,而生產力長期持續增加的主要來源，是以現代科學為基礎的技術的不斷進步。在這篇報告當中，我想分析一下臺灣在過去三十年經濟成長的來源和變化，並展望未來發展的前景和應該努力的方向。

一、富裕與進步

兩百多年前，經濟學鼻祖亞當・史密斯(Adam Smith)的經典名著《國富論》(*An Inquiry into The Nature and Causes of the Wealth of Nations, 1776*)告訴我們，應將富裕(opulence)和進步(progress)加以區別。他並以當時的中國和英國相比，認為中國雖然富裕但是沒有進步，和五百多年前馬可波羅(Marco Polo)看到的情形沒有什麼差別，而英國雖

本章為 1997 年 10 月在華府國建聯誼會演講全文。

不富有但卻不斷進步。

　　用現在經濟學的語言來說，富裕是指經濟成長所到達的水準，可用平均每人 GNP、GDP 或所得來表示，進步是指經濟成長的速度，也就是水準變化的速度，可用平均每人 GNP、 GDP 或所得成長率來表示。高所得反映高生產力和高工資，低所得反映低生產力和低工資，一個國家不因高所得或高工資而失去競爭力，也不因低所得或低工資而得到競爭力，否則世界上最具有競爭力的國家，應該是最貧窮的國家。我們常聽說，臺灣因為失去低廉的人力，因而失去競爭力。又聽說，工資上漲使臺灣無法和低所得的國家競爭，然而技術落後又無法和高所得的國家競爭。前有強敵，後有追兵，進退失據。這種議論我稱之為「夾殺理論」(caught in between theory)，是不對的，至少是一種過分簡化的說法。事實上臺灣過去也是前有強敵，後有追兵；世界上除了非常少數，幾乎所有國家都是前有強敵，後有追兵。前無強敵、後無追兵既不是一種優勢，前有強敵、後有追兵也不是一種不利；一國的競爭力不在靜態的水準，而在動態的變化；不在生產力的高低，而在生產力的變動。

　　根據新古典成長理論，生產力增加是由於技術進步與平均每一勞動者所使用的資本增加；而資本增加靠投資，所以投資常被當作經濟成長的主要來源，因而鼓勵儲蓄與投資。然而根據經濟學上一個最基本的法則──報酬遞減法則(law of diminishing returns)：如果技術水準不變，投資使資本累積的結果，終將使資本的邊際生產力下降為零，因而沒有人會再累積資本，致投資為零，儲蓄也為零，終將使經濟趨於停滯。這是古典經濟學者對經濟發展持悲觀看法的基本原因。諾貝

爾經濟學獎的得主舒爾茲(T. W. Schultz)，在他 30 多年前的著作 *Transforming Traditional Agriculture* (1964)中早就指出，傳統社會缺少投資，並非其人民不儲蓄，而是因為技術停滯，資本的邊際報酬率為零，致儲蓄和投資沒有經濟上的誘因所致。因此，我們如果稍加推論，就可以明白，為什麼若干貧窮的社會很多人不工作，並非因為他們懶惰，而是因為缺少技術進步和投資，致使勞動的邊際生產力為零。不儲蓄和不工作反而都是社會理性選擇的結果。

由此，我們也可以明白，如果一個社會在數十年的長期間，繼續維持高投資率、高儲蓄率和高經濟成長率，這個社會的生產技術也必然不斷的進步與提升。晚近若干經濟學者，根據他們計算的結果，認為東亞經濟過去快速的成長，是投入增加的結果，而不是由於技術進步，因而所謂東亞經濟奇蹟不是奇蹟，反而會因為資本的邊際報酬率下降而趨於停滯。❶過去兩年東南亞各國經濟發生困難，成長率降低，似乎在某種程度上證實這樣的說法。這種說法雖然值得我們深思，但在計算經濟成長來源所用的概念和方法上，也需要我們再加檢討，不宜過分信賴。哈佛大學教授波特(Michael Porter)最近在臺北的一次演說中，將經濟升級(economic upgrading)的過程，分為生產因素驅動(factor driven)、投資驅動(investment driven)、創新驅動(innovation driven)和財富驅動(wealth driven)四個階段，而將臺灣列入投資驅動的階段，也不宜深信。❷

---

❶　最具代表性的作品如 Paul Krugman, "The Myth of Asia's Miracle," *Foreign Affairs*, Nov./Dec. 1994。

❷　1997 年 4 月 8 日，波特教授在天下文化出版公司的安排下，在臺北演講

二、臺灣經濟成長率與生產力的變動

我在下表計算了臺灣自 1966 年到 1995 年 GDP、人口、平均每人 GDP、就業人數和勞動生產力的成長率。這些項目分別用 Q、N、q、E 和小寫的 p 來表示，它們的成長率則用 $\dot{Q}$、$\dot{N}$、$\dot{q}$、$\dot{E}$ 和 $\dot{p}$ 來表示。此外，並計算了它們每 10 年的平均成長率。

根據定義：

$(1)Q=\dfrac{Q}{N} \cdot N= q \cdot N$

$(2)q=\dfrac{Q}{N}=\dfrac{Q}{E} \cdot \dfrac{E}{N}= p \cdot \dfrac{E}{N}$

$(3)Q= p \cdot \dfrac{E}{N} \cdot N$

所以

$(4)\dot{Q}=\dot{q}+\dot{N}$

$(5)\dot{q}=\dot{p}+\dot{E}-\dot{N}$

$(6)\dot{Q}=\dot{p}+ (\dot{E}-\dot{N})+\dot{N}=\dot{p}+\dot{E}$

如果 $\dot{E}-\dot{N}=0$，也就是就業的增加率等於人口的增加率，則 $\dot{q}=\dot{p}$，如果 $\dot{N}=0$，也就是人口不增加，而就業也不增加，則 $\dot{Q}=\dot{q}=\dot{p}$。就業人數取決於人口、人口的年齡結構、勞動參與率和失業率。在長期中，人口停滯，年齡老化，縱然參與率可以使之增加，失業率可以使之減少，終究有一定的限度。不論以 GDP 計算或以平均每人 GDP 計算的經濟成長率，最後都等於生產力的增加率。所以諾貝爾經濟學獎得主

「如何建立臺灣的競爭優勢」。

顧志耐(Simon Kuznets)都是用平均每人 GDP 或生產力的成長率衡量
經濟的成長。

下表顯示，雖然各年甚至 5 年平均的數字呈現相當程度的波動，
但 10 年平均的數字則表現出相當穩定的趨勢。勞動生產力的平均增
加率，從 1966–1975 年的 5.51% 微升至 1986–1995 年的 5.89%，大致
可以說沒有顯著的變動。❸平均每人 GDP 的成長率從 1966–1975 年
和 1976–1985 年的 6.92%，微降至 1986–1995 年的 6.88%。這是因為
生產力的增加率雖有增加，但就業增加率則相對於人口增加呈下降之
故($\dot{q}=\dot{p}+\dot{E}-\dot{N}$)。其中，變化最大的是，平常用以表示經濟成長率的 GDP
成長率，從 9.42% 下降到 8.70%，再降到 7.89%，降低了 1.53 個百分
點，反映了人口增加率的下降($\dot{Q}=\dot{q}+\dot{N}$)和就業增加率的下降($\dot{Q}=\dot{p}+\dot{E}$)。

表 2-1　臺灣 GDP、每人 GDP、就業、生產力等相關因素之成長率
1966——1995 年

單位: %

年別	GDP		人 口		每人 GDP		就 業		生 產 力	
	各年	平均	各年	平均	各年	平均	各年	平均	各年	平均
	(1)	(2)	(3)	(4)	(5)= (1)–(3)	(6)= (2)–(4)	(7)	(8)	(9)= (1)–(7)	(10)= (2)–(8)
1966	8.9		2.9		6.0		2.5		6.4	
67	10.7		2.3		8.4		5.0		5.7	
68	9.2		2.7		6.5		4.3		4.9	

❸　此一計算的結果，和我在〈臺灣經濟的問題與前瞻〉一文，對臺灣 1975–
　　1994 年生產力增加率的變動之觀察大致一致。惟如改變起訖的時間，計
　　算 1960 年代、1970 年代、1980 年代和 1990 年代前半生產力增加率的平
　　均值，則呈下降的趨勢，需要審慎處理。

年	Q		N		q		E		p	
69	8.9		5.0		3.9		3.9		5.0	
70	11.4		2.4		9.0		4.2		7.2	
71	12.9		2.2		10.7		3.5		9.4	
72	13.3		2.0		11.3		4.4		8.9	
73	12.8		1.8		11.0		7.7		5.1	
74	1.2		1.8		−0.6		3.0		−1.8	
75	4.9	9.42	1.9	2.50	3.0	6.92	0.6	3.91	4.3	5.51
76	13.9		2.2		11.7		2.7		11.2	
77	10.2		1.8		8.4		5.5		4.7	
78	13.6		1.9		11.7		4.1		9.5	
79	8.2		2.0		6.2		3.1		5.1	
80	7.3		1.9		5.4		1.9		5.4	
81	6.2		1.9		4.3		1.9		4.3	
82	3.6		1.8		1.8		2.1		1.5	
83	8.4		1.5		6.9		3.8		4.6	
84	10.6		1.5		9.1		3.4		7.2	
85	5.0	8.70	1.3	1.78	3.7	6.92	1.6	3.01	3.4	5.69
86	11.6		1.0		10.6		4.1		7.5	
87	12.7		1.1		11.6		3.7		9.0	
88	7.8		1.2		6.6		1.1		6.7	
89	8.2		1.0		7.2		1.9		6.3	
90	5.4		1.2		4.2		0.3		5.1	
91	7.6		1.0		6.6		1.9		5.7	
92	6.8		1.0		5.8		2.3		4.5	
93	6.3		0.9		5.4		1.3		5.0	
94	6.5		0.9		5.6		2.2		4.3	
95	6.0	7.89	0.8	1.01	5.2	6.88	1.2	2.00	4.8	5.89

資料來源: 根據行政院經濟建設委員會編印 *Taiwan Statistical Data Book 1997* 中之 GDP(Q)、人口(N)與就業人數(E)之增加率，再推算每人 GDP(q)與生產力(p)之增加率。

$$\dot{q}=\dot{Q}-\dot{N}$$
$$\dot{p}=\dot{Q}-\dot{E}$$

臺灣近年 15 歲以上民間人口參與勞動力(labor force)的比率，從 1980 年代後半的大約 60%，下降到 1995 年的 58.7%，再降到 1996 年的 58.4%，失業率自 1980 年代後半以來則減少，1993 年降至 1.4%，其後逐年增加，1996 年達 2.6%。假定今後勞動參與率和失業率維持在目前的水準不變，則就業增加率等於 15 歲以上民間人口的增加率。根據行政院經濟建設委員會人力規劃處的臺灣人口推計，不論低推計、中推計或高推計，在可以預見的將來，15 歲以上人口的增加率將繼續超過總人口的增加率($\dot{E}>\dot{N}$)，不過其差距逐漸縮小，使每人 GDP 的成長率向生產力的增加率接近。例如以中推計而言，自 1995 年的 10 年以後，即 2005 年時，15 歲以上人口的增加率為 0.83%，而總人口的增加率為 0.75%，兩者相當接近。 ❹

三、臺灣近年的產業升級與結構變化

1980 年代後期以來，臺灣經濟發生了重大的變化，由於貿易出超的不斷擴大，以及預期新臺幣升值引起的大量資金流入，終於導致新臺幣的大幅升值。1985 年底到 1987 年底，兩年之中，新臺幣對美元升值了將近 40%；到 1989 年底為止，共升值大約 50%，使臺灣以美元計算的工資和生產成本在短期間驟增，削弱了對外競爭的能力，引起產業結構的迅速調整。勞動密集、生產力較低的傳統產業的產值，在製造業中所占的比率，從 1986 年的 40.4% 降低到 1996 年的 26.4%，技術密集產業從 24.0% 提高到 37.5%，資本密集的基礎產業大致維持

---

❹ 行政院經濟建設委員會人力規劃處編印，《中華民國臺灣地區民國 84 年至 125 年人口推計》，85 年 6 月。

不變。許多低生產力勞動密集的產業，隨著對外投資的進行，轉移到中國大陸和東南亞各國，留在國內的產業則改善技術，提高生產力，並且和新興的高科技產業，共同維持臺灣經濟的持續成長。惟製造業的產值占 GDP 的比率仍從 1986 年的 39% 降低到 1996 年的 27.9%。

在高科技產業中，資訊產業包括電腦及其週邊產品的發展最為突出。其硬體產值 1994 年在美國、日本與德國之後，為世界第四位。1995年超越德國而居世界第三。1996 年繼續成長達 242 億美元。

半導體的發展近年來亦十分快速。其中積體電路(IC)的產值，包括代工在內，1995 年達 79 億美元，低於美國、日本、韓國為世界第四位。1996 年對全世界的 IC 業而言，為不景氣的一年，臺灣仍有 5.7%之成長，產值達 84 億美元，但被法國趕過，降為第五位。不過 1994年 10 月，工業技術研究院完成經濟部委託研發的次微米(submicron)計畫，成功的產製八吋晶圓，使臺灣的製造技術到達世界水準，引發大量投資，政府並闢建臺南科學工業園區予以容納。預期未來臺灣半導體產業的發展必將突飛猛進，在世界市場上可望占據更重要的地位。

高科技產業的發展，迅速改變了臺灣出口產品的結構。高技術密集度產品的出口大量增加，其在出口中所占的比率從 1986 年的 18.4%，增加到 1996 年的 39.6%。出口在世界市場排名第一的產品，也從過去的傳統產品如鞋、傘、自行車、縫紉機、網球拍等，轉變為資訊產品。1996 年臺灣的資訊產品全球占有率在 50% 以上的有：掌上型掃瞄器(95.0%)、主機板(74.2%)、滑鼠(65.0%)、鍵盤(61.0%)、PC 用交換式電源供應器(55.3%)、視訊卡(55.0%)、監示器(53.4%)、桌上型掃瞄器(52.0%)和音效卡(50.0%)。另外，介於 30% 至 40% 之間的有：繪圖卡

(38.3%)和筆記型電腦(32.0%)。❺

　　臺灣能夠在國際經濟因素激烈衝擊下，迅速調整產業結構，提升技術水準，將經濟成功的推進到一個更高的境界，顯示經過 40 多年成功的發展， 在產業界培養起來的適應能力(adaptability)和調節能力(flexibility)，以及在科技界建立起來的研發能力，加以資本不虞匱乏，高級人力供應充裕，共同形成一種內在的能力，足以在外在條件不利的情況下，克服困難，再創新局。1995 年美國國家科學基金會(NSF)，在其出版的 *Asia's New High-Tech Competitors* 報告中， 將臺灣和南韓視為亞洲新興工業化國家中，最有能力趕上日本科技地位的國家，是有其實際根據的。

　　臺灣所具備的重要優勢之一是對教育的重視。過去多年來，政府和民間在教育上大量投資，累積了雄厚的人力資本。晚近發展的重點在高等教育，而在高等教育中又重視研究所階段教育的發展，不僅促進了學術界的研究活動，也為產業界，特別是高科技產業，提供了供應穩定的人力；而過去出國深造的留學生適時返國，更為所謂「經濟轉型」與「產業升級」增添了生力軍。❻ 1980 年代回國的學者、專家和新近完成學位的留學生共有 14,880 人，同一時期，國內所有高等教育學府的研究所畢業出來的碩士和博士共有 33,514 人，返國者為國內畢業者的 44.4%。1990 年代到 1995 年為止，歸國的人數為 30,238 人，

---

❺　江丙坤，〈推動跨世紀國家建設，提升國家競爭力〉，行政院經濟建設委員會，86 年 3 月。

❻　我相信經濟成長、技術進步和產業結構改變，都是漸進的過程，因此不使用「轉型」與「升級」的表達方式，此處從俗。

國內畢業的人數為 54,912 人，前者為後者的 55.1%。過去 3 年，每年回國的昔日留學生人數都在 6 千人以上，其中 5 千餘人有碩士學位，1 千餘人有博士學位。如果沒有這些留學國外的菁英返國，過去 10 年臺灣經濟不可能如此順利成功的轉向高科技產業。而這些返國的人士，只是我們儲存在國外大量人力資本的一小部分。

不過，我必須指出，所謂科技產業並無明確的定義，而科技一詞也是一個很含糊的概念。吳大猷先生曾經說，我們很不幸，「創用了科技這個名詞，將科學、技術兩個有基本分別的概念合併起來。」基本上，科學是求知、求真的探索；而技術則是實用性的研究，其研究過程中，總有若干部分是按照一些已知的原理，不過二者也非可作絕對性的劃分。❼也許我們可以將科技連用，以表示現代以科學研究為基礎的技術，以別於現代科學發生前孤立偶發的技術，如若干中國傳統實用的技術，雖然可能有非常重大的貢獻，但既非科學研究的結果，也未導致現代科學的誕生。我在本文一開頭就指出，生產力長期持續增加的主要來源，是以現代科學為基礎的技術的不斷進步，因此隨著經濟的進步，幾乎所有產業都是某種意義或某種程度的科技產業，而任何產業也都可能由於科技的投入而成為科技產業。因此產業本身並無科技與非科技之分，投入科技即成為科技產業。Porter 教授 1997 年 4 月在臺北的演說中，就特別舉荷蘭的花卉業和義大利的製鞋業為例，來說明這種情況。

臺灣的紡織業一向被視為傳統產業，過去並被當作「夕陽工業」

---

❼ 吳大猷，〈近數百年我國科學落後西方的原因〉，《聯合報》，1985 年 8 月 17 日。

來看待。然而由於技術的進步，目前仍為臺灣重要的產業。1995 年紡織業僱用的員工占製造業的 12.6%，產值占製造業的 9.5%，出口占全國總出口的 13.9%，化學纖維生產能力次於美國和中國大陸為世界第三，其中聚酯纖維為世界第一。1995 年紡織品的出口達 155 億美元，次於電子產品而為臺灣第二大出口產業，但由於紡織品進口只有 35 億美元，因此是臺灣賺取外匯最大的產業。近年工研院化工所為紡織業完成的幾件研發計畫，就是很好的例子。如「超細纖維製程」計畫 (micro fiber process project)，使纖維的細度從 0.2dpf 縮小到 0.15dpf 和 0.05dpf，約為頭髮的 1/30–1/60，提高產品的品質，使價格提高 4–7 倍。再如聚酯纖維的「高速紡絲」計畫(high-speed spinning project)，使紡絲的速度從每分鐘 3,500 公尺提高到 6,000–8,000 公尺，因而使成本降低 50%。又如「快速聚合」觸媒技術(high efficiency polymerization)，使生產力提高 15–20%。「高速紡絲」與「快速聚合」結合，使我國化纖技術邁向世界一流的水準。

四、展望

雖然臺灣經濟仍屬於發展中(developing)的地位，尚未到達已開發 (developed)的境界，然而 1997 年 5 月國際貨幣基金(IMF)的《世界經濟展望》(*World Economic Outlook*)，已將包括臺灣在內的四小龍和以色列改列為工業國家，又因為這些所謂工業國家的工業部門，實際上日漸縮小，因此一併改稱為「先進經濟」(advanced economies)。臺灣經濟在全世界人口一百萬以上的國家排名中，按 GDP 計算，從 1985 年的第 27 名，晉升到 1995 年的第 19 名；按平均每人 GDP 計算，從

第 31 名晉升到第 25 名。❽今後急起直追，真正進入已開發國家的行列，端賴生產力以過去所維持的高速持續增加；特別由於今後人口和就業增加率的雙雙下降，生產力增加率維持不墜，更成為必要的條件。

展望二十一世紀，世界正進入一個快速成長的新時代。很多經濟學家認為，今後數十年，世界會有快速而普及的成長，可以媲美資本主義過去兩個快速發展的時期。第一個時期是第一次世界大戰之前的 40 年，由於大量生產的推動與大企業在海外的投資，平均每年的經濟成長率為 2.1%。此一成長率用後來的標準衡量雖然不高，但和其前 50 年的平均成長率相比，則超過一倍有餘。第二個時期是從 1950 年到第一次石油危機發生的 1973 年。由於大戰時期若干閒置的創新見諸利用，以及戰後的重建，特別是德國和日本的經濟復興，平均每年的經濟成長率高達 4.9%。❾1974 至 1993 年世界經濟的平均成長率只有 2%，1994 年回升至 4.1%，1995 年略降，1996 年再升高為 4.0%。國際貨幣基金預測 1997 年和 1998 年的成長率都是 4.4%。❿

經濟學家預測世界經濟會有快速的成長，有三個重要的原因：(1) 科技進步及應用，以資訊電子為中心的新興科技，不僅開創了新產業與提升傳統產業生產力，而且從硬體發展到軟體，從製造業進入服務

---

❽　黃純宜，〈近十年世界主要國家或地區國內生產毛額之比較〉，行政院主計處編印，《中華民國臺灣地區國民經濟動向統計季報》，78 期，86 年 8 月。

❾　Pascal Zachary, "Trade and Technology Spur World Economic Growth," *The Asian Wall Street Journal*, March 12, 1997.

❿　IMF, *World Economic Outlook*, May 1997. 惟由於 1997 年 7 月以來，東南亞國家金融危機影響效應的擴散，1997 年的成長率和 1998 年的預測值都向下修正。

業，產生全面性的革命。⑵全球化(globalization)的普及，隨著貿易的自由化，資本、技術和人力跨越國界日益自由，以尋求最有利的組合，提高了資源利用的效率，促進一般發展中國家的進步。⑶各國政府漸採減少干預、配合市場的政策。畢竟經濟成長是生產力不斷提升的過程，只有科技不斷進步，生產力才會持續提高，政府干預往往徒然妨礙市場的運作，降低資源利用的效率。在這些有利因素的影響下，1990年代中期以來世界經濟成長率的回升，只是長期快速成長的開端而已。

臺灣由於資本充裕，高級人力國內外來源不虞匱乏，加以過去成功的發展，已經建立了良好的基礎，當更能有效利用這一外在有利的形勢，加速發展的腳步，向已開發的先進經濟迎頭趕上。

我們知道，行政院經濟建設委員會已經擬定「跨世紀國家建設計畫」，希望達到「提升國家競爭力，增進國民生活品質，促進永續發展」的總目標。這個計畫的「遠景」和「政策」，涵蓋了所有我們可以想到及希望的好處，以及著手的方向。我在這裡只想強調其中的一點，作為本文的結束，就是經濟自由化的實踐。因為經濟自由化原是政府多年前早經提出的政策。自由化才能充分發揮臺灣所擁有的豐沛人力資源的潛能，提高資源利用的效率。

1997 年 9 月 27 日，我在臺北臺灣大學法學院參加第二屆紀念梁國樹教授學術研討會，經建會副主任委員薛琦教授引用了梁教授生前一篇論文中的一句話：我們應「配合市場調整政策」，而不是「配合政策調整市場」(adjust policy to the market, not market to the policy)。事實上，試圖調整市場以配合政策，往往徒勞無功，降低國家的競爭力。

第三章　臺灣未來經濟發展方向

一、全球化時代的來臨

商品的自由流動，一方面可以提高商品的效用，另一方面可以促成不同地區間的分工與專業，而生產因素的自由流動可以使生產效率提高。因此經濟自由化自亞當·史密斯(Adam Smith)以來，一向是經濟學家追求的理想。我們觀察第二次世界大戰後，各國經濟發展的情形，成長最快速的國家或地區是亞洲的四龍，新加坡、香港、臺灣和南韓，都屬小型規模的經濟。經濟規模小，沒有廣大的國內市場可以保護，必須發展貿易，以世界為市場，反而促成了資源的有效運用，達成快速的經濟成長。

再向前看，今日世界最富有的國家中，發展最早，平均每人所得最高的國家，大都是較小規模的國家，如瑞典、挪威、丹麥、荷蘭、比利時、盧森堡、瑞士，甚至工業革命的發源地英國，不是沒有道理的。芝加哥大學的經濟學家哈勃格(Arnold Harberger)綜合各國經濟成長的經驗指出，成功的經濟成長，其主要政策之一，就是借重國際貿易(take advantage of international trade) **❶** 。

本章為民國 85 年 4 月 17 日在工業技術研究院策略規劃會議演講全文。

❶ Arnold Harberger, "Economic Policy and Economic Growth," in Harberger

不過廠商追求的目標與國家的目標未必一致。廠商追求利潤，國家追求繁榮；生產因素，包括資本、人力和技術，自由移動跨越國界，為企業達成最大的利潤，不一定為國家促成經濟的繁榮。所以自史密斯以來，自由貿易與保護主義，隨著環境的變化而消長，至今已經歷二百餘年。第二次世界大戰以後，可以說是世界經濟逐漸自由化的時期。從商品的自由流動，到資本和技術的自由流動，自由化無可避免的引起全球化(globalization)，1990 年代是世界走向全球化的年代。

90 年代全球化雖然是世界經濟發展的大勢所趨，但是有三個重要的因素，使全球化的趨勢得以實現。這三個重要因素，一個是跨國公司(transnational corporations)的發展，尋求最適當的技術，在最適當的區位，以最有利的生產因素組合從事生產，以賺取利潤或拓展市場。另外一個因素是科技發展，特別是電腦和通信科技的突飛猛進，使經營者可以在瞬間獲取世界各地的資訊，真可說「運籌於帷幄之中，決勝於千里之外」。第三個因素是制度的因素。

關稅暨貿易總協定(GATT)自 1986 年 9 月起展開烏拉圭回合談判(Uruguay round)，於 1993 年 12 月達成協議。根據協議：在五年內，工業國家的平均關稅稅率由 6% 降低至 3.6%，發展中國家的平均關稅稅率從 38.2% 降低至 30.9%。反傾銷稅課徵期限最長三年，傾銷差額在 2% 以內不課反傾銷稅，農業非關稅保護予以關稅化，稅率自 1995 年至 2000 年降低 36%，國內補貼於六年內降低 20%，出口補貼於六年內削減補貼金額 36%，外銷量 21%。烏拉圭回合之協議有助於全球

(ed.), *World Economic Growth*, Institute of Contemporary Studies, San Francisco, 1984, pp. 427–466.

經濟的成長與貿易的擴張，估計以後四年，全球生產可增加 2 千 7 百億美元，世界貿易量（出口）將由 1992 年的 3.58 兆美元擴增至 2005 年的 6.75 兆美元。1995 年 1 月關貿總協定改組為世界貿易組織(World Trade Organization, WTO)，以執行烏拉圭回合的協定，並規範全球貿易活動，解決世界貿易爭端❷。

　　預測 1995–2004 年按照平均每人 GDP 計算的成長率，全世界為 1.9%，其中高所得國家為 2.4%，中低所得國家為 3.3%，均優於過去 20 年的表現。採用平均每人 GDP 之目的，在消除人口增加率變動的因素。表 3–1 顯示 1966–2004 年按 GDP 與每人 GDP 計算的世界經濟成長率。

表 3–1　世界經濟成長率，1966–2004

單位: %

	1966–73		1974–90		1991–93		1994		1995–2004	
	GDP	每人GDP	GDP	每人GDP	GDP	每人GDP	GDP	每人GDP	GDP	每人GDP
世　　　　界	5.1	3.1	3.0	1.2	1.2	−0.4	2.8	1.2	3.3	1.9
高 所 得 國	4.8	3.8	2.9	2.2	1.3	0.7	3.0	2.4	2.8	2.4
中 低 所 得 國	6.9	4.5	3.5	1.5	0.8	−0.9	2.0	0.3	4.9	3.3
亞　　　洲	5.9	3.4	6.3	4.3	7.0	5.2	7.8	6.0	7.0	5.6
東亞暨太平洋	7.9	5.2	7.1	5.4	8.7	7.2	9.3	7.6	7.7	6.6
中 國 大 陸	8.5	5.8	8.2	6.6	12.3	11.0	11.7	10.5	...	...
南　　　亞	3.7	1.3	4.9	2.6	3.2	1.1	4.7	2.7	5.4	3.6
印　　　度	3.7	1.4	4.8	2.6	2.9	0.9	4.7	2.9	...	...

註: 1994 為估計數字，1995–2004 為預測數。

資料來源: The World Bank, *Global Economic Prospects and the Developing Countries* 1995, p. 78–79。

❷　本段根據王鶴松〈當前國際經濟情勢與新秩序〉，《中國商銀月刊》，1995 年 10 月，pp. 1–14。

二、亞太經濟的興起

亞洲與太平洋地區是指東亞與東南亞各國以及澳大利亞和紐西蘭。從表 3-1 可以看出，東亞暨太平洋地區的經濟成長，在過去 30 年中，不論按 GDP 計算或平均每人 GDP 計算，都不僅超過高所得國家，也超過中、低所得國家平均，並超過亞洲各國平均，為全世界經濟成長最快速的地區。而在東亞各國中，中國大陸的成長率又高於這個地區的平均值；雖然我對 1966–1973 年中國大陸正值文化大革命時期，世界銀行的計算究竟有幾分正確，不能不有所保留。

根據 *Far Eastern Economic Review* 的報導，1995 年亞洲若干快速成長國家的成長率如下：南韓 9.2%、中國大陸 9.9%、臺灣 6.6%（實際只有 6.1%）、香港 5%、泰國 8.6%、馬來西亞 9.2%、新加坡 8.3%、印尼 7.2%、菲律賓 5.6%、印度 5.7%。中國大陸為 GNP，其他各國為 GDP。

快速的成長使經濟規模擴大，對世界經濟的影響力增加。一般相信，二十一世紀將是亞太地區的世紀，亞太地區將和北美、西歐鼎足而三，成為世界上最富有的地區。

這個地區經濟快速成長有三個重要的原因，第一，多年來在教育方面和公共設施方面累積的投資，培植了成長的潛力；第二，在政策方面從政府管制走向市場導向，提高了資源利用的效率和民間經濟的活力；第三，晚近以來，隨了世界經濟的全球化，民間資金，特別是外國直接投資(FDI)和技術大量流入。

表 3-2 顯示，第一，在過去將近 20 年間，特別是晚近十數年間，

民間資金流入發展中國家的淨額大幅增加；第二，外國直接投資(FDI)在資金流入淨額中的重要性大幅提高，取代了早期債權形式的投資。由於外資流入的數額增加，其占 GNP 和出口的百分比顯著增加。

　　根據世界銀行的統計，從 1990 年前後到 1994 年，東亞六個國家平均每年民間資本的流入為 479 億美元，約占這些國家 1992 年 GNP 的 4.3%。其中中國大陸（自 1992 年起）最多，平均每年 276 億，占 57.6%，南韓（自 1991 年起）66 億，泰國（1988 年）45 億，馬來西亞（1989 年）41 億，印尼（1990 年）37 億，菲律賓（1992 年）最少，只有 14 億。1990–1993 年，東亞民間資本流入淨額當中，55% 是 FDI，其中大部分用於新投資❸。

表 3-2　發展中國家平均每年民間資本流入淨值
1977–1994

單位：10 億美元

	1977–82	1983–90	1991–93	1993	1994
外國直接投資	8.5	16.0	50.2	66.6	77.9
證券投資	0.0	1.3	22.9	46.9	39.5
債權	42.9	17.7	35.2	45.7	55.5
債券	2.6	2.6	22.5	42.1	–
貸款	40.3	15.1	12.7	3.6	–
總額	51.4	34.9	108.3	159.1	172.9
占 GNP 比率(%)	2.4	1.0	2.4	3.5	3.6
占出口比率(%)	8.6	4.7	10.6	15.1	14.9

資料來源：同表 3-1，p. 12。

---

❸　The World Bank, *Global Economic Prospects and the Developing Countries*, 1995, p. 16.

私人 FDI 有下述各種利益。第一，資金流入生產性的用途，而非消費性的用途，使國家的生產能量和生產力增加；第二，因為直接用於投資，所以不會發生貪污；第三，資金流入同時，也帶來先進的技術和現代化的管理，使營運的效率提高；第四，很多 FDI 也為其產品帶來海外的市場，使出口增加，外匯收入隨之增加。

私人 FDI 也有一點不利之處，就是由於流入的資本直接用於生產性的投資，收受國可能缺少資金從事基本設施(infrastructure)的投資，以致形成經濟成長的瓶頸，造成對環境的破壞，甚至引起物價膨脹。這些不利的影響在大陸和東南亞若干國家，事實上都已發生。不過外資使經濟成長率提高，也會使儲蓄率提高，應可提供至少一部分公共建設所需的資金。至於如何將民間部門的儲蓄轉移為公共部門建設的投資，尚應視這些國家的租稅制度而定。

戰後亞洲國家的發展，大致可分為三波。第一波是日本，日本經濟戰後迅速復興，其平均每人 GNP 於 1963 年到達義大利的水準，而義大利當時是經濟合作暨發展組織(OECD)平均每人 GNP 最低的國家。1964 年日本成為 OECD 的會員國，從發展中國家晉級為已開發國家❹。其後日本的經濟繼續快速成長，於 1973 年第一次能源危機後緩慢下來。目前已是最先進的工業化國家，和世界其他最先進的工業國並駕齊驅，其經濟規模（以 GDP 或 GNP 衡量）僅次於美國而排名第二，第三名是德國。

第二波是所謂亞洲四虎或四條龍，包括新加坡、香港、臺灣和南

---

❹　Lawrence J. Lau (ed.), *Models of Development*, Institute for Contemporary Studies, San Francisco, 1986, p. xii.

韓。已故的未來學家赫曼・康(Herman Kahn)曾經說：世界經濟發展中有兩個半英雄，兩個英雄是臺灣和南韓，半個英雄是日本。因為美國自 1776 年獨立建國以來，200 年所到達的經濟水準，日本自明治維新以後大約 100 年到達，而臺灣和南韓只需要 50 年❺。新加坡和香港的平均每人所得猶高於臺灣和南韓。根據世界銀行的分類，新加坡、香港和臺灣都已名列高所得經濟，目前經濟成長率有下降的現象，這也是世界經濟發展的趨勢。

第三波包括中國大陸、東南亞國協(ASEAN)新加坡以外的泰國、馬來西亞、印尼和菲律賓以及印度。中國大陸是晚近接受外資最多，經濟成長最快的國家，1991–1993 年平均每年 GDP 的成長率為 12.3%，1993 為 13.7%，1994 略降為 11.7%，去年降至 10% 以下。雖然 1993 年平均每人 GNP 只有 490 美元，在世界銀行的分類中被列為低所得國家，但是由於人口眾多，按購買力平價(PPP)計算已經是世界第三個經濟大國，其在亞太地區甚至全世界經濟、軍事和政治方面的影響力，勢將隨著快速的經濟成長而繼續擴大。不過大陸的經濟發展也有很多問題，比較重要的如物價膨脹、欠缺現代化的財稅與金融制度、龐大的國營事業成為經濟發展的累贅、發展過速、公共建設來不及支援等。在更基層的問題上，如市場的運行缺少健全的法律基礎、受高等教育的人口比率低、高級人力欠缺，不是一朝一夕可以補充，在長期中都將限制經濟的成長。

東南亞國協的泰國、馬來西亞和印尼，是晚近中國大陸以外亞太

---

❺ Herman Kahn, *World Economic Development, 1979 and Beyond*, Westview Press, Boulder, 1979, Ch. 6.

地區經濟最活躍，成長最快速的國家。美國國家科學基金會(National Science Foundation)的研究報告認為，在所謂新興亞洲經濟(Emerging Asian Economies, EAEs)中，馬來西亞最具潛力，直追亞洲四虎的成就❻。東南亞國協目前除原始五國外，已納入汶萊(Brunei)和越南。預計寮國、柬埔寨和緬甸也將於本世紀結束前加入，使東協的會員國增為 10 國。柬埔寨已成為東協的觀察員，寮國聲言將於 1997 年加入，而緬甸也已同意簽署東協之親善與合作條約(Treaty of Amity and Co-operation)。目前馬來西亞、新加坡和泰國是中南半島正由共產經濟轉為市場經濟各國最大的投資者，三國合計占寮國 FDI 總額的 43%，在緬甸為 35%，而在越南為 17%❼。我們可以預見，隨著經濟的漸趨開放，這些國家的經濟成長率也將提高。

印度經濟的成長率近年在 5% 左右，未來可能以其潛在廣大的市場，和中國大陸與東協競爭外來的資金，以提升國內的成長。

三、臺灣經濟發展

過去十年臺灣經濟的發展，可從以下三方面分析，即對外投資、貿易的地區結構變化，以及產業結構調整與生產力變動，而臺灣經濟就在這三方面的調整中，逐漸與鄰近國家相結合，引導政府政策走向建立臺灣為亞太營運中心的方向。

㈠對外投資

大約十年前開始的外匯迅速累積和新臺幣大幅升值，引起大量對

---

❻ National Science Foundation, *Asia's New High-Tech Competitors*, 1995.

❼ Ashok K. Nath, "Southeast Asia in 1996," *Asia 21*, Feb. 1996, pp. 57–62.

外投資。到 1995 年 6 月底止，累積的投資總額對中國大陸為 243 億 5 千 7 百萬美元，對東協五個國家為 239 億 8 千 5 百餘萬美元，其中對印尼和馬來西亞的投資最多，都在 70 億美元以上，其次為泰國 54 億餘美元，越南 26 億 3 千萬，菲律賓最少，只有 7 億 3 千餘萬美元。投資的項目固然也包括新興產業，但主要為傳統勞力密集的產業，在新臺幣快速升值中失去了競爭力，因此隨了對外投資轉移到大陸和東南亞國家，借重這些國家較低的工資，重建國際競爭的能力，也協助推動了這些國家的經濟成長。

㈡貿易的地區結構變化

對大陸和東南亞國家的大量投資，使臺灣對外貿易的地區性結構，產生重大的變化。以出口而言，1985 年臺灣對美國的出口為出口總值的 48.1%，1995 年降為 23.6%，而對香港／大陸和東協六國（新、馬、泰、印尼、菲、越南）的出口則分別由 1985 年的 8.3% 和 3.1% 升為 1995 年的 23.4% 和 13.4%。大陸取代美國成為臺灣最主要的外匯來源國，1995 年臺灣對香港和大陸的出超達 242 億 7 千 8 百餘萬美元，而對美國的出超只有 56 億 4 千 1 百餘萬美元。

㈢產業結構與生產力變動

1980 年代的下半，新臺幣對美元升值的幅度大約為 50%，生產力必須大幅提高，才能維持對外競爭的能力，而生產力提高的主要來源是產業結構調整與生產技術進步。

製造業在 GDP 中所占的比率，從 1986 年約 39% 降至 1995 年的 28%，主要反映貿易出超的大幅縮減。1986 年出超最高時，幾達 GDP 的 20%，1995 年縮減至僅略高於 2%。很多人擔心製造業的比率減少

形成產業的空洞化。不過 28% 在高所得國家中仍屬較高的比率，其他
較我國所得為高的國家：美國為 17.9%、日本為 27.9%、德國為 26.6%。

表 3-3　臺灣主要貿易地區變化，1985，1990，1995

國家 或 地區	年　別	出　口		進　口		差　額	
		金　額 (US $mil.)	結　構 (%)	金　額 (US $mil.)	結　構 (%)	金　額 (US $mil.)	結　構 (%)
美　國	1985	14,773.4	48.1	4,746.3	23.6	10,027.1	94.4
	1990	21,745.9	32.4	12,611.8	23.0	9,134.1	73.1
	1995	26,410.2	23.6	20,769.1	20.1	5,641.1	69.5
香港／大陸	1985	2,539.7	8.3	319.7	1.6	2,220.0	20.9
	1990	8,556.2	12.7	1,445.9	2.6	7,110.3	56.9
	1995	26,121.1	23.4	1,842.5	1.8	24,278.6	299.1
東　協	1985	951.2	3.1	1,146.4	5.7	−195.2	1.8
	1990	4,584.4	6.8	2,608.9	4.8	1,975.5	15.8
	1995	14,917.1	13.4	10,461.0	10.1	4,456.1	54.9
全　國	1985	30,725.7	100.0	20,102.0	100.0	10,623.6	100.0
	1990	67,214.4	100.0	54,716.0	100.0	12,498.4	100.0
	1995	111,688.1	100.0	103,571.8	100.0	8,116.3	100.0

資料來源：　1. Dr. Chi Schive, *Taiwan's Economic Role in East Asia*, Washington, D.
　　　　　　C.; Center for Strategic & International Studies 1995.
　　　　　2. 行政院經建會，*Taiwan Statistical Data Book 1995*。
　　　　　3. 中華經濟研究院，《臺灣重要經濟變動指標》，85 年 2 月。

表 3-4 臺灣製造業的結構變化
1995 年與 1986 年比較

單位: %

	1986	1995
製造業占 GDP 百分比	39	28
製造業中資本密集(基礎)產業	36	37.7
技術密集產業	24	35.5
勞動密集(傳統)產業	40	26.8
專門技術人員／就業員工	5	11.1
R&D／營業額	0.6	1.51

資料來源: 經濟部。

　　在製造業之中,基礎產業的比率大致維持不變,勞動密集、生產力較低的傳統產業大幅減少,技術密集、生產力較高的產業大幅增加。人力從低生產力的產業轉移至高生產力的產業,使製造業的平均生產力提高。此外,就業員工中專門技術人員的比率增加,以及研發經費在營業額中的比率提高,都顯示技術水準的提升。

　　以下將 1976-1995 年平均分為四個時期,每一時期製造業勞動生產力的平均增加率: 1976-1980 年為 7.5%、 1981-1985 年為 4.6%、 1986-1990 年為 5.8%、 1991-1995 年為 6.4%。在過去的 15 年中,製造業勞動生產力的增加率呈上升的趨勢。製造業部門的萎縮,並非由於生產力降低,也不是由於生產力的增加率降低,而是因為用於這個部門的人力減少。1976-1980 年正是第一次能源危機之後,臺灣經濟從衰退中快速復甦的時期, 所以製造業勞動生產力的增加率較高。1981-1985 年則是第二次能源危機後的衰退期, 所以生產力的增加率較低。

　　如果我們將 1975-1994 平分為兩個時期, 計算 GDP、平均每人

GDP、勞動生產力以及勞動力／人口比等四個項目的平均年成長率，則：

	GDP	平均每人 GDP	勞動生產力	勞動力／人口
1975–84	8.69%	6.85%	5.77%	1.08
1985–94	7.79%	6.73%	5.75%	0.98

從這些數字中我們發現，這兩個時期勞動生產力的平均增加率分別為 5.77% 和 5.75%，幾乎沒有改變。不過由於人口年齡結構的老化，勞動力在人口所占比率之增加率有輕微的下降，使平均每人 GDP 的成長率，後一時期略低於前一時期。然而由於人口增加率顯著下降，因此 GDP 的成長率後期較前期減少將近 1 個百分點。根據這些數字推算，今後十年，臺灣以 GDP 計算的經濟成長率仍有達到 7% 的潛力❽，其後將隨勞動力與人口先是增加率下降然後數量減少而逐漸降低；而生產力的持續增加，有賴科技水準的不斷提升。美國國家科學基金會 (NSF) 的報告中認為亞洲地區新興工業化國家 (Newly Industrialized Economies, NIEs) 中，臺灣和南韓最有趕上日本科技地位的能力❾。NSF 是根據四項因素得到以上的結論，這四個因素是：

　　⑴在美國獲得專利的情形；

　　⑵在美國取得技術許可的情形；

---

❽　孫震，〈臺灣經濟的問題與前瞻〉，臺大日本綜合研究中心主辦，文明史上之臺灣國際研討會論文，臺北，1995 年 10 月 15 日。

❾　同❻。

(3)自美國購買含有高科技的產品情形；

(4)其他與科技基本條件有關的指標，如智慧財產權的管理、務實
之研發活動、合格人才之供應等。

四、臺灣經濟的優勢與問題

臺灣經濟的一個重要優勢是對教育的重視，過去多年來，政府和
民間在教育上的大量投資，累積了雄厚的人力資本。高級人力供應充
裕，成為過去十年產業結構迅速調整、技術水準迅速提升的重要原因。
晚近教育發展的重點在高等教育，而高等教育發展的重點又在研究所
階段。研究所階段的迅速發展，不僅促進了學術界的研究活動，也為
產業界特別是高科技產業提供了穩定的人力，而自國外返國的留學生
和學者專家，更為國內的所謂「經濟轉型」和「產業升級」需要的高
級人力增添了生力軍。

政府支持的研發計畫，在晚近製造業的迅速調整與生產力提升中
扮演了重要的角色。在經濟部「科技研究發展專案計畫」之下，研發
成果移轉民間的案件，由 79 年度的 55 家次增加至 84 年度的 543 家
次，而業界合作的案件，由 80 年度的 83 項次增加至 982 項次。科專
經費也從 76 年度的 37 億增加至 85 年度的 131 億元❿。

不過臺灣經濟不是沒有令人憂慮的問題。第一個問題是政府的福
利支出膨脹，有排擠經濟發展與科技研發經費的作用。在過去六年中
各級政府的社會福利支出以平均每年 14.7% 的成長率增加，85 年度占
歲出及 GDP 的百分比分別達 18.1% 與 5.4%⓫。科技經費屬於投資性

---

❿　經濟部，〈科技研究發展專案計畫管理辦法總說明〉，1995。

的支出，有提升科技水準，增加生產力，促進經濟成長，增益國民福
利的作用。福利經費係移轉支出，則屬消費性的支出。因此政府經費
從研發改變到福利的用途，有降低經濟成長率的作用，最後也不利於
國民的經濟福利。理論上，我們希望政府能將社會保險與社會福利加
以區別，凡屬社會保險的項目，如健保、勞保、退休給付、老年年金，
係風險分散的性質，原則上應自給自足，社會福利的項目則由政府預
算結合民間資源支應。然而在當前臺灣缺少有效規範的民主政治下，
政治人物以主張選民的福利爭取選票，很少考慮到任何政府的支付均
屬人民的負擔，未來社會福利支出擴增，有沛然莫之能禦之勢。因此，
追求部分群體短期的利益，犧牲全民長期的利益，可能是難以避免的
結果。

　　第二個問題是儲蓄率持續下降，對經濟成長、對外投資與國際經
濟影響力的伸展，都有不利的影響。臺灣的儲蓄毛額(gross savings)占
GNP 的百分比，於 1970 年代初期增加到 30% 以上。從 1970 年代初
期到 1980 年代末期，將近 20 年的時間，大致維持在 33–34% 左右，
最高的時候曾經到達 38.5%。高儲蓄率一方面維持了臺灣的快速經濟
成長，一方面也使民間有能力對外投資，擴張民間企業及我們國家在
海外的聲望和影響力。然而 1990 年儲蓄率降至 30% 以下，1991 年以
後逐年下降，1995 年只有 25.8%；而在另一方面，東協主要國家的儲
蓄毛額占 GNP 的百分比增加到 30% 以上，中國大陸甚至達 40% 以
上。這種情形如果繼續下去，臺灣在亞太經濟中的地位，自然值得憂
慮。

----

⑪ 經建會，〈社會福利支出對總體經濟發展之影響〉，85 年 4 月。

第三個問題是出口對中國大陸的依賴日益加深，與對香港的出口合計，去年已達 260 餘億美元，占出口總值的 23.4%。出超高達 240 餘億美元，相當於全部出超的三倍。在另一方面，大陸則對美國維持 330 多億鉅額的出超，其中至少一部分與臺灣在大陸的投資有關。在這種情形下，不論(1)中共基於政治上或經濟上的考慮調整對臺灣貿易的態度，(2)1997 年香港回歸中國大陸，而兩岸尚無其他妥適的安排，以便利貿易的暢通，或(3)美國採取措施，縮減對中國大陸的貿易赤字，都將對臺灣經濟發生重大的衝擊，不能不預加推演，分散貿易，減少對大陸甚至對任何國家在貿易上的過分依賴。

第四個問題是兩岸關係的不確定，影響臺灣的長期性投資和經濟發展。不僅兩岸軍事上的衝突，不論孰勝孰負，都會使長期性的投資卻步，甚至只是敵意的存在，也將使投資者心存疑慮。因此，兩岸關係的穩定與和諧，是臺灣經濟發展的一個重要有利條件。臺灣經濟發展的成功，對過去十年大陸經濟的發展，特別是開放初期的發展，已經產生了很大的貢獻，將來在適當的安排下，還可以有更大的貢獻。合則兩利，值得海峽兩岸以善意和苦心努力加以經營。

五、未來發展的方向

目前政府推動臺灣經濟發展，最重要的經濟政策，就是建立臺灣為亞太營運中心。從形式上看，亞太營運中心包括製造、海運、空運、通信、媒體與金融六個中心，每個中心都在積極籌劃推展之中。從精神上看，建立臺灣為亞太營運中心，是進一步推動臺灣經濟的自由化，以利商品、資訊、資本和人員的自由流動，使國內外的企業家，願意

以臺灣為基地，發展與亞太各國的貿易和投資關係。

亞太營運中心的成功，可以使臺灣自然融入充沛著發展活力的亞太經濟之中，運用各地有利的條件，發揮本身的優勢，與亞太地區其他快速發展的國家相得益彰。不過，正如本文第一節所說的，自由化不可避免的走向全球化。商品和生產因素的流動，不僅跨越國界，甚至跨越公司，尋求最大的利益。因此，政府必須創造若干有利的條件，以鞏固臺灣作為一個基地的地位，最重要的如研發能力、教育、生活品質與政府效率。

㈠研發能力

科技進步是生產力持續增加，經濟不斷成長最根本的來源。工研院的政策，固然不妨努力尋找民間的財源，直接為民間廠商提供服務，幫助他們提高生產力，開創新產品。政府在編列預算時，則應給予科技經費優先的地位，為經濟成長培育科技進步的活水源頭。此外，如果研發的成果束諸高閣，則在科技上縱有成就，對經濟則無助益。政府應進一步，便利研發成果的商品化，並補助民間廠商委託或自己從事研發活動。

㈡教　育

教育是科技研發的上游事業，並為經濟發展提供所需的人力。目前臺灣很多家庭視學校為畏途，若干父母不惜將幼年子女送至國外就讀，甚至移民國外。必須改進入學制度，提供多元機會，提升教育品質，使求學縱然不能成為賞心樂事，至少不需加以逃避。

㈢生活品質

經濟發展犧牲了環境和生活品質，一方面雖然由於經濟成長所引

起的「外部不經濟」(external diseconomies)，一方面也是因為沒有同時注意都市規劃和環境保護所致。如果不加改善，所得愈高，愈覺無法忍受，將不易留住高素質的人力。

㈣政府效率

　　政府的行政效率最為人詬病。組織複雜、層級多，是一個重要的原因。在眾多的政府層級中，經濟發展似乎只是中央政府的責任，地方階層缺少積極參與的誘因，應該在租稅制度上和職責上加以檢討。

第四章　東南亞金融危機的後續影響與啟示

　　去年 7 月從泰國開始的東南亞金融危機，不僅波及臺灣，也席捲東亞，而且就像我們在池中投下一顆石子所引起的漣漪一樣，正在逐漸擴散影響世界上的其他地區。我想大家都想知道是什麼原因？何以各國受到影響的程度不同？今後可能發展的情形如何？這次事件給了我們一些什麼啟示？

一、從奇蹟到危機

　　在第二次世界大戰後世界各地的經濟發展中，東亞經濟的成長最為快速，而東亞經濟的快速成長，主要是由於八個國家優異的表現。這八個國家就是日本、「四虎」：南韓、臺灣、香港、新加坡，以及東南亞三個新興工業化經濟(NIEs)：泰國、馬來西亞和印尼。自從 1960 年以來，大致到 1990 年代初，這八個國家按平均每人產量計算的經濟成長率是東亞其他國家的二倍、拉丁美洲和南亞的三倍、非洲大陸(Sub-Saharan Africa)的五倍。1993 年世界銀行特別出版《東亞奇蹟，經濟成長與公共政策》(*The East Asian Miracle, Economic Growth and Public Policy*)一書，記述這八個國家經濟發展的成就，包括成長的快

　　本章是民國 87 年 3 月 24 日在工研院策略規劃研討會演講講稿。

速和分配的平均，分析成功的原因，尤其是它們所採取的政策，以供其他國家參考。這八個國家在本書中被稱為「表現優異的亞洲經濟」(High Performing Asian Economies)簡稱 HPAEs。

1964 年日本成為已開發國家，1997 年南韓、臺灣、香港和新加坡在國際貨幣基金(IMF)的分類中，被列為先進經濟(advanced economies)，1995 年美國國家科學基金會(NSF)將南韓、臺灣和馬來西亞視為美國在亞洲高科技的新競爭者(Asia's New High-Tech Competitors)。曾幾何時，經濟發展的模範生東南亞三國發生金融危機：資金外流、貨幣貶值、股價下跌、成長遲滯，百業蕭條。

東南亞金融危機於 1997 年 7 月從泰國開始，立即引爆馬來西亞和印尼的問題。接著向「四虎」發展；新加坡和臺灣小貶，香港力拒對美元貶值，南韓則出現嚴重的經濟困難。從 1996 年 12 月 31 日到 1998 年 2 月 23 日，東亞各國幣值、股價和經濟成長率的變化如下表：

表 4-1　東亞各國幣值、股價與 GDP 成長率之變動
（1996 年 12 月 31 日至 1998 年 2 月 23 日）

單位：%

國　別	幣值變動（對美元）	股價變動（以美元計）	GDP 成長率			
			1996	1997*	1998**	1999**
泰　　　國	−45	−65	7.5	−0.7	−4.0	3.7
馬 來 西 亞	−38	−65	7.4	7.4	1.6	1.8
印　　　尼	−80	−80	6.8	5.4	−5.2	2.9
新 加 坡	−15	−40	8.2	7.6	2.7	5.0
香　　　港	0	−20	7.5	5.1	1.8	3.8
臺　　　灣	−15	10	8.3	6.3	5.0	5.7
南　　　韓	−50	−60	8.4	5.6	−2.5	1.7
中 國 大 陸	0.3	35	9.1	8.9	6.3	7.5

資料來源：*The Economist*, March 7–13, 1998, "*East Asian Economies Survey*", pp. 6–7.
　　　　　*Estimate
　　　　　**Forecast

二、原　因

　　史丹佛大學克魯曼(Paul Krugman)教授在 1994 年 11/12 月號 *Foreign Affairs* 發表的 "The Myth of Asia's Miracle" 一文中早就指出，所謂東亞經濟奇蹟其實並無奇蹟，東亞經濟的快速成長，是大量增加投入的結果，而不是技術進步的結果。由於經濟學中邊際報酬遞減的作用，如果技術水準停滯不變，隨著投入的增加，其邊際報酬率就會下降，一直到下降為零，於是沒有人願意再增加投入，經濟也就停止成長。因此克魯曼教授認為東亞經濟的快速成長不會持續。他並以東亞經濟和舊蘇聯相比。舊蘇聯的經濟一度快速成長，使美國感到威脅，

而今安在!

　　東南亞經濟去年下半年以來的表現，是否表示克魯曼的理論不幸言中？由於東南亞各國人力豐沛，儲蓄率高，在發展策略方面，又繼四虎之後，大致採取順應市場與對外開放的政策，因此在世界經濟從自由化(liberalization)走向全球化(globalization)的趨勢下，外資大量流入。外資流入一方面使本國貨幣對外維持較高的幣值，貿易發生赤字，外債不斷累積，而外債之中短期資金又占較高的比例。另一方面國內投資多，金融機構缺少經驗和嚴格的紀律，若干資金流向低生產力的用途，包括房地產投資過多，乏人問津，一旦償債無力，泡沫經濟破滅，於是爆發危機。從表面上看雖然是金融危機，但也是經濟危機。

　　東南亞經濟危機對「四虎」發生立即的影響，由於預期對出口不利，產生幣值貶值的壓力。在這種情形下，香港決定維持對美元的匯率不變，新加坡和臺灣對美元貶值大約 15–20% 之間。因而在今年和明年的經濟成長率方面，預料香港會付出較大的代價。南韓則受到較大的打擊，其情況大致和東南亞各國相似。

　　何以東亞發展中經濟在遭遇變故後，有不同的表現？簡單的加以比較，凡受影響較大的國家，包括東南亞三國和南韓，其共同的特點是經常帳赤字、外債多，短期外債所占的比例高，以及過度投資。而臺灣和新加坡的情形相反；香港近年經常帳始有輕微的赤字，但另一方面有大量的外匯準備，並有中國大陸的支持。

三、克魯曼理論的爭議

　　克魯曼在 *Foreign Affairs* 一文發表後，原已引起廣泛的討論；1997

年下半年東南亞金融危機發生後，更成為經濟學者關切的重要課題。在東亞經濟的快速成長中，技術進步究竟是不是一個重要的因素？東南亞國家經此危機後會不會一蹶不振？

技術進步在經濟發展理論中是一個重要的概念，但也是一個模糊的概念，經濟學者一向當作「剩餘」來計算。也就是產量的增加，不能歸因於其他生產因素的部分，就算作技術進步的貢獻。然而計算的方法不同會得到不同的結果。如果東亞各國真的沒有技術進步，則報酬遞減的作用早應發生，那裏會有三、四十年之久的快速經濟成長呢？何況這些國家在過去三、四十年中究竟技術有沒有進步，實在是顯而易見的事實，固無待使用複雜的經濟計量方法而後知。

儘管我們很難確知，在東亞經濟的快速成長中，技術進步的貢獻究竟是多少，然而我們確知，技術進步的確產生了重要的作用。這次東南亞經濟所引發的金融風波，並非因為這些國家缺少技術進步，而且因為資本經由投資持續大量增加，超越了技術進步的程度，以致資本的邊際報酬降低。而此一事實又為樂觀的預期所掩蔽，以致一旦真象顯現，過去在樂觀的預期之下過度膨脹的泡沫經濟立即破滅。

然而這並不表示這些國家的經濟從此一蹶不振。1997 年 5 月亞洲開發銀行出版的 *Emerging Asia, Changes and Challenges* 一書中，有下面一段陳述：

> 由本書的分析所得到的（亞洲經濟）未來發展的景象，是一種樂觀的景象，東亞經濟的成長率主要為對先進經濟迎頭趕上 (catch-up) 的結果，而這種追趕是由開放與出口導向的政策所觸

發，並因人口發展的趨勢而擴大。俟東亞富有國家的所得趕上先進國家的水準，他們的成長率大致會隨著時間而降低；但不會急遽下降或突然降低。然而亞洲大部分的國家仍有很長的路途要追趕。尤其是南亞，如能採取適當的經濟改革，當有很大的發展潛力。這不僅因為南亞較為貧窮，也因為其未來具備有利的人口發展趨勢。(p. 118)

下表是 *Emerging Asia* 對亞洲若干國家未來成長遠景的預測。 (p. 122)

表 4-2 亞洲若干國家每人 GDP 成長的遠景(1995-2025)

單位：%

地區與國別	1965-95 年成長率	預　　測 *	
		1995-2025 年 成長率	2025 年每人 GDP 與美國相比
東亞	6.6	2.8	98.5
香港	5.6	2.1	116.5
南韓	7.2	3.5	82.6
新加坡	7.2	2.5	107.0
臺灣	6.2	3.1	88.0
中國大陸	5.6	6.0	38.2
東南亞	3.9	4.5	45.7
印尼	4.7	5.0	35.8
馬來西亞	4.8	3.9	71.2
菲律賓	1.2	5.3	28.5
泰國	4.8	3.8	47.4
南亞 **	1.9	4.4	21.3

* 預測是假定所有國家都維持 1995 年時之自然與政策條件。 原表並有在另外兩
種假定下之預測數字。

** 南亞包括 Bangladesh, India, Pakistan 和 Sri Lanka。

四、對世界經濟的影響

東南亞金融危機發生之前，既少人料到，發生之初也很少人看出
其嚴重性。美國總統 Bill Clinton 在 1997 年年初對國會的《總統經濟
報告》(*Economic Report of the President*)中，盛稱東亞經濟的成就，國
際貨幣基金(IMF)在五月份的《世界經濟展望》中，尚未察覺已在醞釀
當中的金融危機，十月份的《世界經濟展望》也只有微幅向下修正，
基本樂觀的態度則沒有改變。

　　由於低估了東南亞金融與經濟問題及其影響的嚴重性，美國初期反應冷淡的態度，一度引起政治方面的猜疑，認為美國不支持東協接受共產國家越南、柬埔寨與緬甸為會員國的決定，因而在東南亞經濟遭遇困難時，坐視不理，甚至根本就是美國容許投機客興風作浪。去年 11 月我在曼谷華語社會演講當前東南亞的經濟問題時，聽眾最關懷的問題之一，就是經濟問題的政治解釋。

　　然而，東南亞各國的資金外流和經濟成長率降低，必然使它們的進口減少，導致其他國家的出口減少，成長率也降低。而首當其衝受到東南亞三國不利影響的東亞其他國家也隨之發生同樣的效果。各國競相貶值，將衰退輸出到別的國家，最後沒有一個國家可以倖免，只是程度上不同而已。

　　IMF 的救助方案，有幫助泰國、南韓和印尼緩和危機的作用，然而，其所要求的條件，包括緊縮的貨幣與財政政策，取消政府補助和指定之貸款，在長期中，雖屬正確的做法，然而良藥苦口，由於對需求有節制的作用，在短期中，可能雪上加霜，更加深經濟的衰退。在此一緊要時刻，中共的人民幣會不會貶值，乃成了一個關鍵問題。

　　人民幣如果不貶值，由於鄰近國家的大幅貶值，中國大陸對外的競爭力因而削弱，對出口自然會有不利的影響，因而使經濟成長率降低；然而對東亞其他國家的匯率，則會有穩定的作用。反之，人民幣如果貶值，以維持中國大陸對外的競爭力，則勢將引起東亞各國第二波貶值，使世界經濟受到進一步的傷害。中國大陸對外貿易連年盈餘，而且每年都有大量外資流入，累積了巨額外匯準備，1997 年底達一千四百億美元。流入的資金當中，主要為直接投資，加以資本帳未開放，

因此人民幣不僅沒有讓人信服的貶值理由，而且政府有能力不使其貶值。在這樣國內外的經濟情況下，犧牲一兩個百分點的經濟成長率，換取在東亞甚至在全世界的經濟地位，而且由經濟地位進而取得政治地位，應該是中共千載難逢的機會。中共領袖自然要一再宣示人民幣不貶值，以顯示其經濟實力與國際擔當。

五、展望與啟示

經濟學上有一個有名的比喻：一群人圍在街頭看表演，其中一個人如果站在凳子上當然會看得比別人清楚；然而如果所有的人都站到凳子上，則大家的情況都回到和原來一樣。同樣情形，一個國家貶值，可能使出口增加，如果所有競爭國都貶值，則大家得到的利益都很少。由於預期因素和競相貶值的結果，東南亞三國和南韓都有超貶的現象，超貶的幅度，根據 3 月 7–13 日《經濟學人》的報導，以購買力平價為標準，大約在 30–60% 之間。人民幣對美元的匯率如堅守不貶，則這些國家的貨幣應有回升的可能。我們希望這些國家能夠互助合作，讓幣值回升，我們也希望主要先進國家能夠和 IMF 一起，助以一臂之力。IMF 對貸款國家要求的條件如果稍加放寬，不致產生過分緊縮的作用，讓這些國家有較為充裕的時間從事貨幣和財政方面的改革，也許可以緩和衰退的程度，讓東亞經濟較早復甦，世界經濟也受到較小的影響。

這次東南亞金融危機對我們的啟示是，經濟成長在長期中終將回歸到基本因素所決定的速度。所謂基本因素包括教育、科技、制度和政府的效能。基本因素決定長期成長的趨勢，實際成長則環繞著長期

趨勢呈循環波動的狀況。因此長期成長主要是供給面的現象，短期成長則主要是需要面的變化。當長期趨勢成長快的時候，短期波動中擴張的時期長，衰退的時期短；當長期成長慢的時候，擴張的時期短而衰退的時期長。由於資訊科技的發展和普及，以及經濟的自由化和全球化，世界經濟自 1990 年代下半以來進入快速成長的時期，美國經濟已經連續擴張七年，東南亞金融危機引起的東亞經濟挫退，應亦較容易度過，不致發展成如 1930 年代的蕭條。

關於最後一點，我們還可以增加三點理由。第一，這些國家迄今仍然維持自由貿易精神，並未採取保護的政策。第二，在貨幣供給方面，也未採取緊縮的措施。第三，最重要的是，畢竟這些國家，包括東南亞三國甚至四虎，在世界生產和貿易中占的地位仍然相當有限。以 1996 年的數值為例，美國對東協(ASEAN)的進出口貿易僅占美國貿易總額的 7.7%，而對中國大陸、香港、澳門、臺灣的貿易，僅占 9.6%，二者合計也只有 17.3%。

發展中國家在向先進國家追趕的過程中，隨著生產力和資本的增加，首先動用以往失業和隱藏性失業的人力，繼而增加每人使用的資本。平均每人產量和所得增加，引起人口增加，人口的年齡結構隨之改變。先是工作年齡以下的依賴人口增加，繼而工作年齡人口增加，生之者眾，食之者寡，進入快速成長的時期。然後人口漸趨老化，持續的成長靠技術進步使生產力不斷提高。Yajiro Hayami 在任康乃爾大學李登輝講座教授時的 Working paper "The Kuznets versus Marx Pattern in Modern Economic Growth: A Perspective from the Japanese Experience" 一文中指出，經濟發展的程序，是從馬克斯型態(Marx Pattern)

的成長， 亦即以資本代替勞動為來源的生產力增加， 到顧志耐型態
(Kuznets Pattern)的成長，亦即以技術進步代替資本增加為來源的生產
力增加，頗能說明後進國家追趕先進國家從事經濟發展在不同階段的
特色。

目前臺灣應已進入技術進步代替資本增加顧志耐型態經濟成長的
階段。工作年齡人口在總人口中所占的比率，大約在十年之內就會到
達頂點，然後開始下降。嗣後以每人 GDP 或以勞動生產力計算的經濟
成長率，主要靠技術進步來維持。顧志耐(Simon Kuznets)先生早就指
出，現代經濟成長的特色，就是科技研究為基礎所導致的生產力持續
增加。為維持經濟的持續成長，臺灣在教育方面和科技研究發展方面
實應投注更多的資源。

附錄：東亞金融危機的啟示

在第二次世界大戰以後的世界經濟發展中，東亞各國在不同時期分別扮演明星的角色。第一階段是日本，第二階段是四小龍，第三階段是東南亞新興經濟，第四階段是中國大陸，1990 年日本泡沫經濟破滅，經濟陷於停滯，至今一蹶不振。不要忘記，臺灣大約也於同一時間經濟泡沫破滅，但經濟繼續穩步成長，值得研究。1997 年 7 月開始的東南亞金融危機，最初並未引起國際組織和美國等先進經濟的重視。但不久席捲東亞各國，並向世界各地蔓延。

目前最常為人問起的兩個相關問題，一個是世界經濟會不會受到拖累，發生像 1930 年代一樣的蕭條，另外一個是東亞經濟會不會起死回生，恢復快速成長。對於第一個問題，我的答案是不會。因為：(1)各國繼續維持貿易自由，並未採取閉關自守的政策；(2)並未採取貨幣緊縮政策；(3)大多數國家並未競相貶值；(4)到現在為止發生危機的國家，除日本外，都是經濟規模較小的發展中國家，在世界經濟中所占的比重小，因而其對世界經濟的影響畢竟有其限制。這四種情形，都和 1930 年代不同。對於第二個問題，我的答案是會。如果過去東亞經濟的快速發展的確由於具備若干有利的基本條件，如果這些條件仍然

本文是作者在「東亞經濟發展之回顧與展望研討會」(民國 87 年 9 月 26 日)閉幕致辭。

存在，東亞經濟就沒有理由不恢復以往的成長活力。

　　這次東亞金融危機顯露了兩個重要的現象。第一，由於全世界自由化的結果，商品自由流動，任何國家如果商品價格上漲，進口就會增加，使價格平撫。換言之，對個別國家而言，商品供給的價格彈性無窮大，某種商品的價格如上升，進口就會增加，使供給的數量增加。因此短期資金流入，使貨幣數量增加，不引起商品價格上漲，而引起股票價格和房地產價格上漲，我稱之為資產膨脹(asset inflation)，以別於傳統的物價膨脹（inflation 或 commodity inflation）。

　　第二，過去發展中國家經濟發展的策略不同，有些國家採中央計畫經濟，有些採進口代替政策，東亞各國自 1960 年代以來採出口導向，以世界為市場，產業發展需受世界市場的考驗，只有具有競爭優勢的產業才能得以生存發展，因而資源利用的效率高。如今共產集團崩潰，世界各國幾乎都採取出口導向的發展策略，加以全球化使先進國家的資本和技術大量流到發展中國家，競相生產技術水準較低的產品，使供給過剩，價格下跌，導致貨幣貶值，先進國家坐享價格低廉之利益。今後若干年應為發展中國家在世界市場上，藉競爭尋求分工專業重新定位的時期。

　　剛才大家都說，在這次東亞金融危機中，國際短期資金大量流進流出為若干國家帶來很多困擾。資金流動猶如風，清風徐來，水波不興，固然很好，但如果是狂風暴雨，則另是一番景象。於是大家都想到，對於短期資金的流動應如何加以節制？應不應該加以節制？于宗先院士提到有的基金數額過於龐大，任何經濟規模小的國家，如被其當作操作對象，都有造成災害的可能。完全競爭的一個重要條件是沒

有一個經濟主體可以單獨對市場發生影響。龐大的國際性基金，改變了此一條件。于院士的觀察為問題的解決提供了很好的方向，也為短期資金流動的節制，提供了很好的理由。

　　剛才大家都說國際金融制度到了需要檢討的時間。于院士說，1930年代大蕭條產生凱因斯的有效需求理論，凱因斯的理論於今 60 餘年矣。這讓我想起第二次世界大戰之後，各國都採固定匯率制度，1960年代各國發展的步調不同，物價上漲的速度不同，固定匯率應不應調整，調整多少，引起很多困擾，主張彈性匯率或浮動匯率的勢力日增。1970 年代發生兩次能源危機，各國紛紛改採浮動匯率，我國稱為機動匯率。在浮動匯率的制度之下，1980 年代和 1990 年代初期，自由化(liberalization)迅速開展，繼而邁向全球化(globalization)，世界從商品的自由移動，發展到資本和技術的自由流動，這是經濟學家幾百年來嚮往的境界，然而短期資金的快速、大量流動又成為可能的災害的來源。

　　人們總是尋求一種盡善盡美的制度，在這種制度下，一切活動都可以順利進行，只有利益沒有弊端。如果真有這樣一種十全十美的制度，可能我們經濟學就不需要進步了，我們經濟學者也不需要存在了。

　　這一天半的研討會論文非常豐富，討論非常精彩，成果非常豐碩。我謝謝主辦單位臺大經濟系和臺大經濟研究基金會。這個基金會是梁國樹先生為了幫助臺大經濟系和臺灣經濟研究而成立的，基金的來源都是靠國樹兄的友情由企業界的系友和朋友捐贈的。國樹兄逝世後，由我繼任董事長。我代表基金會謝謝梁夫人侯金英董事長，謝謝大家。

第五章　貿易盈餘的回流，臺灣的政策抉擇

貿易不平衡對一個國家的經濟成長有兩種可能的影響途徑，端視儲蓄與投資的相對大小而定。

在一個貿易出超國，儲蓄大於投資，而由於貿易出超的部分即可提供更多的需求，這個國家的生產與就業量將不至於減少。在貿易入超國，雖然儲蓄小於投資，但是貿易入超的部分，卻剛好提供國內投資所需的資源。如世界各國皆欲平衡其對外貿易，則各國之經濟成長將會受到儲蓄與投資這兩個變數中較小的那個變數的限制，以致阻礙了世界經濟的成長。

這篇文章的目的，就是想以過去二十年來，中華民國臺灣地區的貿易發展趨勢與演變為例，進一步引申說明儲蓄、投資與外貿之間的關係。首先，表 5–1 告訴我們，一個國家貿易部門的不平衡，正反映國內投資與儲蓄的不平衡，兩者之間確實存在密切的關係。亦即一個國家如果擁有貿易出超，相對一定會擁有超額的儲蓄，反之亦然。臺灣自從 70 年代初期以後即擁有驚人的貿易出超，它背後即有高居世

本章係林昭武先生節譯自拙作 "Recycling Trade Surpluses: Policy Options for Taipei, China," *Asian Development Review*, Vol. 7, No. 2, Asian Development Bank, 1989, 原載於薛琦主編，《臺灣對外貿易發展論文集》，聯經，民國 83 年。

界前茅的高儲蓄率在支應。然而為什麼臺灣會有如此高的儲蓄率？本文中也將一併提出解釋。

　　另外，自從 80 年代中期以後，臺灣經濟曾經歷巨大的變化。首先是連年的對外貿易出超累積了龐大的外匯存底，對國內貨幣供給及物價安定造成相當大的威脅，為了預防經濟上的不利後果，政府曾經採取了許多政策試圖緩和貿易順差。而自 80 年代中期以來，政府也大力推動貿易、金融及資本三個部門的自由化運動，這些政策的效果及影響如何，也將在文章中進一步討論分析。

　　最後，本文想要探討，臺灣如何透過貸款、直接投資、成立特別基金，以及參與國際或地區性的融資活動，而將它從貿易出超所獲得的盈餘部分，用以幫助其他開發中國家的經濟發展。

一、從赤字到盈餘

　　曾經有很長一段時間，臺灣的經濟是在入不敷出的貿易赤字下度過的。從 1952 到 1961 年的十年間，臺灣商品出口總額幾乎只占進口總額的 60% 左右，剩下這 40% 的貿易赤字，當時幾乎完全仰賴美援支助。十年下來，累積的總貿易赤字達到八億七千五百萬美元左右，以今天的標準衡量這個數字似乎微不足道，但若以當時規模而言，卻占了臺灣當時國民生產總額相當可觀的比例，用一個比喻來講，如果進出口的金額包括貨物及勞務在內，當時臺灣平均貿易赤字的比例幾乎占到國民生產總額的 6.5% 左右，比這幾年美國的赤字情況還要嚴重。

　　1960 年代初期開始的出口擴張改善了臺灣的貿易狀況。 1971 這

一年，臺灣出口首度超過進口，此後，除了 1974、1975 以及 1980 這三年，因為受到石油危機及世界不景氣的波及而產生赤字之外，臺灣的貿易盈餘以及出超占國民生產總額的比例一直呈現上升的趨勢，經歷了很長一段的貿易盈餘（出超）時期。

這段時期臺灣貿易的成功發展，主要歸功於 1958-1961 年這幾年之間政府採取了一連串貿易及匯率的改革政策，現在這方面的文獻已經汗牛充棟。

在這次外貿及匯率改革之前，臺灣經濟的發展策略，基本上主要是利用高關稅、管制進口數量及管制外匯等方法來控制進口的增加，另一方面則將有限的外匯資源分配到一些經過選擇的進口替代產業上。這便是後來熟知的進口替代政策。但是，由於受到長年通貨膨脹的影響，當時臺灣產品很難外銷到國際市場，而相反地，進口則變得有利可圖。為了解決這個問題，當時臺灣採行了所謂的複式匯率制度，對不同的進出口產品制定不同的匯率，試圖減輕通貨膨脹對貿易的壓力。但這時期還沒有採取全面貶值的政策，因為當時有些人認為這樣做會引起更嚴重的通貨膨脹。

1958-1961 年這次改革，就從放棄複式匯率，建立單一匯率制度開始。經過了幾次調整嘗試，到了 1961 年 6 月，新臺幣對美元匯率首次穩定在 40 比 1 的水準上，以後長達 12 年的時間，新臺幣的匯率一直維持在這個水準上，直到 1973 年 2 月才升值為 1 塊錢美元對 38 元新臺幣。這次匯率改革主要是以刺激出口、抑制進口為著眼點，而同時期，政府也放寬對外匯及進口的管制。

綜觀這次改革的精神，主要是想將臺灣從一個向內看的進口替代

型經濟，轉變為一個向外看的出口導向型經濟。臺灣採取的方法是，
解除政府管制對經濟造成的扭曲，恢復市場的運作機能。這次改革的
成果極為可觀，從 1960 年初起，臺灣經濟出現驚人的成長。

這次改革成功的背後，還有一些客觀環境有利因素的配合，其中
最重要的包括：穩定的物價，使得匯率能長期維持穩定；高儲蓄率支
應貿易收支的改善，以及高投資率，使得經濟得以快速成長。

二、儲蓄與貿易不平衡

通常一個國家如果發生貿易赤字，即表示這個國家的國內儲蓄不
足以支應國內投資，因此要仰賴國外進口資源。反之如果有貿易盈餘，
即表示有超額儲蓄，而超額儲蓄的部分則透過出口投資到國外。由於
投資儲蓄與進出口之間有如此密切的關係，所以一個國家如果想改善
它的貿易收支情況，必須要注意的一點是：在改善進出口貿易的同時，
如果不能同時改善國內投資與儲蓄之間的不平衡，則在調整過程中，
一定會有副作用出現，如果原來是貿易赤字，在調整時，一定會產生
通貨膨脹；如果原來是貿易盈餘，則在減少盈餘的過程中，一定會導
致經濟成長率下降。這種因緣可以從中華民國臺灣地區在過去幾十年
的經驗中得驗證。

表 5-1 中顯示的是臺灣地區從 1952 年到 1988 年，歷年來的貿易
收支及國內投資與儲蓄。從第六欄中我們可以清楚看出，在 1950 及
1960 年代,臺灣對外貿易收支基本上都是處於赤字狀態的,到了 70 年
代以後則轉為連年的貿易出超盈餘。在 1956 到 1960 年之間，貿易赤
字占國民生產總額的比例原本占 6.9%，到了 1966–1970 年，已經降到

表 5-1　　1952-1988 年內部差額與外部差額占國民生產毛額的百分比

年　度	內部差額			外部差額		
	國民儲蓄毛額 S (1)	國內投資毛額 I (2)	差額 Bl (3)=(1)-(2)	出口 X (4)	進口 M (5)	差額 Bx (6)=(4)-(5)
1952-1955	8.7	14.7	-6.0	7.9	13.8	-5.9
1956-1960	10.5	17.5	-7.0	10.6	17.5	-6.9
1961-1965	16.3	19.5	-3.2	17.0	20.2	-3.2
1966-1970	23.6	24.2	-0.6	25.2	26.2	-1.0
1971	28.8	26.3	2.5	35.6	33.1	2.5
1972	32.1	25.6	6.5	42.3	36.0	6.3
1973	34.4	29.1	5.3	47.2	41.9	5.3
1974	31.5	39.2	-7.7	43.9	51.7	-7.8
1975	26.7	30.5	-3.8	39.9	43.2	-3.3
1976	32.3	30.8	1.5	47.9	45.7	2.2
1977	32.6	28.3	4.3	49.2	44.3	4.9
1978	34.4	28.3	6.1	52.5	46.0	6.5
1979	33.4	32.9	0.5	53.3	52.2	1.1
1980	32.3	33.9	-1.6	52.6	53.8	-1.2
1981	31.3	30.0	1.3	52.2	50.2	2.0
1982	29.7	24.8	4.9	50.5	45.3	5.2
1983	31.5	22.6	8.9	53.8	45.0	8.8
1984	32.9	21.0	11.9	59.9	45.6	11.3
1985	32.6	17.3	15.3	55.1	41.1	14.0
1986	37.7	15.6	22.1	58.9	38.9	20.0
1987	38.5	19.3	19.2	58.8	41.0	17.8
1988	34.7	23.0	11.7	56.7	45.6	11.1

說明：根據行政院主計處的最新國民所得統計，美援直到 1965 年正式停止為止
　　　都包含在國民儲蓄毛額中。但本表 1952-1965 年的儲蓄資料，取自經建會：
　　　Taiwan Statistical Data Book 1987（1988 年），以顯示純由本地經濟所產生
　　　的儲蓄數額。

資料來源：1952-1965 年國民儲蓄毛額來自經建會：*Taiwan Statistical Data Book*
　　　　　1987.（1988 年）；其他數字來自行政院主計處：《1951-1988 年，臺
　　　　　灣地區國民所得統計摘要》，1988 年 12 月。

只占 1%。到了 1970 年以後，臺灣地區的貿易盈餘呈現向上增加的趨勢，這期間只有在 1974、1975 以及 1980 年三年，因為兩次石油危機而出現過貿易赤字。1986 年臺灣貿易盈餘占國民生產總額的比例達到歷年來的最高點，為 20%。

臺灣在過去三十年之所以能夠創造迅速的經濟成長，主要是因為在 70 年代以前能迅速克服貿易赤字的困難，並且成功地增加出口，創造貿易盈餘。尤其在 1980 年代的前半期，當國內投資占國民生產總額明顯下降時，強勁的對外出超適時地彌補了這次經濟成長的空隙。但這裡要特別提出的是，這段期間，雖然臺灣成功地將貿易收支從赤字轉換為盈餘，並因此創造高度經濟成長，但這背後都是因為有持續增加的高儲蓄在支應著；否則，在這轉變的過程中，經濟成長可能無法持續長久，甚至可能只會引發物價膨脹。

在過去二十年中，中華民國臺灣地區的儲蓄率一直都在世界各國之首，這可以從表 5-1 的第一欄中看出，儲蓄率在 1986、1987 兩年分別達到了 37.7% 與 38.5%，如此高的儲蓄率充分支應了當年各高達 20% 及 17.8% 的淨出口比率。

為什麼臺灣能擁有如此高的儲蓄率？通常一般的解釋是中國人勤儉的民族性：中國社會缺乏對疾病、失業，以及老人照顧的社會福利體系；以及中國家庭普遍特有的為照顧下一代而未雨綢繆的心態。但這些因素似乎還不能解釋，為什麼臺灣地區的儲蓄率能夠從 1950 年代非常低的水準迅速提高到 1970、1980 年代如此高的水準？因為上面提到的一般人對臺灣地區高儲蓄率的解釋，在這兩個階段都應該同時存在臺灣社會中。

　　我個人比較傾向採取傅利曼(Milton Friedman)的恆常所得理論來解釋臺灣地區的高儲蓄經驗。根據恆常所得理論，個人在當期的消費，並不是當期所得的函數，而應該是過去所得的某種加權平均總合的函數。在一個快速成長的經濟體系裡，一般人比較容易低估他們的實際所得，因此實際花費也會比較少，結果在當期所得中便有較大的比例可以儲蓄起來。臺灣在過去三十年的經驗恰好符合這種情形。

　　雖然臺灣地區在 1971 至 1988 年間國民生產毛額與每人國民生產毛額的實質成長率平均高達 9.1% 及 6.8%，然而一般人，尤其老一代的臺灣人，卻都沒辦法認清這種不同以往的經濟情勢，一般人還是普遍擁有未雨綢繆的傳統心理。我常常思考一個有趣的問題：在經濟普遍快速成長，而個人晉陞發展的空間機會越來越多時，一個人應該預期得到，未來他的所得應該會持續增加，但為什麼我們常常看到，一個人在他所得很少而所得的邊際效用很高的時候，卻偏偏喜歡存錢，以備在所得很高、邊際效用較低的時候消費？這種情形在臺灣一般年輕人身上常常看到。年輕人只要一出校門找到工作，儘管他們的薪水多麼微薄，還是會拚命地攢錢。這個現象可能與臺灣缺乏現代化的金融部門有關係，因為在臺灣一般人都很不容易從銀行借到錢，所以他們只好自己存錢以應付大筆的花費。

　　另一個與臺灣高儲蓄率有關的因素是政府部門的儲蓄。臺灣政府部門的經常帳盈餘一直是臺灣國內資本形成的一個重要來源，這點與其他國家的政府經常赤字連連是截然不同的。

三、貿易自由化

雖然臺灣擁有龐大的貿易盈餘,但這並不是政策有意造成的結果。事實上,在 1986 到 1989 年的第九期四年經建計畫中,臺灣希望將它每年貿易收支占國民生產總額的比例,從 1985 年預估的 12.6% 降低到 1989 年只占 8.1%。另外政府部門決策也計畫,到了 2000 年,希望能將貿易收支盈餘縮減到只占當年預估國民生產總額的 0.4%,如果以 1985 年的物價計算,大約是美金六億七千萬元。

事實上,早在 1970 年代初期,當臺灣開始出現貿易盈餘時,政府部門已經開始放鬆對進口品的管制,例如降低關稅。1973 年 2 月,維持了 12 年之久的 1 美元對 40 元新臺幣的匯率,重新調整為 1 美元對 38 元新臺幣。如果 70 年代的這次貿易自由化規模能夠更擴大,時間更長久,或許到了 80 年代整個臺灣的貿易盈餘就不會惡化到動輒就超過國民生產毛額的 10% 以上,結果給整體經濟帶來嚴重的困擾。但就在 70 年代政府開始實施貿易自由化的時候,不幸地,兩次石油危機及兩次經濟衰退發生了。在長期看來是往上攀升的貿易收支趨勢中,這兩次經濟衰退造成的波動,當時確實困擾了每個人。在 1978 年的 7 月,新臺幣匯率重新調整為 1 美元對 36 元新臺幣。第二年 2 月,臺灣放棄固定匯率制度,改採浮動匯率,結果新臺幣匯率又貶回到 1 美元對 40 元新臺幣的比率,在 1982–1985 年期間,新臺幣對美元匯率一直維持在這個水準。

臺灣的經濟學家經常向政府建議要貿易自由化,但這些建議通常被置諸一旁。政府開始認真考慮貿易自由化的建議則要等到 1980 年

代中期以後，這時候臺灣面臨兩個嚴重的經濟問題，一個是連年龐大的貿易盈餘對國內造成物價膨脹的壓力，另一個則是因為臺灣對美輸出長期持續出超，致使美國對臺灣的政治壓力升高。美國一直是臺灣最重要的貿易夥伴，在 1983 到 1987 年之間，臺灣對美商品出口占總輸出的比例，連續五年超過 45%，而自 1971 年臺灣進入長期貿易盈餘階段，直至 1985 年，臺灣對美商品貿易盈餘每年都超過臺灣全年貿易盈餘的總額。

保護及管制政策對一個國家經濟的不利影響，經濟學家之間已經講得太多了，這裡不再詳述。經濟學者邢慕寰先生最近曾經發表一篇文章，裡面談到臺灣自 1950 年代所採取的出口擴張與進口保護政策的一些缺失，其中包括資源不當分配、犧牲消費者的福利，以及過於重商主義傾向等等。其實，純就對經濟成長的貢獻而言，出口擴張的效果也常常被擴大渲染了，因為我們常常會忽略掉，持續經濟成長的背後另一層意義其實是，這個國家平均勞動生產力的持續提高，而生產力持續提高其實是一個長期供給面的現象。出口擴張是一個需求面的刺激因素，然而這種需求面增加對經濟成長的影響，還要看當時整個社會的勞動生產力，勞動人口的數量、技術水準，以及整個社會文化體系而定。如果需求面擴張的程度超過了當時整個社會資源所能承受的程度，結果可能反而會引起物價膨脹。

臺灣在 1950 年代末期對貿易及匯率所推行的改革，只能算是一種局部的自由化改革。接下來 1970 年代那次自由化，很可惜並沒有持續。假使當初政府能有計畫地逐步實行貿易自由化，臺灣經濟應該會有更好的表現。我們可以想像一下可能的情況：進口自由化可以降低

國內的物價與工資水準，使得臺灣的產品在世界市場更具競爭力，如此臺灣的出口盈餘仍然能夠持續增加，進一步帶動更廣泛的進口自由化。這樣一步一步做下來的結果，不僅我們可能在 70、80 年代創造更高的經濟成長率，還可以使國內的物價更加穩定。只是很可惜的是，我們一定要等到 80 年代中期，內憂外患一起施加的時候才能認真考慮貿易自由化的好處！

表 5-2 是臺灣自 1970 年代中期以來，在放寬進口管制上所做的一些演變趨勢。以 1968 年 12 月為例，在所有進口的 11,000 個項目中，有 209(1.9%)項產品是被列為禁止進口品；4,551(41.4%)個項目列為管制品，另外 6,240(56.7%)個項目為准許進口。表中可看出，1972 及 1974 這兩年，管制及禁止進口物品的數量及所占的比例已經大幅降低，而准許輸入物品的比例則從 1972 年的 81.6% 進一步提高到 1974 年的 97%。到了 1972 年底，准許進口不受任何管制的項目，已經占所有進口項目的 98.5%，達 26,472 個項目。

除了進口商品的管制數目逐漸降低外，對於進口廠商資格及採購地區的限制，也逐漸放寬。表 5-2 中顯示，進口項目中限制廠商資格的項目比例，從 1983 年 8 月的 2.4% 下降到 1988 年 12 月的 0.6%。同一時期，限制採購地區的比例則從 6.1% 驟減為 0.2%。

表 5-2　進口管制之變動，1968–1988 年

年　度	禁止進口	管制進口	准許進口	總　計
1968 年 12 月	209(1.9)	4,551(41.4)	6,240(56.7)	11,000
1970 年 7 月	208(1.8)	4,780(41.9)	6,431(56.3)	11,419
1972 年 7 月	5(0.0)	2,822(18.4)	12,531(81.6)	15,358
1974 年 2 月	4(0.0)	453(3.0)	14,605(97.0)	15,062
1976 年 6 月	13(0.1)	531(3.5)	14,822(96.7)	15,366

年　度	禁止進口	管制進口	暫停進口	准許進口	進口者限制	進口地限制	總　計
1983 年 8 月	17(0.1)	921(3.5)	24(0.1)	25,640(96.4)	628(2.4)	1,610(6.1)	26,602
1983 年 12 月	14(0.1)	749(2.8)	20(0.1)	25,827(97.1)	372(1.4)	124(0.5)	26,610
1984 年 12 月	14(0.1)	744(2.8)	20(0.1)	25,968(97.1)	339(1.3)	125(0.5)	26,746
1985 年 12 月	14(0.1)	662(2.5)	19(0.1)	26,065(97.4)	330(1.2)	99(0.4)	26,760
1986 年 12 月	9(0.0)	470(1.8)	19(0.1)	26,270(98.1)	271(1.0)	64(0.2)	26,768
1987 年 12 月	8(0.0)	421(1.6)	19(0.1)	26,426(98.3)	226(0.8)	58(0.2)	26,874
1988 年 12 月	8(0.0)	391(1.5)	18(0.1)	26,472(98.5)	165(0.6)	58(0.2)	26,889

註：括弧內數字為百分比。

資料來源：上表：Maurice Scott, "Foreign Trade," *Economic Growth and Structural Change in Taiwan,* Walter Galenson 編 (Ithaca: Cornell University Press, 1979) p. 331。下表：經濟部國貿局。

如果以最新採用的「新式協調制度」的計算方式為準，1989 年 1 月底，全臺灣地區的進口項目總共有 8,783 項，其中 8,519(97%)項進口品是不需任何管制直接允許進口的。而在 8,519 項允許進口項目中，有 5,849(66.6%)項產品不需要任何事先簽證，1,703(19.4%)項進口品需要事先獲得指定銀行的簽證， 而需要經濟部國貿局事先審核的只有 967(11%)項。

在 1970 年代初期， 國內經濟學家曾大力鼓吹政府降低關稅以刺激進口、平衡日益龐大的貿易順差，但是降低關稅的腳步遲遲未見邁開，一直到最近幾年才有改善。表 5-3 中列的是過去二十年來，臺灣地區名目關稅與實質關稅變動的趨勢情形。表中的名目關稅是指各種進口產品的關稅的算術平均數，實質關稅代表扣除退稅後的總關稅收入除以進口總值的比例。

要注意的一點是， 這裡所謂實質關稅稅率的變動，有可能是因為進口產品的組合變動使然， 並不一定能夠完全反應關稅稅率的變動。舉例來說，如果在進口總值中， 一些較低關稅或免關稅的進口項目所占的百分比突然增高，不管是因為進口品的數量增加或價格提高了，結果都會導致平均實質關稅下跌。如此一來我們便可以對臺灣在 1974 年以後， 實質關稅稅率持續下跌的趨勢找到合理的解釋。而這與兩次石油危機又有很大的關係，因為經過石油危機，在進口總值中， 原油進口所占的比例， 從 1973 年的 2.6% 躍升為 1974 年的 10.5%， 1980 年又驟增為 20.8%。另外一個影響因素是， 石油的進口關稅也持續降低，從 1971 年的 10%，降為 1974 年的 5%，到了 1980 年已經降為只有 2.5% 的關稅。不過在 1981 年以後，石油占整個進口總值的比例已

經大幅減低，到 1986 年，只剩下 8.5%。

表 5-3　1971-1988 年名目及實質關稅稅率的變動

單位：%

年　度	名目稅率		實質稅率
	第一欄(1)	第二欄(2)	(3)
1971			14.1
1972			12.1
1973			12.6
1974		55.7	11.7
1975		52.7	9.9
1976		49.1	11.4
1977		46.2	10.4
1978		43.6	11.3
1979		39.1	11.6
1980	36.0	31.2	9.0
1981	36.0	31.2	7.5
1982	36.0	31.0	7.6
1983	36.0	31.0	7.6
1984	36.0	30.8	7.7
1985	32.8	26.5	7.9
1986	31.8	22.8	7.7
1987	25.8	20.6	7.1
1988	14.6	12.6	5.7

註：第一欄是對少數國家適用的非優惠稅率，第二欄是對大多數國家適用的優惠
　　稅率。

資料來源：財政部。

從表 5-2 及表 5-3 的分析中，我們可以得到一個結論就是，1970

年代初期的進口自由化政策，主要只是強調放寬進口管制，而大幅度的降低關稅，則一直要到 1980 年代末期。據估計，從 1985 到 1987 年間，總計有 3,612 項進口產品的關稅降低了，1988 年那麼大規模的降低關稅政策更涵蓋了 3,467 項產品，總計關稅下降的幅度，平均達到 50% 左右。臺灣地區的進口關稅，經過這一番調降以後，以欄二優惠關稅為主的名目關稅已經從 1984 年的 30.8% 降低為 1988 年的 12.6%，減少了 18 個百分點，而最高關稅稅率，經過連續幾年調整後，也從原本的 75% 降低為 1988 年的 50%。

四、金融自由化與資本自由化

前面一段所提的貿易自由化，主要的對象是國際收支平衡表中的經常帳部門，本段要討論的資本移動的自由化，對象則是國際收支平衡表中的資本帳部門。對於一個經濟體系能否達到市場經濟效率，並進一步成為世界經濟社會完整的一員，這兩個部門的自由化同等重要。而為使一國之金融部門有能力參與國際運作，金融自由化為資本自由化的先決條件。

對臺灣地區而言，一個理想的金融自由化改革，內容應該包括：⑴將政府公營的商業銀行開放民營；⑵對於設立新金融機構，以及現存金融機構設立分支機構的各種管制，應該大幅放寬；⑶利率完全由市場決定。前面兩個方案可以視為是制度的自由化，第三個方案則可稱為是價格的自由化。制度自由化的主要目的，是要提高金融機構彼此之間的競爭，並藉此訓練專業人員以提升服務品質、改進金融部門的效率。可以預期的是，如果金融自由化能夠順利開展，那些現在還

留在非正式金融市場裡頭的資金，將會蜂擁流到正式而有組織的金融市場裡，如此一來，消費者與投資者就可以擁有更便利有效的金融服務，而整個經濟也可以因此朝資本自由化邁進一大步。

可惜的是，公營金融機構開放民營的意見，直到晚近方為政府高層接受，而對新設立金融機構以及現有金融機構設立分支機構的管制，則一直未見放寬。實際上過去臺灣地區金融自由化的幅度，只局限在利率的自由化上。根據現在的銀行法規定，現在各種存款的最高利率，是由中央銀行決定的，而放款利率的上下限則由銀行公會提議，經過中央銀行同意之後實行。從 1980 年代初期以來，中央銀行就一直試圖放寬放款利率上下限之間的差距，並且嘗試讓銀行在市場中透過競爭，由資金的供需來決定利率水準。但是，在金融制度還沒有能夠完全自由化之前，只有利率自由化，是否能真正反映資金市場裡的供需情形，值得懷疑。

由於臺灣還沒能完全實行金融自由化，因此現在講資本移動的自由化也嫌太早了點。事實上，在現在仍然擁有太多的外匯存底，以及龐大貿易順差的情況下，臺灣一旦開放資本自由流動，由於預期新臺幣升值，一定會有短期資金流入臺灣，以賺取預期新臺幣升值的利益，這一來又會加速新臺幣升值的速度，給臺灣經濟帶來相當大的壓力。

五、貿易順差的改善

臺灣的國內投資在第二次石油危機以後就呈現停滯的狀態。據估計，臺灣地區國內投資毛額占國民生產毛額的比例，從 1980 年的 33.9% 持續下降至 1986 年的 15.6%，這可能是三十年來最低的水準。

雖然投資持續下跌，但臺灣在這幾年的經濟成長率卻仍能維持起碼的水準，主要是因為這一時期臺灣的對外出口呈現強勁的擴張，而同時進口並沒有大幅增加的緣故。據估計，1980 到 1986 年，臺灣地區出口占國民生產毛額的比例，從原來的 52.6%，增加為 58.9%，而同時期進口占國民生產毛額的比例卻從 53.8% 反而降低為 38.9%。因而貿易盈餘占國民生產毛額的比例，從 1980 年的負 1.2%，遽升到 1986 年的 20%。這麼高的比例，可能是全世界國家中所僅見。

持續貿易出超為臺灣創造了巨大的外匯存底，但連帶也使得貨幣供給不斷增加，最後造成物價膨脹的壓力。在 1985 年底，臺灣地區的外匯存底數量只有 225 億美元，一年後增加到了 463 億美元，到了 1987 年底，更增加為 767 億美元，幾乎是當年臺灣地區進口貨物與勞務總額的兩倍。

但是此一外匯存底的增加，並非完全由於貿易盈餘造成的，其中有很大一部分，是想要在國內賺取新臺幣預期升值利益的短期資本流入。據估計，從 1986 年 6 月到 1987 年 6 月底，流入臺灣的熱錢總額高達 112 億美元。

在這種情勢下，新臺幣升值勢所難免，但問題是：應該一次升值到均衡水準呢？還是要漸進式地慢慢升值？一次升值到均衡匯率的做法，好處是可以避免投機以及防止熱錢流入，如此也可以減低外匯存底累積的壓力，但壞處是，國內產業沒有時間自我調整以適應新的情勢。另外一個困難就是，匯率到底應該調整到什麼程度才算均衡，沒有人知道！而且所謂的均衡，指的到底是什麼呢？是指目前立刻讓出口與進口平衡呢？還是以後的某個時間？而且，究竟是多久以後？漸

進式升值的利弊則剛好與一次升足的好壞相反。很明顯，當時政府的決策是決定讓新臺幣緩步升值的。

1985 年 12 月底時，新臺幣對美元的匯率是 39.85 比 1，一年後升值到 35.5 比 1，到了 1987 年 12 月已經升到了 28.55 比 1。兩年內，新臺幣升值的幅度高達 39.6%，如果以 1985 年 9 月時的新臺幣匯率 40.4 比 1 計算，升值的幅度甚至超過 41%。

另外就貨幣供給量而言，儘管中央銀行曾經嘗試利用各種政策工具減輕外匯存底在兩年內增達三倍的壓力，但貨幣供給量在此兩年內仍增加了一倍。從 1985 年 12 月底到 1986 年 12 月底，臺灣地區貨幣供給增加率高達 47.7%，翌年稍降為 38.3%，1988 年仍然高達 26.2%。

另外，我們還可以從表 5-4 中看出，雖然從 1985 到 1988 這四年內，臺灣地區的貨幣供給持續遞增，但是躉售物價反而出現下跌的趨勢。而雖然消費者物價在 1986 到 1988 年三年內連續上漲，但幅度卻相當微小。物價並無出現如預期中上漲的現象，主要應歸功於進口物價下跌之故，而進口物價下跌則是這幾年貿易自由化、關稅降低，以及新臺幣匯率升值的結果。

表 5-4　　1985–1988 年物價的變動

單位: %

年　　度	躉售物價	消費者物價	進口物價	出口物價
1985	−2.6	−0.2	−1.1	−0.8
1986	−3.3	0.7	−10.5	−3.4
1987	−3.3	0.5	−7.4	−6.1
1988	−1.5	1.4	0.5	−2.7

資料來源: 行政院主計處，《臺灣地區國民經濟動向統計季報》，1988 年 11 月。

　　但這裡要注意的一點是，雖然這幾年臺灣地區的躉售物價、消費者物價，以及進口物價指數大致都在下跌，但其下跌的幅度仍嫌太少。因為在 1985 到 1988 年這四年間，新臺幣升值幅度超過 40%，名目關稅平均降低一半以上，而 1980 年代進口占國民生產毛額的比例除 1986 年外都在 40% 以上。這三個因素結合，應該可以使臺灣地區的物價下跌更多才對！ 至於物價為什麼下跌不足，可能是因為過去的保護政策所形成的獨占勢力依然很強，而快速增加的貨幣供給也吸收掉一部分物價下跌的空間。

　　基本上，這幾年受貨幣供給增加影響最大的應該是股市與房地產。如果以 1981 年臺灣股市指數 100 為基準，1985 的股價指數為 120.8，到了 1988 年 9 月則暴漲為 1,301.9，三年內幾乎上漲了十倍！ 雖然股市曾經因為政府宣布恢復課徵證所稅而跌到 12 月的 842.5 點，但隨後卻又逐漸恢復漲勢。房地產部分雖然沒有類似股市指數的指標可循，但一般相信，以臺北市為例，過去三年，臺北若干地區的房價上漲了一倍甚至兩倍。 雖然從 1985 年 1988 年以美金計算的平均每人 GNP 幾乎增加了一倍，但很多人感到較諸過去更少財力求田問舍。

　　新臺幣大幅升值，以及關稅降低，確實對臺灣地區的貿易收支產生了立即的影響。表 5-5 中可以看出 1985 到 1988 年以新臺幣及美元計算的臺灣地區進出口成長趨勢。以美元計算的進出口成長為例，1987 年臺灣對外出口成長率雖然仍高於 1986 年，但到 1988 已經降低為只有 13.9%。然而這兩年臺灣地區的進口卻出現強勁的成長，分別達到 41% 及 34.1%。若以新臺幣計算，進出口消長的趨勢更明顯，臺灣地區出口成長率從 1986 年的 23.5% 逐年下跌，到 1988 年只剩下 2% 的

成長率! 然而同期進口成長率卻從 9.3% 增加為 21.1%。消長的結果，出口占國民生產毛額的比例從 58.9% 減少為 56.7%，進口占國民生產毛額比例則從 38.9% 提高為 45.6%，使得整個臺灣地區的貿易盈餘占國民生產毛額的比例也從 1986 年的 20% 降為 1988 年的 11.1%!

表 5-5　　1985-1988 年進出口的變動

單位: %

年　度	以美元計算		以新臺幣計算	
	出　口	進　口	出　口	進　口
1985	1.3	−5.8	2.0	−5.1
1986	30.1	15.2	23.5	9.3
1987	33.5	41.0	12.4	18.6
1988	13.9	34.1	2.0	21.1

註: 進出口皆包含貨品及勞務在內。
資料來源: 1.以美元計算之進出口: 行政院主計處，《臺灣地區國民經濟動向統計季報》，1988 年 11 月。
　　　　　 2.以新臺幣計算之進出口: 行政院主計處，《臺灣地區國民所得統計摘要》，1988 年 12 月。

　　貿易部門出現的緊縮效果幸好沒有對臺灣的經濟造成太大影響，由於國內需求擴張的結果，1988 年臺灣地區的國民生產毛額成長率仍然達到 7.1% 之多。

　　我必須強調一點，我認為，臺灣地區這幾年調整貿易不平衡所做的努力是成功的。畢竟，貿易盈餘的問題已經累積了將近二十年，二十年的問題總不能期望在毫髮未損的情況下一次就調整完成! 如果與日本、西德以及美國比較起來，我們更不難發現，臺灣的調整做得極為成功。在這幾個國家，貿易盈餘或赤字占國民生產毛額或國內生產

毛額的比例大約都維持在 3–4% 之間，近幾年這個比例變動的幅度一直都不大，平均只在一到兩個百分點之間，與臺灣如此大幅度的調整不可同日而語。

六、貿易盈餘的回流

臺灣之所以能成功地將貿易盈餘從 1986 年占國民生產毛額的 20% 降低到 1988 年只占 11.1%，除了犧牲一部分經濟成長外，主要是因為同時國內需求出現強勁的擴張。據統計，按 1981 年固定物價計算，臺灣地區包括政府與私人部門的消費及國內資本形成毛額在內的國內需求，從 1986 到 1988 年總共增加了 35.2%，而同時期國外需求，亦即淨輸出，卻下降了 53.3%。

但是，貿易盈餘占國民生產毛額 11.1% 這個數字仍屬偏高。傅利曼教授在一次訪華行程中曾經指出，像臺灣這樣的小國家，根本沒有理由把資源拿去支助像美國這樣富有的大國。他指的是臺灣對美的龐大貿易盈餘。其實，以一個開發中國家而言，臺灣應該將資源保留給自己國內使用，而不應該輸出供外國人使用。

若要進一步降低臺灣的貿易順差，除了上面提到過的那些貿易及匯率調整政策外，更需要國內投資及儲蓄相對配合調整。最近在一次探討美國生產力下降的研討會中，鮑斯金(Boskin)教授曾經指出，「資本形成是戰後美國經濟成長的一個重要決定因素，……而美國國內的投資成長率，最終還是要受國民儲蓄的限制。」鮑斯金還指出，美國對外國資金供給的仰賴，「一定要由國內儲蓄取代，否則美國的投資一定會嚴重下跌！」

　　臺灣地區歷年來一直擁有令人稱羨的高儲蓄率，未來，臺灣或許可以繼續利用這麼高的儲蓄來維持經濟快速成長。但是，就長期來講，一旦人們習慣了快速的經濟成長之後，儲蓄率可能會漸趨下降。另外一方面，由於政府消費占國民生產毛額比例未來會逐漸增加，也可能使儲蓄率降低。過去在 1950 年代後期及 1960 年代早期，臺灣地區政府消費占國民生產毛額的比例曾經維持在 20% 左右，但是到了 1988 年卻已經降到了 14.7%。我雖然不崇信大政府，但是政府規模過小將無法提供人民夠水準、夠品質的服務，尤其當經濟快速成長的時候，人們對政府施政品質的期望，通常會跟著提高。

　　以目前臺灣地區儲蓄率仍然居高不下的情形來看，如果國內的投資不能配合著提高，那麼削減貿易順差的後果一定會導致經濟成長衰退。

　　但是對赤字貿易的國家而言，如果要減少貿易赤字，方法可能又不一樣了。對貿易逆差國而言，由於貿易逆差反映國內有超額投資，因此減少逆差的結果是，國外資金的供給減少，使得短期國內會出現物價膨脹，而長期則同樣會降低經濟成長率。所以，對貿易順差國而言，限制其經濟成長的是需求面的因素，而貿易逆差國的限制則在供給面。這麼一來，如果每個國家都想要平衡貿易，結果是整個世界經濟將會衰退，每個國家都會受到波及。

　　因此，從以上的結論我們可以說，臺灣如果能適度縮減儲蓄超過投資的差額，並且允許資本外移，以平衡貿易經常帳上的盈餘，不管對臺灣或全世界經濟都將有利。幾年前，我個人曾經建議政府貸款給一些貿易逆差的國家，好讓他們從臺灣及美國進口貨品，如果純從經

濟學的觀點看，我個人甚至是反對規定進口地區的。我會將美國列入建議之中，是因為臺灣長期一直對美國享有貿易順差。在 1985 年以前，臺灣對美的貿易順差，甚至超過臺灣地區全部的貿易順差。

　　最近，辛格塔(Sengupta)在一篇文章中曾經提到由專家設計的一個援助開發中國家的計畫，這個計畫的內容是，成立一個日本信託基金，在日本國內資本市場中籌措資金，然後再將這筆錢貸給開發中國家。如果其他貿易順差國家有興趣，它們隨時可以加入這個基金，這麼一來，這個基金或許就能發展成為一個國際性的信託基金。技術上，這個基金的做法是，借短期貸款，而將部分資金投資在長期債券上，剩餘的部分則貸給開發中國家，如此一來基金就可以利用長短期借貸之間利率的差距，提供較低利率的貸款給開發中國家。

　　由於臺灣的資本市場還不夠現代化，所以類似日本信託基金這麼複雜的操作，臺灣可能無法勝任，但是，我們一定可以想辦法，把國內龐大的游資，投資到有貿易赤字的開發中國家。

　　去年，臺灣由政府預算成立了一個國際經濟合作暨開發基金，目的就是想援助對我們友善的開發中國家。這個基金的資本總額是新臺幣三百億元，以目前的匯率計算約為十億美元左右。基金的用途方式有底下幾種：

(1)提供貸款給對我友善國家的政府及廠商；提供貸款給參與國際經濟合作計畫的國內廠商；以及透過國內金融機構提供貸款給國內及外國廠商。

(2)直接或間接參與國內廠商在友好開發中國家之投資計畫。

(3)對友好開發中國家推行的共同建設計畫(joint projects)提供擔保

放款。

⑷對於那些由友好開發中國家派來我國接受各種技術訓練的工程師、技術人員、研究人員及政府官員，提供技術上的援助；對到友好開發中國家協助訓練當地人民技術，以及經濟開發計畫的國內的專家及工程師，提供援助；其他與本基金成立目的符合的各項技術援助。

⑸基金運作將透過類似亞洲開發銀行等國際金融組織。

雖然這個基金金額高達十億美元，大約是 1988 年我國對外貿易順差的 10%，接近全年國民生產毛額的 1%，但是與國內擁有的龐大外匯存底及國內游資相比之下，只是九牛一毛。現在，如何讓這筆龐大的資源得到充分利用，問題在於我們缺乏適當的管道。臺灣的貿易順差規模在亞洲僅次於日本，但是由於政治上的限制，臺灣一直不能在國際經濟合作的舞臺上大展身手。對於這一點，一些國際性的金融機構組織，例如世界銀行、國際貨幣基金以及亞洲開發銀行，應該可以協助搭起中間的橋樑。

由於亞洲開發銀行是整個亞洲太平洋地區唯一且最重要的金融組織，負有協助開發及提升這個地區國家經濟及社會水準的義務，因此更應該帶頭負起這個任務。

援助開發中國家另外一個簡便的方法是直接到該國去投資。過去，臺灣官方對廠商到國外的投資，一直限制在獲取原料、技術轉移，以及開拓市場這幾個目的上，而忽略了臺灣的國際收支早已經轉虧為盈。然而，儘管政府管制嚴格，臺灣廠商到國外直接投資的現象，早已行之多年，但官方的統計上，關於資本流動的資料卻大半闕如。

　　臺灣的對外投資在 1988 年曾經急遽增加。表 5-6 中顯示的是臺灣廠商在東南亞地區投資的件數與金額，從表中可以看出，臺灣的統計明顯低估了投資的規模。這幾年臺灣對外投資的急遽增加，主要是因為新臺幣升值後，原有的勞力密集產業失去競爭力，只好將生產據點移到工資較低、發展較晚的國家，經濟發展也因此從臺灣伸展到其他發展中國家。

表 5-6　　臺灣對東南亞各國投資的變動

	根據臺灣統計					根據外國統計				
	件　數		金　額 (百萬美元)		變動率 (%)	件　數		金　額 (百萬美元)		變動率 (%)
	1987	1988	1987	1988		1987	1988	1987	1988	
菲律賓	3	7	2.6	36.2	1,292	18	12	9.0	107	1,088
泰　國	5	15	5.4	11.9	120	98	308	60.6	842	1,289
馬來西亞	5	5	5.8	2.7	-53	37	111	47.4	307	584
印　尼	1	3	1.0	2.0	100	2	13	44.7	903	1,920

資料來源：經濟部。

七、結　論

　　從 1970 年早期開始，臺灣的對外貿易就一直長期維持順差；除了兩次石油危機造成的經濟衰退外，其他大部分時間，臺灣地區對外貿易盈餘的金額，以及占國民生產毛額的比例，都維持向上增加的趨勢。由於那兩次石油危機及經濟衰退的影響，使得臺灣的決策者及經濟學家不能及早看清這個趨勢，因此延誤了自由化的腳步。

　　過去幾年內，臺灣曾努力平衡對外貿易順差。關稅降幅超過 50%，

新臺幣對美元升值超過 40%，其他經濟自由化的步伐也逐漸加快。這些努力有了可觀的成果，1986 年臺灣地區的經濟成長率以及貿易順差占國民生產毛額的比例分別是 11.7% 及 20%，到了 1988 年，分別已經降到 7.1% 及 11.1%。

由於對外貿易的不平衡，反映的是國內投資與儲蓄之間的不平衡。因此，若要在不影響經濟成長的情況下，調整國際貿易收支，儲蓄與投資的比例也一定要相對調整。所以對臺灣及全世界的經濟利益而言，臺灣必須要適度地擴張國內需求以替代國外需求，並且放寬資本外流，不管是對外貸款或直接投資，如此在削減貿易順差的過程中，才不至於斲傷經濟成長。

1988 年，政府為了協助友好開發中國家發展經濟，曾經設立了國際經濟合作開發基金，形式是透過貸款、投資以及技術援助。這個基金的總資本是新臺幣三百億元，約等於當時的美金十億元，這也是當初設立的金額目標，這個金額與臺灣國內龐大的閒置資金相比之下，是一個極微小的數目，事實上應該還有更多的資金可以運用到國外生產性的用途。但是臺灣有其客觀限制，由於政治上的困境，一直未能積極參與國際融資與投資。在這一點上，亞洲開發銀行應該可以扮演一個協助搭起橋樑的角色，畢竟在亞洲地區，臺灣是僅次於日本的第二大貿易順差國，輸出資金的能力也僅次於日本。

傳統上，將貿易盈餘國家的資金回流到赤字國家，最方便的途徑是直接海外投資。1988 年臺灣在東南亞國家的投資成長快速，主要是由於新臺幣對美元大幅升值的結果，使得國內一些勞力密集的產業紛紛將工廠移到工資較低的東南亞國家。

第六章　臺灣的總體經濟規劃

　　運用經濟計畫，規劃可用的資源，以達成經濟建設的各種目標，特別是經濟成長，是第二次世界大戰之後幾乎所有發展中國家共同的做法，中華民國的臺灣地區也不例外。臺灣於 1953 年實施第一期四年經濟建設計畫，嗣後繼續實施一連串的四年計畫。1976 年放棄正在實施中的第六期四年計畫的第四年計畫，採行新的六年計畫，計畫期間自 1976 年至 1981 年， 1982 年恢復四年計畫。 1991 年又改採六年計畫，計畫期間也改採會計年度，自 1991 年 7 月至 1997 年 6 月；由於涵蓋的範圍擴大，包括非經濟的活動，改稱國家建設六年計畫。

　　自從 1950 年代開始以來，臺灣經濟建設突飛猛進為世界各國所稱道。 1951 年至 1991 年，按照國民生產毛額計算的平均每年經濟成長率為 8.8%，平均每年每人實質國民生產毛額成長率為 6.4%，屬世界上經濟成長最快速的地區。 1991 年國民生產毛額達 1,802.7 億美元，在世界上人口一百萬以上的國家和地區中，排名第二十，平均每人國民生產毛額達 8,815 美元，排名第二十五；出口排名第十二，進口排名第十七。

　　除了經濟成長快速，過去四十年臺灣在物價穩定和所得分配平均

　　本章原載梁國樹編，《臺灣經濟發展論文集》，臺北市，時報文化， 1994 年，pp. 22–37。

方面，也有很好的表現。雖然近年以來，分配有惡化的現象，但和其他國家比起來，仍屬相當平均。

　　兔子過去，草就綠了，但兔子並非春天的原因。究竟這些經濟建設的成就，是不是經濟計畫的貢獻？在何種程度上是計畫的貢獻？經濟計畫如何達到經濟建設的目標？下文第一節，討論經濟計畫的意義，包括計畫的內容、期間的長度與目標。第二節分析臺灣的經濟計畫與經濟發展。第三節檢討計畫與發展的關係，成功的發展計畫具有那些特質，良好的計畫是否一定能促致快速的成長。第四節為一簡單的結論。本節特別指出，臺灣經濟自由化的經驗，加以整理，對前蘇聯、東歐原共產國家及我國大陸將來的經濟改革定會有很大的價值。

一、經濟計畫的意義

　　諾貝爾經濟學獎得主路易斯(Sir Arthur Lewis)教授曾經指出，經濟計畫可能指下列任何項目或全部❶：1.對當前經濟情況的探討，2.對若干公共支出的建議，3.對私人部門可能發展的討論，4.對總體經濟的預測，5.對政府政策的檢討。

　　一個完整的計畫，通常包括預測、目標和政策三部分，預測是如果不加干預經濟會自然到達的地方，目標是衡量一切因素之後政府希望到達的地方，政策是將經濟活動從其自然遵循的路線，引導至希望的路線，政府須作的努力，或須採的措施。隨了經驗的累積，總體經濟理論與數量方法的發展，以及電子計算機的發達，計畫的技術日趨

---

❶　W. Arthur Lewis, *Development Planning; The Essentials of Economic Policy*, New York: Harper & Row, 1966, p. 13.

進步，計畫的內容也日愈複雜。

　　經濟計畫按期間之長短而論，可分為長期計畫、中期計畫和短期計畫三種。長期計畫通常在十年以上。由於我們對距離愈遠的將來知道愈少，長期計畫通常可能只是一種展望，對遙遠將來若干重要變數如人口、勞動力、生產力等加以預測，作為中期計畫的依據。較短的長期計畫，例如十年計畫，也可能用來對若干重大社會基本建設的投資包括物質資本和人力資本，作較長期的規劃。

　　中期計畫通常在三年到七年之間，大多數國家採五年計畫，我國則採四年和六年。中期計畫的設計大都以凱因斯需要管理(demand management)理論為基礎，建立總體預測模型，其中可能包含數十條甚至上百條方程式，並利用產業關聯表，將總體目標分配到各個產業部門。中期計畫是經濟計畫最主要的部分，通常談到經濟計畫大都指中期計畫。

　　短期計畫也稱年度計畫，用以對中期計畫實施的情形加以檢討，並配合實際經濟情況與政府預算，調節中期計畫的短期目標。

　　中期計畫的目標通常包括下列各項❷：(1)按國民生產毛額與平均每人國民生產毛額計算的高成長率，(2)高就業水準或低失業率，(3)物價穩定，(4)改善所得分配，(5)改善國際收支情況。其他常常提到的目標尚有：改善產業結構、產品多樣化、出口分散、地區間的均衡發展等。

---

❷　請參看拙作 Chen Sun, "The Role of Medium-Term Plans in Development," in Lawrence Krause and Kim Kimhwan, eds., *Liberalization in the Process of Economic Development*, Berkeley: University of California Press, 1991, pp. 143–169。

　　這些目標並非必然互相一致，有時不免彼此衝突，但是可以採取適當的政策加以緩和或化解。例如無視經濟發展的階段、技術水準以及資本與勞動相對豐吝的程度，採用高資本／勞動比率以期提高經濟成長率，往往犧牲了低失業率的目標，並且使國際收支的目標惡化。歷史慘痛的經驗告訴我們，這種大躍進式的發展策略，忽略了經濟成長漸進的性質，往往為經濟帶來災害，而不是更快速的成長。事實上，過分相信計畫的功能，以有力的政策，干擾市場的運作，甚至取代了市場，很少成功的例子。這是中央計畫經濟，包括舊蘇聯、東歐和中共，最後終於失敗，不得不改弦易張基本的原因。

　　過分以政策的力量，改善產業結構，或促進地區間的均衡發展，對經濟成長、物價穩定和國際收支平衡，可能都有不利的影響。對於改善產業結構，促進均衡發展這一類目標的達成，只宜順應市場的作用，採取緩和的做法。

　　高成長率導致的低失業率，使工資率提高，引起物價上漲，因此高成長率、低失業率的目標，可能與物價穩定的目標相衝突。不過物價變動基本上是一種貨幣現象，與貨幣數量有關，而經濟成長率則決定於不同的因素。因此，儘管在短期中，成長與不穩定可能有所謂抵換(trade-off)的關係，但就長期而言，則這種關係並不存在。如果我們觀察世界各國經濟發展的情形，就會發現，高經濟成長率可能和低物價膨脹率同時存在，也可能與較高的物價膨脹率同時存在，唯如物價膨脹率過高，則不可能有快速的經濟成長。

　　高成長率也可能與改善國際收支的目標不一致，因為達成高成長需要進口的資本設備、中間產品、甚至消費品都增加，可能使貿易差

額惡化。然而高成長如果主要是出口擴張的結果，則快速的成長可能反而使國際收支得以改善，臺灣過去經濟發展的情形就是如此。

因此，計畫目標之間的矛盾，在很多情況下，可能是政策選擇的結果，慎選適當的政策，可以在相當程度上化解不同目標的衝突，使各種目標得以兼顧。

二、臺灣的經濟計畫與經濟發展

臺灣自 1953 年開始，實施一連串的經濟建設四年計畫，有系統的發展經濟。1975 年，也就是第六期四年計畫的第三年，由於受到第一次能源危機及其後經濟衰退的影響，實際經濟的表現，與計畫有很大的出入，加以政府從事十項重大建設，不在原來的計畫之中，行政院蔣經國院長決定停止第六期四年計畫的第四年計畫，設計新的六年計畫，於 1976 年開始實施。1982 年重新恢復四年計畫，實施了兩期，郝柏村先生擔任行政院院長後，再改為六年計畫，擴大範圍，包含非經濟因素在內，稱為國家建設六年計畫，並且配合會計年度，自 1991 年 7 月開始實施。

第一期四年計畫自 1953 年至 1956 年，主要目的在於配合美援運用，迅速擴大農工生產，改善運輸系統，以求對內充裕物資，穩定物價，對外爭取更多美援。計畫的內容，只能算是農工生產與交通建設個別計畫的彙總，尚無總體經濟的規劃，也沒有總體經濟的目標❸。

第二期四年計畫自 1957 年至 1960 年，仍以農工生產與交通建設

---

❸ 李國鼎，《經濟政策與經濟發展㈠》，臺北，國際經濟合作發展委員會，1968 年，pp. 57–60。

為主要內容，但包括的範圍擴及外匯、金融、財政等部門，其總體目標在於擴展出口，提高所得，增加就業，平衡國際收支；形式上初具現代經濟計畫的規模❹。

　　就經濟發展的政策而言，這兩次計畫大致是所謂「進口代替」的時期，政府採取關稅保護與進口管制的措施，限制外國商品進口，發展國內產業。也就是在保護的壁壘之後，發展國內產業以代替進口；不過當時尚無「進口代替」的理論和名稱。在這一段時期發展起來的產業，包括肥料、水泥、玻璃、紡織、木材及其製品、塑膠原料及製品、人造纖維、自行車、縫紉機、電氣用品等，大致為當時國內所迫切需要而技術上又簡單易行的產品。

　　臺灣當時人口少，平均每人所得低，「國內」市場狹小，為供應國內市場為目標而發展起來的進口代替工業，很快便受到需要面的限制，銷路發生問題。臺灣當時和其他國家一樣，受戰後經濟理論和國際貨幣制度的影響，採取固定匯率制度。而且戰後的惡性物價膨脹，經過1949 年的幣制改革，雖然趨於緩和，但在第一與第二兩期四年計畫期間，躉售物價年上漲率，仍波動於 10% 上下。物價不斷上漲，在固定匯率下，使出口發生困難，進口需求增加，只有靠進口管制，勉強維持國際收支平衡。這種情形難以持久，最後只有調整匯率，貶低新臺幣的對外價值，而貶值使進口成本提高，物價進一步上漲。物價膨脹─國際收支惡化─貨幣對外貶值，這是我國自抗戰勝利以來，到政府遷臺初期，一直面臨的困境，而在兩次匯率全面調整之間，往往形成多元匯率或複式匯率。1958 年，政府分兩階段將多元匯率簡化為單元

❹　李國鼎，《經濟政策與經濟發展㈡》，p. 8。

匯率，並將新臺幣適度貶值，使對外貿易主要受匯率調節，不再過分依靠進口管制。

1958 年的外匯與貿易改革，將臺灣經濟發展從過去的進口代替時期，推進到出口擴張時期，對於臺灣經濟發展的成功，具有關鍵性的地位。出口的持續擴張，不僅改善了國際收支，也促進了經濟成長，被視為經濟成長的引擎。不過這次外匯與貿易改革之所以獲得成功，有賴兩個配合的條件：一個是物價穩定，一個是儲蓄增加。如果物價繼續膨脹，則貶值後的匯率，很快就失去鼓勵出口的作用，整個經濟也將回到過去重複多次的「物價膨脹－國際收支惡化－貨幣貶值－物價膨脹」惡性循環老路。如果儲蓄率不增加，則貿易差額改善，必將因資源不足而引起物價膨脹。

1959 年，政府擬訂「十九點財經改革措施」，付諸實施，其主要內容包括平衡政府預算、鼓勵私人儲蓄和投資、減少管制、鼓勵出口等，以加速經濟發展。1960 年公布「獎勵投資條例」，對合於獎勵標準的生產事業，給予租稅優惠、新投資及生產設備擴充，享有免徵營利事業所得稅之「租稅假期」，同時並在土地取得方面給予各種便利。

1958 年的「外匯與貿易改革」、1959 年的「十九點財經改革措施」與 1960 年的「獎勵投資條例」為第三期四年計畫，創備了有利的條件，使臺灣經濟從此進入以世界市場為導向的境界，經濟隨著出口的大幅擴張而快速成長，對外貿易從入超轉為出超，物價穩定，儲蓄與投資增加；臺灣的經濟發展成為發展中國家經濟發展的楷模。不過政府當時並無這樣的自覺，同時對發展的潛力和成就也缺乏如此的信心，因此第三次至第五次四年計畫都低估了經濟成長的目標。

　　第三次四年計畫（1961 年至 1964 年）號稱加速經濟發展計畫，成長目標訂為 8%，其主要內容即在實施十九點財經改革措施，改善投資環境，以加速經濟發展，達到自力成長的目標。

　　第四期四年計畫（1965 年至 1968 年）衡量快速經濟成長與國際收支平衡之間的矛盾，將成長目標訂在 7%。同時由於美援自 1965 年停止，政府對於發展的看法較為悲觀，因此儘管在第三期四年計畫期間，實際的經濟成長率超過計畫的成長率，仍將成長目標壓低。但在 7% 的成長率之下，失業問題則不能迅速解決。

　　就設計的方法和計畫的形式而言，第四期四年計畫已經相當完備，大致反映當時流行的水準，較過去三期計畫有很大的進步，以後的計畫也只是在此一基礎上續求改進。計畫的內容包括總體計畫、部門計畫和個別計畫。總體計畫根據由九條方程式構成的總體模型設計，部門計畫則利用包括 37 個部門的產業關聯表，以確定各部門的成長率，及其需要的資金和外匯。1960 年代初期聯合國所推薦的社會建設，包括人力發展、教育和社會福利，也包括在計畫之中。與第四期四年計畫的設計同時，政府並設計了「中華民國十年長期經濟發展計畫」（1965 年至 1974 年），以第四期四年計畫作為十年長期計畫的執行計畫或實踐計畫。

　　第五期四年計畫（1969 年至 1972 年）雖然注意到過去數年出口的快速成長，以及出口成長對經濟成長的重要性，但仍對出口成長作保守的估計，同時並認為快速成長使進口大量增加，對國際收支有不利的影響。本期經濟成長的目標訂在 7% 與 7.5% 之間，以 7% 為最低努力的目標。

　　由於受到過去三期計畫,實際成長率連續超過計畫成長率的鼓勵,第六期四年計畫（1973 年至 1976 年）將成長目標提高到 9.5%。本期計畫除繼續拓展外銷外, 並強調加速發展資本及技術密集型工業, 以「改善產業結構,加強國際競爭能力」。這些工業包括一貫作業鋼鐵廠、石油化學工業、機械工業、電子工業及其他精密工業。此一策略就是當時經濟發展理論所謂的發展第二階段或第二次進口代替工業。根據此一理論, 在經濟發展的過程中, 當下游勞動密集的工業發展到相當程度, 為中、上游資本密集的工業提供了足夠的市場, 就可以進而發展此類工業, 取代以往從國外的進口, 以改善產業結構, 減少對外國的依賴,增加本國經濟的自主性。這種發展的方式也叫做「向後連鎖」(backward linkage)或「向後整合」(backward integration)。

　　唯一國如上游或中游工業缺乏比較利益,因此其生產成本較國際價格昂貴, 而下游工業的主要市場又在國外, 則向後連鎖徒然形成下游工業的負擔, 增加其在國際市場上競爭的困難。此外, 縱然上、中游產品可以按照國際競爭的價格供應, 但當下游產品的外銷遭遇困難時, 中、上游工業亦將受到連累。因此採取向後連鎖的做法, 發展中、上游工業以取代以往自國外的進口, 並非一定增加經濟的自主, 有時反而更增加對外國的依賴❺。

　　第六期計畫的第一年（1973 年）, 世界經濟繁榮, 導致臺灣經濟的高速成長, 成長率達 12.8%, 遠超過計畫所訂的目標。然而這年國際物價也隨著經濟繁榮而劇漲, 第三季又發生「石油危機」, 石油的價

---

❺　孫震、李厚美,〈臺灣工業發展之前瞻與回顧〉,《自由中國之工業》, 59 卷 4 期, 1983 年 4 月。

格從年初到 1974 年初上漲幾乎四倍。這些外來因素，加上臺灣連年貿易出超，貨幣數量大幅增加，勞力與基本設施如港口與道路不足，終於爆發一場嚴重的物價膨脹。1974 年初，政府頒布「穩定當前經濟措施方案」，將上漲的物價納入控制。1974 年，世界經濟轉入衰退，至 1975 年第三季才開始復甦。臺灣的經濟成長率也於 1974 年和 1975 年大幅降低，遠落到計畫目標之下。

1973 年 11 月，政府宣布從事十項重大建設，預定五年內完成，這十項重大建設是：⑴南北高速公路，⑵鐵路西部幹線電氣化，⑶北迴鐵路，⑷臺中港，⑸蘇澳港，⑹桃園國際機場，⑺核能發電，⑻一貫作業鋼鐵廠，⑼造船廠，⑽石油化學工業。前七項為社會基本設施的投資，後三項為第二次進口代替與「向後連鎖」之投資。

1976 年，政府放棄第六期計畫的第四年計畫，實施一項新的六年計畫（1976 年至 1981 年）。由於石油危機之後，主要工業國經濟成長率普遍降低，流行的理論認為低價能源的時代結束，世界進入低成長時代，六年計畫的成長目標訂為 7.5%。不料臺灣經濟經過 1974 年和 1975 年的衰退，1976 年迅速復甦，連續三年高速成長，直追第一次石油危機以前三年的紀錄。政府於是修訂後三年計畫，將成長目標調整為 8.5%，然而第二次石油危機接踵而來，臺灣經濟再度陷入衰退，實際成長率又降落到目標之下。

六年計畫繼續強調「加速發展資本及技術密集工業」。在推動基本金屬工業之發展的項目下，除進行第一期第二階段一貫作業大鋼廠外，並擴充煉鋁、煉鋼設備。在加強石油化學工業之發展的項目下，則推動石化工業第三階段計畫，加強上、中、下游計畫之配合發展。開發

與充裕能源也是本期計畫的一個重點。不幸連續兩次石油危機發生後，油價高漲，而臺灣並不生產石油，在石化工業中間產品的產製方面，不具備任何優勢，因此，上、中游產品價格偏高，妨礙下游產品的外銷，進而使整個經濟遭受不利影響。1981 年 10 月，政府採取上、中游產品按國際市場訂價的政策，下游產品的沈重負擔方得減輕，對外競爭能力得以恢復。然而原在政府政策保障之下發展起來的若干產業，則不得不有所調整，以適應新的條件。

1981 年六年計畫結束，自 1982 年起恢復四年計畫，稱為新經濟建設四年計畫（1982 年至 1985 年），如自 1953 年第一期四年計畫算起，則為第八期中期計畫。經過了六年計畫強調公共建設與第二階段進口代替工業的發展，新四年計畫的主要特色在於重視市場因素和價格機能，減緩公共部門投資的擴張，鼓勵民間部門的發展，政府則居於引導、支援和配合的地位。計畫中有這樣一段文字，最能反映本期四年計畫的性質：

> 健全經社法規，提高行政效率，鼓勵民間參與，減少行政干預，以維護自由市場制度及價格機構的運行，有秩序的引入外來競爭，以提高技術，平衡物價，為公私企業開創一個開放、競爭而秩序井然的發展天地，為社會大眾建立一個公正、祥和而朝氣蓬勃的生活環境。

本期計畫的成長目標訂為 8%。在產業發展方面，不再主張資本密集與第二階段進口代替工業的發展，而根據技術密集度高、能源密集度低、

附加價值率高、市場發展潛力大、關聯效果大、污染程度低等條件，選定機械工業與資訊工業為所謂策略性工業，積極推動發展❻。

第九期中期計畫（1986年至1989年）依循俞國華先生就任行政院院長時所宣示的自由化、國際化與制度化原則，從事經濟革新，為民間部門建立一個自由、開放、公平競爭的環境，並推動十四項重大建設，擴大公共投資。鑑於第八期計畫預訂8%的成長目標未能達成，將成長目標降低為6.5%。在產業發展方面，除繼續推動策略性工業之發展外，並強調服務業之現代化。

第十期中期計畫自1990年至1993年。但實施不久，隨郝柏村院長組閣，復改為六年計畫，同時涵蓋內容擴大，包括非經濟活動在內，因此稱為六年國家建設計畫。計畫期間也改按會計年度，自1991年7月至1996年6月。

三、經建計畫的貢獻

過去四十年臺灣的經濟發展，大致可分為四個不同的階段：

㈠進口代替階段

第一期和第二期四年計畫期間，1953年至1960年。在這一段時期，臺灣主要藉外匯管制限制進口，發展自己的產業。

㈡出口擴張階段

第三期至第五期四年計畫期間，1961年至1972年。經過了1958

---

❻ 關於1982年至1985年新四年經建計畫的目標、策略與特性，請參看拙作〈我國新經濟建設四年計畫〉，《自由中國之工業》，57卷6期，1982年6月。

年的外匯與貿易改革，1959 年的「加速經濟發展方案」，和 1960 年的「獎勵投資條例」，臺灣從過去的國內市場導向、進口代替，邁向國外市場導向、出口擴張的階段，出口的大幅擴張，帶動了經濟的快速成長。

㈢嘗試發展第二階段進口代替工業階段

第六期四年計畫與六年計畫期間，1973 年至 1981 年。在這段時期，政府試圖發展若干資本密集的資本財及中間產品製造工業，以代替以往自國外的進口，並改善產業結構。不過經濟發展的基本走向，仍為出口擴張與國外市場導向；第二階段進口代替策略，在當時流行的發展理論影響下稍加嘗試，又勇敢的加以修正。

㈣全面自由化階段

第八期至第十期中期計畫期間，1982 年至 1991 年。自 1991 年 7 月開始，政府再度放棄進行中的四年計畫，實施六年計畫，大力推動公共建設投資。

下表為 1951 年至 1989 年，各期經建計畫按國民生產毛額計算的目標成長率與實際成長率之比較：

表 6-1　臺灣各期經建計畫目標成長率與實際成長率之比較
1953 年——1989 年

單位：%

期　別	目標成長率	實際成長率	附　註
第一期（1953–56 年）	——	8.1	進口代替階段
第二期（1957–60 年）	7.5	7.0	
第三期（1961–64 年）	8.0	9.1	出口擴張階段
第四期（1965–68 年）	7.0	9.9	
第五期（1969–72 年）	7.0–7.5	11.7	
第六期（1973–76 年）	9.5	6.0*	嘗試發展第二階段進口代替工業階段
第七期（1976–78 年）	7.5	12.6	
（1979–81 年）	8.5	7.1	
第八期（1982–85 年）	8.0	7.4	全面自由化階段
第九期（1986–89 年）	6.5	9.9	

*1973–75 年平均。

　　檢討了臺灣的經建計畫與經濟成長，我們很自然的發生下面的問題：究竟經建計畫或經濟發展計畫對一國的經濟發展有什麼貢獻？儘管幾乎所有國家都採取某種形式的經濟發展計畫，但是晚近以來，不少經濟學家對發展計畫的功能表示懷疑。祖維卡斯(Clarence Zuvekas)在他的《經濟發展》一書中，有下面的評論：

　　發展中國家所採用的總體經濟計畫，其複雜性與技術上的健全性各有不同，不過除了極少數的例子外，它們的共同特質就是無效(ineffectiveness)。1960 年以來各國經濟之快速成長，與描述經濟成長方向與速度以及認定用以達成國家經濟目標與成長之經濟計畫甚少相關。實際上，經濟成長往往走向計畫沒有預

見的方向，或縱然與計畫的方向一致，如無計畫也會發生。**❼**

另外一位經濟學家也指出，在戰後經濟計畫的歷史中，談到發展計畫的實施，失敗的例子遠比成功的例子為多，絕大多數國家甚至連低微的生產目標也從未達到**❽**。

不過，不論經濟成長的表現不佳，或實際成長的情形與計畫目標不同，都不足以說明計畫有效或無效。經濟成長指平均每人所得或產量長期持續的增加，反映平均勞動生產力的不斷提高，基本上乃是技術不斷進步的結果。而技術進步有賴很多因素，如知識進步與科學發展形成技術進步的源泉，勤勉節儉的人民提供勞力與累積資本，還要有能力和遠見的企業家，負擔風險、組織勞力和資本，將科技發展應用到經濟生產。這些經濟發展供給面因素的作用，通常不是經濟計畫所能奏效，也不是經濟計畫的主要內容。而戰後發展中國家所採行的經濟計畫，源自凱因斯的需要管理(demand management)理論，基本上是需要面的探討。供給面因素決定經濟成長的潛力，需要面的因素可藉經濟計畫的調節，使實際成長不致過高招致物價膨脹，也不致過低形成失業。如果供給面缺乏有利的條件，縱有設計良好的計畫，並不能使經濟成長。在另一方面，縱然供給面的條件良好，計畫也可能發生失誤。經濟成長表現不佳並非一定是計畫的缺失。

---

❼ Clarence Zuvekas, *Economic Development: An Introduction*, New York, Macmillan, 1979, p. 191.

❽ Michael P. Todaro, *Economic Development in the Third World*, 2nd ed., New York, Longman, 1981, p. 459.

　　世界銀行的一個專家小組，在研究了戰後三百多個發展計畫後，在他們的研究報告中指出，高成長國家所採取的政策，包括以下各項❾：

　　⑴避免實質有效匯率升高。

　　⑵保持產業之有效保護率低且在各產品間求其平均。

　　⑶降低生產者價格以避免對農業課稅過高。

　　⑷維持利率為正並避免實質工資上升與上升之生產力不符。

　　⑸對社會基本設施所提供的服務之訂價，應用成本回收(cost-re-covery)之原則。

　　⑹避免偏高且加速之物價膨脹。

這些成功的政策所透露的一個重要訊息，就是發展政策應在價格體制的架構之上運作，而不是反其道而行。

　　芝加哥大學的名經濟學家哈勃格(Arnold Harberger)建議❿：

　　⑴充分掌握預算，雖然不一定平衡，但是要掌握。

　　⑵維持物價膨脹率在合理控制之中。

　　⑶對國際貿易加以運用，不必堅信自由貿易，也不必閉關自守。

　　⑷簡化租稅體系，使其易於掌握，力求中性，不宜使資源配置因而扭曲。

---

❾　Ramgopal Agawala, "Planning in Developing Countries, Lessons of Experience," *World Bank Staff Working Papers*, Number 576, Management and Development Series, Number 3, the World Bank, 1983, pp. 13–14.

❿　Arnold C. Harberger, *Economic Policy and Economic Growth*, San Francisco, Institute for Contemporary Studies, 1985, pp. 9–15.

⑸避免過度使用租稅優惠以達到特定目的。

⑹非不得已，儘量少用價格與工資管制。

⑺讓公營企業像民營企業一樣運作；當公營企業和民營企業發生
　競爭時，讓它們的競爭受同樣規則的約束。

哈勃格以上的建議，其背後的原則，也是順應市場、運用市場，而非
與市場抗拒。

　　臺灣經濟發展的成功，基本上由於具備了供給面優異的條件，而
經建計畫大體上又能順應市場力量加以運作，而非與之頑抗。政府重
視教育，人民在傳統文化的潛移默化下，勤勉、節儉、熱心追求知識，
因此能夠有效利用發展中國家「後進的利益」，迅速成長，對已開發國
家迎頭趕上。經濟成長的因素，常在現代經濟學的範圍之外，而重複
臺灣的經驗，不能保證產生和臺灣經濟發展一樣的成就。

　　前表臺灣各期經建計畫目標成長率與實際成長率的比較，顯示事
實每與期待有很大的出入，二者接近可能只是偶然的巧合。第三期四
年計畫將成長目標訂為 8%，原以為已屬難能，所以稱為「加速經濟發
展」，然而實際成長率則達 9.1%，超過了計畫的目標。第四期計畫因
為美援將於 1965 年停止，所以將成長目標降為 7%，然而實際成長率
卻高達 9.9%。第五期四年計畫實際成長率更提高到 11.7%，超過計畫
的高目標 56%，和低目標比較，則超過 67%。受到以往三期四年計畫
期間成長表現的鼓勵，第六期計畫將成長目標大幅提高為 9.5%，然而
前三年實際平均成長率卻只有 6%。第一次六年計畫將目標降為 7.5%，
前三年平均成長率卻高達 12.6%，超過目標 68%。後三年目標調高為
8.5%，實際成長率則降低到 7.1%。第八期計畫實際成長率低於目標，

第九期計畫將目標調低，實際成長卻大幅提高。經濟成長的表現似乎故意與計畫的期許背離，形成對經濟計畫很大的諷刺。

　　上述世界銀行的報告指出，1970 年代的經驗顯示，表現最佳者，既非採取廣泛的計畫企圖對經濟加以操縱的國家，如印度、孟加拉、土耳其、衣索比亞與斯里蘭卡，也非對計畫不予重視的國家如奈及利亞、賽內加爾、阿根廷、加納、牙買加與智利，而是雖以總體計畫作為公共投資之參據，但主要則依賴獎勵措施以引導私人部門之國家，如韓國、馬拉威、馬來西亞、哥倫比亞與肯亞❶。我們中華民國臺灣地區的經濟發展計畫應屬第三類成功的例子，但因不是世界銀行的會員國，因此未被納入世銀的研究之中。

　　臺灣雖然和一般發展中國家一樣，試圖以計畫引導發展，但其成功的秘訣，不是以強大的政府力量嚴格執行計畫，而是(1)順應市場的勢力，僅作輕度的干預，使經濟走上希望的方向；(2)在關鍵的時刻，作必要、甚至大幅的修正。華特(Frank Wolter)教授說：

> 政府小的時候，經濟成長快，政府大的時候，成長慢；政府小時強，大時弱。❷

他又說：

> 快速的經濟發展，出現於政府功能限於供給面之時⋯⋯如設定

❶　同❾, p. 10。

❷　同❿, p. 23。

遊戲規則並監督執行，支持對儲蓄與投資的獎勵，減少經濟管制，包括排除貿易與生產因素移動的障礙……長期採取需要管理……部門性與區域性補貼……使經濟成長為之減緩。

我國常有人批評政府推動經濟建設不如韓國政府有魄力，其實並非我們的缺失，正是我們的優點。

臺灣經濟發展的策略，從事後觀察，可以用一句話來說，就是漸進的自由化。1950 年代，第一期和第二期四年計畫期間，臺灣經濟相當具有管制的性質。1958 年的「外匯與貿易改革」成功的將臺灣從國內導向、進口代替轉化為國際導向、出口擴張的經濟。1959 年的「十九點財經改進措施」與 1960 年的「獎勵投資條例」，強化了下一階段發展的成功，但進口方面仍藉高關稅與管制加以限制。因此直到 1980 年代中期，臺灣經濟的自由化，只能算是李國鼎先生所說的局部自由化(partial liberalization)。⓭

第六期四年計畫與第一次六年計畫期間發展的第二階段進口代替產業，由於形成下游產業沈重的負擔，到 1981 年，政府實施按國際市場訂價的政策而告一結束，可算是臺灣經濟自由化過程中的一股逆流。藉口改善產業結構，發展本國不具備比較利益的產業，對於規模較大的經濟，經過一段時期效率與福利的犧牲後，也許終於會得到成功。

⓭　K. T. Li, *The Evolution of Policy Behind Taiwan's Development Success*, New Haven, Yale University Press, 1988, p. 136. 關於 1980 年代的全面自由化，請參看 Chen Sun, "Recycling Trade Surpluses: Policy Options for Taipei, China," *Asian Development Review* Vol. 7, No. 2, 1989, pp. 48–67。

但對一個規模小、依賴國際市場大的經濟如臺灣，則必然要付出重大的代價❶。

四、結　論

1. 第二次世界大戰之後，經濟上後進的國家，或發展中國家，大都採用經濟計畫以促進經濟發展。在過去四十多年中，各國發展情形有很大的不同，有的國家或地區，已經到達中高所得的水準，直追已開發的國家，但是也有很多國家貧窮如故。究竟計畫在經濟發展中扮演怎樣的角色？成功的經濟計畫有那些特質？良好的計畫是否一定會促進經濟發展？

2. 經濟成長表現為平均每人所得或產量長期持續的增加，反映平均勞動生產力不斷提高，而勞動生產力提高的主要來源是技術進步。技術進步背後涉及文化、社會、教育與科技，這些因素形成經濟成長供給面的條件，基本上，長期經濟成長是一種供給面的現象，而一般以凱因斯需要調節理論為基礎的經濟計畫則為需要面的措施，只能在供給面提供的條件下，發揮某種程度的作用。所以好的計畫不一定能使經濟快速成長，甚至不一定能幫助經濟成長，否則豈非有好的經濟學家經濟就會有好的表現。

3. 根據世界銀行專家，研究戰後三百多個發展計畫得到的結論，經濟發展表現優異的國家，既非採取周全的計畫企圖對經濟加以操縱的國家，也不是對計畫不予重視的國家，而是一方面以總體計畫供作公共投資的依據，一方面採取獎勵措施以引導私人部門發

---

❶　同❺。

展的國家。我國臺灣地區的經濟發展計畫屬於成功的一類。

4. 臺灣從 1953 年開始，實施第一期四年計畫，1976 年放棄正在實施中的第六期四年計畫的第四年計畫，改採六年計畫，可稱為第七期中期計畫。第八期中期計畫恢復為四年計畫。1991 年 7 月起，再改採六年計畫，並擴大計畫的範圍，稱為六年國家建設計畫。

5. 臺灣發展的成功，基本上由於具備了供給面優異的條件，而經建計畫又能順應市場的力量加以運作，而不是以計畫的力量與市場對抗。過去四十年臺灣經濟發展的策略，可以說是漸進的自由化。從 1950 年代具有相當管制色彩的經濟，經歷 1960 年代和 1970 年代的局部自由化，1980 年代進入全面自由化。臺灣經濟自由化的經驗，如能加以有系統的整理，排除一些不必要甚至錯誤的步驟，縮短自由化的時程，對若干原為共產國家如今走向市場經濟的所謂轉型中國家(countries in transition)的經濟發展，應有很大的幫助。

第二篇

科技、知識與產業

第七章　臺灣的科技管理與產業發展

一、前　言

　　科技並非經濟學者的專長。現代經濟學之父亞當・史密斯(Adam Smith, 1723–1790)，和發明蒸汽機的瓦特(James Watt, 1736–1819)，同在格拉斯高(Glasgow)大學任職，史密斯是道德哲學的教授，瓦特是實驗室的技師。史密斯的大作《國富論》(*An Inquiry into the Nature and Causes of the Wealth of Nations*)是一本討論經濟成長或經濟發展的巨著，而蒸汽機是工業革命的要角，但史密斯在其《國富論》中竟未提及瓦特和他的貢獻。

　　原始的蒸汽機在十八世紀之前即已存在。十八世紀初葉，紐考門(Newcomen)加以改進，應用於礦場和金屬工業。瓦特改良紐考門的蒸汽機，取得專利權並與包爾頓(Matthew Boulton)合夥生產，至 1780 年代，蒸汽機的功能在英國的一些大都市中如倫敦、伯明翰、曼徹斯特已經廣為人知。❶但史密斯在《國富論》第一篇(BkI)第一章(Ch. 1)提

本章係 89 年 1 月 24 日在行政院公平交易委員會演講，3 月 12 日補充完稿。

❶　Herbert Heaton, *Economic History of Europe*, revised ed., New York: Harper & Brothers, 1948, pp. 494–496; and Robert L. Heilbroner, *The Making of*

到蒸汽機，認為只是出於頑童的巧思，以與他分工專業使工作細分利
於機器發明之理論相一致。❷

《經濟學人》(*Economist*)千禧年特刊(Millennium Special Edition)的
一篇專論 "The Road to Riches" 中也認為，儘管十七世紀科學在歐洲已
萌芽開花，然而在 1750 以後大約一百年間，技術進步並非科學發展的
結果。

此點可能尚有可以討論之處。由於慧心巧思之士偶然的發明或發
現所產生的技術進步，不論中外，自古有之。這種孤立的技術進步所
引發的生產力與平均每人產量（或所得）增加，因為缺乏連續性，不
久將因（邊際）報酬遞減法則(Law of diminishing returns)的作用與人口
增加而減少，於是經濟規模雖然擴大，但生活水準則少改善。在西方
直到十八世紀以後，在東方則更晚，科學發達，科學知識累積，猶如
活水源頭，使技術進步源源不絕，於是生產力不斷提高，平均每人產
量或所得持續增加，進入顧志耐(Simon Kuznets)所謂的「現代經濟成
長時代」(modern growth epoch)。

然而史密斯似乎並未感受到十七世紀以來的科技發展，即將悄然
改變歷史的軌道和人類的命運。史密斯雖然談論各種幫助勞動與節省
勞動的機器發明，但所舉的例子卻是中世紀的創新。在他的筆下煉鐵

Economic Society, Englewood Cliffs, N.J.: Prentice Hall, 1962, pp. 77–78.

❷ Adam Smith, *An Inquiry into the Nature and Causes of the Wealth of Nations*,
Liberty Classics, Indianapolis, 1981, pp. 20–21. 不過，史密斯《國富論》早
期的手稿中，曾談到發明蒸汽機者應為一真正的哲學家。或以為史密斯所
說的哲學家可能是指瓦特。

使用木炭，實際上在他的時代已多使用焦炭。史密斯生前《國富論》的最後一次修訂版於 1784 年問世，然而他在書中不但未提到 1770 年代後期蒸汽機成功的應用於煤礦的事實，也未提及使紡織業在 1780 年代蓬勃發展的種種發明，如 John Kay 的 flying suttle，Arkwright 的 water frame，Hargreaves 的 spinning jenny 以及 Crompton 結合 water frame 與 jenny 而成的 mule。❸

　　史密斯所看到的只是英國工業革命的開端，十八世紀末期和十九世紀初期，英國的經濟快速成長，遠勝史密斯的時代。然而史密斯的後繼者，英國古典經濟學派的大師馬爾薩斯(Thomas Robert Malthus, 1766–1834)和李嘉圖(David Ricardo, 1772–1823)，都對經濟發展的前途抱持悲觀的看法。他們似乎完全未曾料想，技術進步使生產函數升高，可以抵消邊際報酬遞減的不利影響，使平均每人所得持續增加，跨越所謂馬爾薩斯的人口陷阱(the Malthusian trap)，使生活水準提高，人口成長減緩。

　　經濟成長的最後來源是技術進步，缺少技術進步，經濟終將趨於停滯。因此，如何安排稀少的資源，增益知識，特別是科技知識，以達成所希望的經濟目標，並和其他國家目標維持某種平衡的關係，是國家發展的重要問題。經濟學者利用不同形式的生產函數和計量方法，計算技術進步率，不同的方法，可能產生不同的結果。但對如何達成一定的技術進步，則正如馬克拉普(Fritz Machlup)所說，往往推給其他專業領域處理。❹

---

❸　Mark Blaug, *Economic Theory in Retrospect*, revised ed., Homewood, Illinois: Richard D. Irwin, 1968, p. 39.

二、臺灣科技產業的發展

　　1973 年，經濟部長孫運璿先生，鑑於政府機關受到種種限制，缺乏彈性，延攬人才不易，經過兩年的努力，以原屬經濟部的聯合工業研究所、礦業研究所與金屬工業研究所為基礎，通過立法，成立財團法人工業技術研究院（Industrial Technology Research Institute，縮寫為ITRI），從事應用技術的研究與發展，以提升臺灣的產業技術，促進臺灣的產業發展。

　　1974 年，孫部長在工研院成立電子工業發展中心，在留美專家的協助之下，從美國的 RCA 引進技術，從事積體電路(integrated circuts, IC)的開發，邁出臺灣後來成為半導體工業大國的第一步。1976 年初，38 位青年工程師在 RCA 的安排下，赴美接受實務訓練，然後返國參加工作。他們學有專精，工作勤奮，且有海外資深專家的協助，因此開發積體電路的工作成就斐然。而這批當年為了國家科技產業發展而熱情投入、意氣風發的青年，經過二十多年的歷練，如今都成為我們國家科技與產業發展的大將，也是我們國家的珍貴資產。

　　1979 年，積體電路研發成功，籌設聯華電子公司(United Microelectronics Corporation, UMC)，移轉技術，成為工研院第一家衍生公司。同年，電子工業發展中心升格為電子工業研究所(Electronic Research and Services Organization, ERSO)，在積體電路之外，並負責電

❹　我要感謝謝清俊教授慨借 Machlup 教授的大作，*The Production and Distribution of Knowledge in the United States*, (New Jersey: Princeton University Press, 1972)，使我對本文的一些想法增加信心，但也自愧寡聞。

腦技術的開發。電子所於 1987 年衍生成立臺灣積體電路公司(Taiwan Semiconductor Manufacturing Company, TSMC)，復於 1994 年衍生世界先進公司(Vanguard International Semiconductor Corporation, VISC)，每次衍生新公司都代表完成一更高水準的技術。各個衍生公司也繼續從事研發，提升技術。1999 年臺灣 IC 產業產值成長 42.7%，逾 4 千億元新臺幣，晶圓廠產能占世界 11.9%，預期今年可達 13.4%，製程技術直逼世界最先進之大廠。

和半導體的發展差不多同一時期，資訊工業也開始萌芽成長，逐漸形成臺灣科技產業的主流。1999 年，臺灣資訊硬體包括電腦及其週邊產品的產值，估計達 399 億美元，其中大約 210 億美元在臺灣本土生產，次於美國的 950 餘億和日本的 440 餘億而排名世界第三；第四名為新加坡（184.7 億），第五名為中國大陸（184.5 億）。其餘 189 億在海外生產，其中又有 110 億在中國大陸。

以下為臺灣資訊硬體在世界市場占有率排名第一之重要產品，產值較少者未予列入。

表 7-1 臺灣在世界市場佔第一位之資訊硬體產品之產
值、成長率與市場佔有率，1999

產　品	產　值 （百萬美元）	成長率 (%)	市場佔有率 (%)
筆記型電腦(Notebook PC)	10,198	21.1	49
監視器(monitor)	9,330	24.0	58
主機板(mother board)	4,854	12.6	64
電源供應器(SPS)	1,744	16.4	70
機殼(case)	1,423	18.4	75
掃描器(scanner)	925	13.1	91
鍵盤(keyboard)	512	2.8	68
滑鼠(mouse)	155	−9.0	58

資料來源: 資策會。

此外，桌上型電腦(desktop PC)1999 年產量增加 35.7%，產值成長 11.2%，達 7,188 百萬美元，占世界市場之 19%。

在光電產品方面，光電業是臺灣近年成長最快速的產業。1999 年，CD-ROM 光碟機產量成長 26% 占世界 46.6%，CD-R 光碟片產量更成長 337% 占世界 74%，均居世界第一位。液晶顯示器產量目前在世界市場之占有率雖不高，但 1999 年業界大量投資設廠，同年 TFT-LCD 產值成長 88%，今年將成長 323%，預期 1998–2002 之年複合成長率為 220%。❺

通訊與網路在過去二年也有快速之發展，不僅潛力無窮，且將使科技進步之影響從製造業普及至服務業，引起電子商務之發展，導致生產力之全面上升，使整個經濟改頭換面，產生革命性的變化。

關於臺灣科技產業的發展，行政院的科技會議與「科技發展方案」

---

❺ 經濟部, ITIS, 1999 科技產業現況與市場趨勢研討會 / IC 產業光電產業。

發揮重要的作用。1978 年孫運璿先生出任行政院長，同年行政院召開第一次全國科技會議，並根據會議結論與各方意見，於翌年訂頒「科學技術發展方案」，選定能源、材料、資訊、自動化四項為重點科技，推動發展。1982 年舉行第二次全國科技會議，增列生物技術、光電科技、食品科技、肝炎防治為重點科技，翌年頒布「加強培育及延攬高級人才方案」。1986 年之第三次會議，研訂「國家科學技術發展長程計畫」，增列災害防治、同步輻射、海洋科技、環保科技四類科技，合稱 12 項重點科技。第四次與第五次會議分別於 1991 年與 1996 年舉行。自第三次會議起，明訂研發經費與研發人力之量化指標。根據第五次會議的決定，全國研發經費占 GDP 之比率，2000 年為 2.5%，2010 年為 3%，實際比率 1998 年只有 1.98%。

1979 年行政院設立科技顧問組，負責科技政策的研擬、協調與推動。孫院長又聘請學驗俱豐的世界著名科技專家為科技顧問，每年舉行科技顧問會議一次，並邀請產、官、學、研有關人士參加，檢討國家科技發展情形，提出建議，一經採納即形成政策，付諸實施。首位科技顧問組的負責人為曾任經濟部長、財政部長的政務委員李國鼎先生。行政院很多重要的科技政策實際上都是李國鼎先生所促成，李先生因而有臺灣科技教父的美名。

作為臺灣產業技術進步主要來源的工研院，經過二十六年的發展，目前有七個研究所，四個技術發展中心，大致涵蓋臺灣所有主要產業技術領域。1999 年 12 月 31 日，共有員工 6,121 人，其中 15% 有博士學位，39% 有碩士學位。最近三個會計年度，每年之預算約 165 億元新臺幣，其中大約半數來自政府科技專案，用於新技術的開發，協助

產業界發展新產品，建立新產業。有名的例子如積體電路的研發與電腦資訊相關技術的研發。近年與產業界密切合作，從事光電產業關鍵零組件的開發，成為臺灣光電產業快速成長的主要原因。1999 年產業界大量投資 TFT–LCD 與彩色濾光板的生產，工研院研發平面顯示技術的成就也是重要的因素。工研院在政府科技專案支持下所從事的種種產業技術的研發，縱有若干不能即刻開花結果，也往往為未來科技產業的發展，埋下充滿生命力的種子，等待它們各自的春天。預算的其餘半數則來自政府機關和產業界的委託。

在過去二十多年中，累積有一萬三千餘人離開工研院他就或深造。將近 80% 進入產業界，其中有一千八百人為產業界的高級主管(top executives)，在新竹科學園區服務約有四千三百人，對臺灣科技產業發展有重大的貢獻。

民國 88 年度，工研院獲國內外專利 537 件，移轉技術 353 件，接受 1,424 家次廠商或機構委託或合作開發技術 1,124 項，舉辦成果展示會與技術研討會 1,152 次，對 27,827 家次廠商提供工業技術服務 58,287 項次，參加工研院所舉辦的講習或訓練的人數有 96,036 人次。以上大致顯示工研院服務之範圍與成果。

三、人力與經費

1990 年代以來，臺灣科技產業蓬勃發展，高級人力供應充裕和研發經費大幅提高是重要的因素，而這兩個因素都是 1978 年以來歷次科技會議與科技發展方案的成果，尤其是「加速培育及延攬高級人才方案」。飲水思源，我們不能不感念孫運璿先生和李國鼎先生的貢獻。

以下各表顯示，1970 年代中期以來，臺灣高等教育發展與人力培育成長的情形。一般而言，臺灣的教育發展，1970 年代以前強調國民教育的普及。1968 年將國民教育從六年延長為九年，以提升國民教育水準，減少升學競爭的壓力。1970 年代重視高中階段之技術與職業教育。1980 年代後期高等教育始有快速之擴張，特別是研究所階層之科技系所，以供應國家發展所需之高級人力，並滿足人民對高等教育之需求。

表 7-2　臺灣高等教育學府之增減
1975-1998

學　年	大　學	獨立學院	專科學校
1975-76	9	16	76
1980-81	16	11	77
1985-86	16	12	77
1990-91	21	25	75
1995-96	24	36	74
1997-98	39	45	52

資料來源：教育部，《中華民國教育統計》，1998；1997-98 之數字係教育部提供。

1975-1976 學年度臺灣只有 9 所大學與 16 所獨立學院， 1990-1991 學年度分別增加為 21 與 25 所， 1997-1998 學年度更增為 39 與 45 所。1990 年代末期專科學校減少，因為若干專科升格為學院，另有若干學院升格為大學（以上見表 7-2）。從 1975-1976 學年度到 1997-1998 學年度，大學部學生增加大約 2 倍，碩士生人數增加 10 倍以上，博士生增加 30 餘倍（表 7-3）。同一時期，從所有高等教育學府畢業獲學士學位的人數增加 2 倍餘，獲碩士的人數增加 10 倍餘，獲博士的

人數則增加 40 餘倍（表 7-4）。

表 7-3　臺灣高等教育學府各級學生人數
1975-1998

學　年	大學與獨立學院			專科學校
	大　學	碩士班	博士班	
1975-76	135,297	3,614	298	150,226
1980-81	153,088	5,633	673	183,134
1985-86	179,334	10,638	1,780	236,824
1990-91	239,082	17,635	4,437	315,169
1995-96	314,499	33,200	8,897	394,751
1997-98	409,705	43,025	10,845	449,573

資料來源：同表 7-2。

表 7-4　臺灣高等教育學府各級學位畢業人數
1975-1998

學　年	學　士	碩　士	博　士
1975-76	26,498	1,144	32
1980-81	32,214	1,940	64
1985-86	38,625	3,800	161
1990-91	49,399	6,409	518
1995-96	70,702	11,649	1,053
1997-98	85,802	14,146	1,282

資料來源：同表 7-2。

　　對於推動臺灣科技產業發展，比國內人力供應可能更重要的是
1980 年代以來大量自國外返國的學者專家。如果沒有自國外返國的高
級人力，臺灣的高等教育也不可能如此迅速成長。臺灣在 1960 年代和
70 年代，憂心大學畢業生出國留學、滯外不歸所謂「人才外流」(brain

drain)問題。不過「人才外流」可視為「人力資本流動」(human capital flows)。1960 年代和 70 年代,國內既少深造的機會,也少就業的機會,留學生在國外追求高深教育,學成以後,繼續留在國外工作、教書或作研究,等於是在累積人力資本。這種人力資本不僅包含本身的學識和能力,也包括多年工作與生活所建立的關係與所接觸的訊息等無形的資產。

1980 年代以來,國內生活與工作條件日趨改善,高等教育擴張,科技產業開始發展,機會增加,以往滯留國外的菁英之士大量返國。1980–1989 年返國的人數有 14,880 人, 1990–1995 年返國的人數達 30,238 人,分別占同時期國內所有高等教育學府畢業出來的碩士和博士合計人數的 44.4% 與 56.6%。事實上這兩個百分比相當低估了返國人力的重要性。因為:(1)國內大學畢業獲碩士學位的學生中,一部分繼續讀博士或出國深造,不但未進入人力市場,且使人數重複計算;(2)國外返國的人力平均有較高的學歷、較多的經驗和較廣泛的人脈關係與國際視野,可能也有較多的資金。

表 7-5　留學生返國人數及其教育結構
1980–1995

時　期	返國人數	博　士	碩　士	其　他
1980–89	14,880	2,416	11,901	563
1990–95	30,238	4,840	25,160	238
1980–95	45,118	7,256	37,061	801

資料來源: 根據教育部《中華民國教育統計》相關數字計算, 1995 年以後缺少相關之數字。

在研發經費方面，政府的政策是增加研發經費占 GDP 之百分比，並提高民間經費的比例。1998 年研發經費占 GDP 之 1.98%，來自民間部門的比例為 60.8%。大約同一時期，研發經費占 GDP 之百分比，日本為 2.87%(1997)，美國為 2.79%(1998)，德國為 2.33%(1998)，法國為 2.23%(1997)，英國為 1.87%(1997)，南韓為 2.89%(1997)。

表 7-6　臺灣之研發經費: 佔 GDP 百分比與來源分配
1990-1998

單位: 百萬元

年　別	金　　額	佔 GDP 百分比	分　　配(%)	
			政府部門	民間部門
1990	71,548	1.66	45.8	54.2
1991	81,765	1.70	52.1	47.9
1992	94,828	1.78	52.2	47.8
1993	103,617	1.75	49.5	50.5
1994	114,682	1.77	48.2	51.8
1995	125,031	1.78	44.7	55.3
1996	137,955	1.80	42.7	57.3
1997	156,321	1.88	40.8	59.2
1998	177,054	1.98	39.2	60.8

資料來源: 國科會，《中華民國科學技術統計要覽》，1999，pp. 18-19，22-23。

1998 年臺灣在學術性期刊發表之科學論文有 8,592 篇，工程論文 4,026 篇，分別排名世界之 19 與 9。同年在美國獲得專利 3,805 件，在外國中排名第四，前 3 名為日本(32,119)，德國(9,581)與法國(3,991)。臺灣之後依次為英國(3,726)，加拿大(3,537)與南韓(3,362)。 ❻美國國

---

❻　以上數字根據國科會，《中華民國科學技術統計要覽》，1999, pp. 16, 144-146。

家科學基金會(NSF)1995 年出版之 *Asia's New High-Tech Competitors*，根據亞洲新興國家在美獲得專利、取得技術許可與購買含高科技產品等情形，以及其他有關指標如智權管理、務實研發與合格人才，判斷臺灣和南韓最具有趕上日本科技地位之能力。然而南韓在 1997–1998 年之東亞金融危機中，經濟受到嚴重打擊，臺灣則在科技產業發展的道路上持續前進，顯示了臺灣在科技和經濟方面的實力。

四、科技資源的分配與管理

1998 年臺灣共核准專利 25,051 件，其中 16,417 件為本國人獲得，占 65.5%，8,634 件為外國人獲得，占 34.5%。不過外國人獲得的專利主要為發明(invention)，在合計 8,478 件發明類專利中占 6,880 件(81.15%)，而本國人獲得的專利則主要為新型(new utility model)，其次為新式樣(new design)，屬於發明類的只有 1,598 件。一般認為這顯示國人較缺少原創力，並進一步推論，認為與當前的教育制度和教育方式有關。不過這也可能是一種過分簡化的說法。企業的規模，科技知識累積豐吝的程度，應亦是有關的因素。另外一個可能的因素，是目前經濟發展的階段，在現有的基礎上加以改進，較諸新發明，成本低並少風險。

專利如不加以有效利用，則研發所耗費的資源無從轉化為市場或經濟價值。目前以政府經費從事科技研發所獲之專利，歸屬國家所有，由財政部國有財產局管理，往往束諸高閣。以工研院而言，每年獲自國內外之專利近年約在 550 件左右，平均每一工作天有兩件以上。然而參予研發者僅有微薄之獎勵，既少誘因引發更大之創造力，亦乏動

機將已有的成果加以更充分的利用，因小失大，實屬國家之不幸。1998年 12 月 29 日，立法院三讀通過「科學技術基本法」，容許政府經費研發所獲之智慧財產權或成果，「得將全部或一部歸屬於研究機構或企業所有或授權使用」。此法之實施應有助於研發成果之豐收與商品化，創造更大之經濟效果。不過施行辦法至今尚未訂定完成。

　　臺灣之研發能量尚有很大的潛力，可導致市場價值的創造，由此所獲之經濟利益，又可一部分回饋研發部門，形成良性互動。觀察 1998年臺灣研究人力在學術界、研發機構與企業界之間的分配，雖然半數以上在企業界，但具有博士學位的研究人員則將近 65% 在高等教育學府（表 7-7）。大致說來，企業界的研發人力，以大學和專科的畢業生為主，科技研發機構以碩士階層占較大比例，大專院校則以具博士學位者占大多數。由於學術界以所發表的論文衡量學者的成就，作為升等、得獎、獲得地位與聲譽的憑藉，因此這一部分素質最高的研究人員的努力，縱有學術上的成就，但殊少經濟上的貢獻。如能改變評定學術成就的方式，納入對專利及產業效果的考量，並提供適當的誘因，應能引導一部分努力轉化為實用性研發，促進技術進步與經濟成長。

　　晚近十數年，臺灣高等教育與科技產業迅速發展，返國專家學者有很大的貢獻。這些海外歸來的高級人才，很多都是 60 年代和 70 年代出國深造，在科技、經濟先進國家長期累積的人才。這些數十年來在海外累積的人才，如今一部分已近退休之年或已經退休，一部分已經返國服務，貢獻所學。近年繼續出國求學的青年，由於國內經濟富裕，生活條件改善，就業和創業的機會眾多，漸少像他們的前輩，攻讀艱深的科技，追求高深的學術，以及於學業完成、獲得最高學位後，

繼續留在國外工作。因此 90 年代臺灣科技產業發展在人才方面的優
勢，將在 5 至 10 年間逐漸消失。未來臺灣科技、經濟與文化的發展，
將日益依賴我們自己的教育體系、研發機構、企業界以及社會全面的
不斷進步。在另一方面，我們也需要繼續自由化和國際化，借重全世
界的資源，追求更大的進步和福祉。

表 7-7   1998 年臺灣各級學位研究人員之分配

學歷＼分配	合　計	企業界	科研機構	大專院校
合　計	83,209	47,622	18,786	16,801
	(100.0%)	(57.2%)	(22.6%)	(20.2%)
博　士	15,947	1,732	3,869	10,346
	(100.0%)	(10.8%)	(24.3%)	(64.9%)
碩　士	22,644	11,861	7,002	3,781
	(100.0%)	(52.4%)	(30.9%)	(16.7%)
學　士	23,995	16,171	5,498	2,326
	(100.0%)	(67.4%)	(22.9%)	(9.7%)
其　他	20,623	17,858	2,417	348
	(100.0%)	(86.6%)	(11.7%)	(1.7%)

資料來源：國科會，《中華民國科學技術統計要覽》，1999，pp. 32-33。

五、餘　論

討論過了臺灣的科技產業發展，我們很自然的會想到下面幾個問
題。我想簡單的表示一些看法。

第一，在半導體和資訊產業之後，那些科技產業會脫穎而出，繼
續帶領臺灣經濟發展？1999 年光電、通訊和網路的發展，大致提供了
我們想要知道的一些答案。從 1998 年至今，臺灣七家廠商投資大約新

臺幣 2 千億元，生產薄膜電晶體液晶顯示器(TFT–LCD)，將使臺灣的液晶顯示器產業與日、韓鼎足而三，甚至超越南韓，直逼日本。工研院從十年前開始發展 LCD，由於自主技術成熟，加以製造能力強，使日本大廠感到壓力，願意提供技術給臺灣的廠商，因此國內七家廠商中有五家的技術來源為日本。科技研發是產業發展的種子，種子成熟，在良好的環境下，就會開花結果。電信自由化為通信產業提供了廣闊的發展空間，唯尚待提升技術能力去開拓。網路應用於電子商務的發展，將使資訊革命從 1998 年占 GDP 只有 27% 的製造業推展到占 63%的服務業，使勞動生產力全面提升。不過這一切發展，都有賴強大的研發能力與迅速的科技進步。

　　第二，在科技產業的蓬勃發展下，傳統產業何去何從？事實上科技產業和傳統產業並無明確的劃分。我曾經引用遠東集團董事長徐旭東的一句話：New technology creates new business。徐董事長是在數年前紡拓會的一次展示會中，聽我談技術進步對臺灣紡織業的貢獻後作此表示。紡織業在臺灣被視為傳統產業，然而不斷的技術進步，使其至今保持臺灣創收外匯最大的產業。電話早已存在，資訊科技的進步，賦予新功能；電腦也早已存在，網路技術賦予新生命。技術進步的有無，區分了科技產業與傳統產業。

　　第三，知識的生產與導向。知識可以生產社會價值或文化價值，也可以生產市場價值或經濟價值，對於「小國寡民」資源有限的臺灣，知識應如何分配，最有利於國家的發展和人民的福祉？亞當‧史密斯在他的《國富論》中區分富裕(opulence)與進步(progress)。他認為，中國和當時的歐洲相比，雖富裕但少進步，當時中國和五百年前馬可波

羅描寫的情形並無明顯不同。然而科學知識的累積與應用，使技術進步取得了連續不斷的性質，引起現代經濟成長，致使中國瞠乎其後，淪為貧窮的落後國家。近代西方將更多知識分配於市場價值的生產，而傳統中國則主要分配於社會價值的生產。目前臺灣學術殿堂的濟濟多士，究竟為世界的「知識存量」(the stock of knowledge)創造了多少新知？也許我們應將更多研發人力和資源，誘導至生產經濟價值的途徑，以促進進步，厚植未來發展的基礎。

第八章　建造經濟與科技間的橋樑

今天很高興來參加工研院第一屆科技管理研討會。史欽泰院長要我講話，我感到十分光榮，只是經濟學者並非適當的人選，因為經濟學與科技之間有很大的差距，經濟學者在傳統上對科技以及科技與經濟之間的關係缺乏深入的研究。我希望今天的研討會能夠扮演經濟與科技之間的橋樑，讓經濟學者、管理學者和科技專家藉良好的溝通產生建設性的對話，使科技對經濟有更大的貢獻。

我曾多次提到，現代經濟學之父亞當·史密斯(Adam Smith, 1723–1790)❶和發明蒸汽機的瓦特(James Watt, 1736–1819)同在蘇格蘭的格拉斯高(Glasgow)大學任職。史密斯在他的《國富論》中談國富的性質和原因，談經濟進步(economic progress)，就是後來流行的經濟成長或經濟發展，然而竟無隻字提及他在格拉斯高大學的同事，後來可能比他更為名聲遠播的瓦特。

本章係 88 年 11 月 22 日在第一屆工研院科技管理研討會開幕致詞，12 月 27 日補充完稿。

❶　88 年 12 月 25 日報載路透社調查經濟學者的意見，認為在過去幾個世紀最具經濟影響力的人物，第一是凱因斯(John Keynes)，第二是史密斯(Adam Smith)。

　　《國富論》第一卷第一章分析勞動生產力提高的原因。生產力提高導致經濟進步,而分工專業產生熟練與專注,避免轉換工作的浪費,使生產力增加。市場規模擴大,促進分工專業,也有利於生產力的增加,因此史密斯重視貿易。史密斯認為分工使工作單純化,利於機器的發明,然而他竟未進一步探討機器背後的科技因素。雖然史密斯曾以 fire-engine 舉例,fire-engine 是蒸汽機(steam-engine)早期的名稱,但他認為是出於頑童貪玩的巧思❷。

　　史密斯在《國富論》中以製大頭針(pin)為例,說明分工專業如何使生產力提高,然而工業革命在英國從紡織開始,大頭針並非重要的產業。史密斯在書中多以木炭舉例,而實際上煤炭已成為主要的能源。

　　亞當・史密斯以後的英國古典經濟學派,對經濟成長抱持悲觀的看法。他們認為由於報酬遞減法則(law of diminishing returns)的影響,不斷投資使資本累積,總產量增加,但邊際產量(marginal product)會下降,直到下降為零。於是總產量不再增加,利潤為零,沒有人再投資,投資為零,儲蓄等於投資,故亦為零,經濟趨於停滯。

　　1950 年代後期,麻省理工學院教授梭羅(Robert Solow)利用生產函數(production function), 將經濟成長不能用勞動和資本增加解釋的部分, 當作技術進步(technical progress), 計算技術進步率及其對經濟成長的貢獻。因此技術進步被視為一種「剩餘」(residual)來處理。在長期中經濟成長的來源是技術進步,而且技術進步可加以計量。

　　最了解經濟成長與科技之關係的經濟學家, 應為故哈佛大學教授顧志耐(Simon Kuznets, 1901–1985)。顧志耐認為現代經濟成長的特質

❷　《國富論》第 4 版, Bk1, Ch. 1, 第 8 段。

是平均每人產量或勞動生產力長期持續的增加，而生產力之得以長期持續增加，是因為以現代科學為基礎的技術進步，取得了連續不斷的性質。他使用現代(modern)經濟成長一詞，以別於偶因資源增加或生產方法改進所引起的產量增加，後一意義的經濟成長在傳統經濟中也會出現。

一國經濟能夠長期持續成長，必須有：

(1)不斷增益的科技知識(a growing stock of scientific knowledge)；

(2)研究與發展的能力，將科技知識轉化為可應用的技術；

(3)有眼光、有能力的企業家(entrepreneurs)，承擔風險，組織生產因素，將技術用於生產，轉化為市場價值。

今天研討會討論的主題「科技管理」，應是探討如何利用國內與國外的科技知識，有效組織研究與發展，以生產新產品，發展新產業，或改進現有產品的品質或降低其生產成本，使生產力提高，附加價值增加。這就是熊彼得(Joseph Schumpeter)所說的創新(innovation)。

不過熊彼得意義的創新尚有其他形式，例如開拓一個新市場，發現一種新原料或獲得一處新原料供應地，打破一種獨占，或創造一種新的獨占的局面。熊彼得意義的創新，不一定是尖端的技術，也不一定是前所未有的技術，而是此前未經應用於商業生產的技術。畢竟企業家所重視的不是所用的技術多先進，而是其所提高的生產力和競爭力。在熊彼得的經濟發展理論中，利潤是對創新的報酬。創新產生利潤，利潤引起投資的群集，使利潤下降，因此需要不斷的創新，以維持經濟在波動中成長。在另一方面，利潤一旦發生，就會反映在資本的市場化價值之上，而使後繼之投資者，回歸正常時期利潤等於利息

的境況。我們如將熊彼得的理論稍加引申，就會發現，由於未來可實現的利潤不可知，因此目前市場上的股價所反映的，其實是預期的利潤，因而不可避免的隱藏著一定的風險。

經濟學家憑藉簡化的生產函數，計算技術成長率，或觀察過去，假定以往的趨勢在未來仍會維持。然而我來到工研院以後，發現這些假定背後，包含著多少複雜的因素，為我們所忽略，或者為了將研究的對象，控制在可掌握的範圍之內，而予以抽象和簡化。

最近我參加中華民國麵食推廣運動及中華穀類食品工業技術研究所40周年紀念，聽參與麵食推廣運動的前輩致詞，才了解我們在今天所享用的各式各樣中西麵製美食，並非自然發展，而是經過多少人多少年努力的結果。40年前，臺灣接受美援小麥，我的同鄉前輩苗育秀先生，受政府委託推廣麵食，他和他的團隊攜帶蒸籠，逐鄉逐鎮推廣傳統麵食，節省稻米用以外銷，賺取外匯。中華穀類食品工業技術研究所的前身，曾在美國的協助下，傳授西方烘焙技術。苗董事長並遣人赴大陸尋求傳統麵食製方，這些努力和複雜的過程，不是假定一定成長率，或以簡化的方程式計算其成長率所能說明。

整個臺灣的技術進步，及其與臺灣經濟成長的關係，當然遠為複雜。工研院對臺灣的技術進步與產業發展有很大的貢獻，然而究竟有多大貢獻則不是容易衡量的問題。工研院的貢獻有些是經由技術創新與轉移，創造了新產業；有些是經由人才培育與擴散，提升了經營和研發的能力；有些是經由產業服務，使生產力提高；有些則突破外商的包圍進入新市場或高價位市場，或使以往無法取得的外國技術得以合理的代價取得❸。我們有各種描述性的說法，如能化為可計量的指

標，當更符合學術研究的需要。

　　臺灣的研究人力雖然一半以上在產業界，但擁有博士學位的高級研究人力則有大約三分之二在高等教育學府。這些高級研究人力的努力，集中於基礎研究的領域，對產業發展所需要的技術進步，較少直接的貢獻。而在另一方面，大多數廠商規模小，不利於從事研發工作。因此居於科技中游的研發機構與上游的學術界和下游的產業界，都有若干距離，需要我們努力溝通與跨越。

　　作為一個小型經濟，其研發經費總額，和世界性的規模相比，微不足道，如何有效管理我們微薄的科技資源，使其產生更大的產業與經濟效果，應是科技管理要探討的主要課題。

---

❸　在過去 20 餘年中，大約有 1 萬 2 千人離開工研院他就，其中 78% 進入產業界，有 1 千 8 百人成為企業高級主管。

第九章　臺灣邁向知識型經濟的優勢和潛力

一、從新加坡說起

1997 年下半以來，從東南亞開始的「東亞金融危機」，對東亞各國有不同程度的影響，各國也有不同的因應之道。新加坡地處金融風暴的邊緣，知在短期中無法避免金融風暴的影響，致貿易萎縮，經濟成長率降低，決採較長期之措施從基本面改善經濟體質，希望在 10 年中發展為一先進、具有全球競爭力的知識型經濟(knowledge based economy)，或知識經濟(knowledge economy)。

知識經濟的特質，在於利用日新月異的知識，創新產業，發展經濟。因此培育人才，加強研發，將知識轉化為市場價值，在知識型經濟的發展中，具有特別重要的意義。

新加坡雖然平均每人 GNP 在 3 萬美元以上，在高所得國家中名列前茅，但主要是跨國公司的貢獻。本土人才和研發能力則較薄弱，亟待培養與建立。放眼東亞各國，認為臺灣科技背景企業家(technopreneurs)眾多，研究能力強，頗多可以借鏡之處。

本章係 88 年 12 月 4 日在中華民國管理科學學會年會之專題演講。

二、臺灣成功通過兩次重大考驗

臺灣的平均每人 GNP 遠在新加坡之下，1997 年達 1 萬 3 千餘元。東亞金融危機後，由於經濟成長率降低與新臺幣對美元貶值，1998 年降至 1 萬 2 千餘元。然而過去 10 幾年中，經歷兩次重大考驗，不但都能順利通過，而且產業結構迅速改善，顯示基本條件好，因此表現優異。

第一次是 1980 年代後期，新臺幣對美元大幅升值，升值的幅度達 40% 以上，致競爭力削弱，出口萎縮，進口大量增加，產業外移，經濟成長率降低。第二次是 1997 下半年以來的東亞金融危機，受到鄰近國家經濟衰退與貨幣貶值的影響，出口減少，新臺幣對美元的匯率下降，經濟成長再度受挫。然而在這兩次重大變動中，產業結構迅速調整，以勞動密集為特色的傳統產業大幅縮小，以技術密集為特色的科技產業大幅擴張。從 1986 年到 1998 年，傳統產業的產值在製造業中所占的比重，從 40.4% 下降為 23.5%，技術密集產業的比重從 24.0% 上升到 40.7%，基礎產業則大致維持不變。

目前臺灣資訊硬體的產值在世界占第三位，半導體占第四位。各種光電產業迅速發展。液晶顯示器、通訊、網路各吸引大量資金，成為晚近最熱門的投資機會。

三、臺灣科技產業的孕育

下述政府所採的各種措施，對 1980 年代以來臺灣科技產業的發展有重要的貢獻：

　　第一，1973 年，孫運璿先生在經濟部長任內，成立財團法人工業技術研究院，從事應用技術的研發，以提升臺灣產業技術的水準。1974 年，工研院成立電子工業發展中心，從事積體電路的開發，1979 年移轉技術，籌設聯華電子公司。電子工業發展中心亦於同年升格為電子工業研究所，在積體電路之外，並負責電腦技術的開發。電子所復於 1987 年與 1994 年分別衍生臺灣積體電路與世界先進兩家公司，每次代表完成一更高水準的技術。電子所後改組為三個所即電子所、電腦與通訊工業研究所以及光電工業研究所，各負責不同領域科技之研究與開發。目前工研院有七個所，四個中心，員工 6 千餘人，其中 38% 有碩士學位，15% 有博士學位，成為臺灣產業技術進步的主要來源。

　　第二，1978 年行政院召開第一次全國科技會議，並根據會議結論及各方意見，訂頒「科學技術發展方案」，選定能源、材料、資訊、自動化四項為重點科技。1982 年舉行第二次全國科技會議，增列生物技術、光電科技、食品科技、肝炎防治為重點科技；並頒布「加強培育及延攬高級人才方案」，對高等教育的發展與高級科技人力的培育有重大的貢獻。1986 年之第三次會議，研訂「國家科學技術發展長程計畫」，增列災害防治、同步輻射、海洋科技、環保科技四類科技，合稱 12 項重點科技。第四次與第五次會議分別於 1991 年與 1996 年舉行。自第三次會議起，明訂研發經費與研發人力之量化指標。根據 1996 年第五次會議的決定，全國研發經費占 GDP 之比率，2000 年應為 2.5%，2010 年為 3%，不過實際比率 1999 年大約只有 1.9%。

　　第三，1980 年，行政院於國家科學委員會之下，成立新竹科學工業園區，以便利科技產業的投資，「園區」鄰近清華大學、交通大學與

工業技術研究院，以利科技人才之獲得與研發工作之支援。目前臺灣之重要科技產業多集中於此。

第四，經歷 1970 年代的兩次石油危機，經濟建設委員會於 1981 年研擬 1982-1985 新四年經建計畫時，選定 6 項標準作為產業發展的方向，即二高（技術密集度高，附加價值高），二低（能源密集度低，污染程度低），二大（市場潛力大，關聯效果大），並據以選定資訊工業與機械工業為策略性工業，加以推動。繼而增加材料工業與生物工業為策略性工業，後擴大為科技產業。

四、高等教育的擴張與返國菁英

臺灣發展知識經濟最大的優勢是教育。臺灣教育發展的重點，1950 年代和 1960 年代是國民教育普及的時期。1960 年代後期，國民教育從 6 年延長為 9 年。1970 年代為擴增高中階段技職教育的時期，一般高中與高職學生人數之比例從 6：4 轉變為 3：7，以充裕技術人力的供應，並緩和高中升大學的壓力，唯卻增加國中升高中的競爭。1980 年代後半以來，為高等教育與科技類研究所教育迅速擴張的時期。表 9-1 顯示，1987-1988 學年至 1997-1998 學年臺灣高等教育擴張的情形。

1970 年代所擔心的人才外流，80 年代和 90 年代大量回流。表 9-2 告訴我們 1980 年到 1995 年自國外歸國的留學生。他們當中固然有很多甫完成學業的學子，但也有很多曾在國外工作多年，增益知識，累積經驗，並建立深厚的人脈，形成雄厚的人力資本。

表 9-1　臺灣高等教育的擴張
1987-88——1997-98 學年

	1987-88	1997-98
高等教育學府		
大　學	16	39
獨立學院	23	45
專科學校	68	52
學生人數		
大學部	192,933	409,705
碩士班	12,426	43,025
博士班	2,695	10,845
專科學校	256,610	449,573
畢業人數		
學　士	40,380	85,802
碩　士	4,483	14,146
博　士	297	1,282

資料來源：教育部,《中華民國教育統計》。

表 9-2　　1980-1995 年留學生返國人數

	1980-95	1980-89	1990-95
總人數 *	45,118	14,880	30,238
碩　士	37,061	11,901	25,160
博　士	7,256	2,416	4,840

資料來源：根據教育部《中華民國教育統計》計算。
* 包括未獲學位之人數。

　　1998 年外國在美國所獲專利件數,日本以 32,119 件排名第一,德國 9,581 件排名第二,法國 3,991 件排名第三,臺灣以 3,805 件排名第四,臺灣之後為英國。

　　從 1993 年到 1999 年,臺灣在瑞士洛桑國際管理學院(IMD)全球

競爭力之整體排名，由 1993 年之 11 降至 1999 年之 18。然在 8 項分類指標中，企業管理從 15 上升至 9，科技實力從 20 上升至 10，因此新加坡對臺灣在科技企業家方面的重視，並非沒有根據。

五、臺灣發展知識經濟的潛力與大學之角色

臺灣邁向知識經濟以往的優勢在教育，未來的潛力亦在教育。1996年臺灣共有研究人員 7 萬 1 千 7 百餘人，其中 56.6% 在產業界，22.1% 在研究機構，21.3% 在大學與學院。然而具有博士學位的研究人員將近 1 萬 2 千 6 百人當中，只有 10.1% 在產業界，23.6% 在研究機構，66.3% 在高等教育學府。

表 9-3　　1996 年臺灣研究人員之人數與分配

	合　計	產業界	研究機構	大學與學院
合　計	71,754	40,636	15,829	15,289
	(100.0%)	(56.6%)	(22.1%)	(21.3%)
博　士	12,590	1,268	2,977	8,345
	(100.0%)	(10.1%)	(23.6%)	(66.3%)
碩　士	19,684	9,465	6,570	3,649
	(100.0%)	(48.1%)	(33.4%)	(18.5%)
學　士	21,623	14,766	4,079	2,778
	(100.0%)	(68.3%)	(18.9%)	(12.8%)
其　他	17,857	13,137	2,203	517
	(100.0%)	(84.8%)	(12.3%)	(2.9%)

資料來源：國科會，*Indicators of Science and Technolgy, 1997*。

然而這 66.3% 的高級研究人員，其研究成果只要寫成論文，在學術界認可的刊物上發表，就算完成任務，成為衡量其學術成就，以及

升等、獲獎、取得學術地位的標準。這些論文對增加世界之知識存量，究竟有多少貢獻是另一個問題，可以確定的是只有很少部分獲得專利，更少部分得以商品化，產生市場價值。

今年 10 月號《天下雜誌》報導，MIT 電腦科學實驗室 40% 的研究都變成外面公司商品化的產品。報導說，MIT 不僅是教育研究機構，對世界經濟也有很大的影響。1990 年以來，教授與學生每年平均創立 150 家新企業。MIT 並非特別的例子，美國很多有名的大學都日益重視研究成果的直接經濟效果，來自研究的收入也日益成為大學經費的一個重要來源。但是在臺灣，一般觀念仍認為大學的任務在從事基礎研究，創造新知，不宜關注實用研究，重視金錢收益。然而高等教育迅速擴張，政府的教育經費捉襟見肘，偏低的教育成本，很難孕育出卓越一流的大學。

為了提升大學在實用研究方面的效果，同時並為大學增闢財源，政府似可採取以下幾種措施：

⑴教育部和國科會修改目前衡量大學教師學術成就的方式，納入專利與研究成果商品化之成績。

⑵在大學設置專責單位，負責教師專利之應用與研究成果之商品化。

⑶容許大學及其教師與研究人員分享研究成果所獲之經濟利益。國科會之研究計畫已有此一機制，唯仍可再予加強。

⑷對於大學應用其研究成果所獲之收益，給予同額或若干倍之補貼，以協助研究成果豐碩之大學，獲得充裕之經費，提升其學術水準。

第十章　新加坡如何發展知識經濟

　　民國 88 年 1 月下旬，我應新加坡大學副校長康長杰(Hang Chang-Chieh)教授之邀，到新加坡演講與訪問。行程從 1 月 20 日到 23 日，活動的內容包括⑴在新加坡大學作一場公開演講，談臺灣發展科技產業的經驗；⑵座談會，參加座談者主要為新加坡大學理、工學院的教授以及研究機構和產業界的專家；⑶參觀研究機構；⑷拜會新大校長、理學院、工學院院長、副總理兼國防部部長陳慶炎博士(Dr. Tony Tan)……等。新加坡經濟發展快速，近年雖然不論競爭力和每人 GDP 都在世界各國中名列前茅，但力求建立自己的研發能力和培育本土的科技企業家(technopreneur)，故亟欲了解臺灣在這兩方面成功背後的因素。康長杰教授以國立新加坡大學副校長的身分兼國家科技委員會(National Science and Technology Board, NSTB)的副主席，這次邀請可說是學術界與政府共同舉辦的活動。以下第一節簡單說明我在新加坡演講的內容，第二節介紹新加坡當前提高競爭力的策略，第三節是訪問新加坡的一些感想。

本章為作者於民國 88 年 1 月應邀訪問新加坡，返國後所撰之訪問報告。

一、向知識型經濟邁進

我在新加坡大學演講的題目是「向知識型經濟邁進：臺灣發展科技產業的經驗」(Towarda Knowledge Based Economy: Taiwan's Experience in Developing Science and Technology Based Industries) ❶。這篇演講有六節，主要內容可分四部分來說明。

㈠臺灣發展科技產業成功的因素

⑴政府的產業政策，以二高、二低、二大，亦即附加價值高，科技水準高，能源依賴度低，污染性低，市場潛力大與產業關聯性大，作為選擇策略性產業的標準。

⑵1973 年成立工業技術研究院，賦予從事應用科技研發以提升產業技術水準之任務。

⑶1980 年成立新竹科學工業園區，以促進科技產業的發展。

⑷全國科技會議與科技發展方案，增加科技研發之經費，充實科技研發之人力，並確認關鍵科技之領域，有效運用有限之資源。

⑸國內高級人力之培育與以往留學國外之學者專家返國，提供了科技產業發展所需之高級人力。

⑹國內儲蓄率高，資本供應不虞匱乏。創業投資公司迅速發展，有助於高科技產業取得創業所需的資金。

㈡臺灣技術進步的來源

---

❶ Sun Chen, "Toward a Knowledge-Based Economy: Taiwan's Experience in Developing Science and Technology Based Industries", *Industry of free china*, March 1999.

⑴大量自美國與其他科技先進國家返國的學者專家，加入國內產業部門，擴大了國內產業界與國際之間的關係。

⑵政府的國際化策略，鼓勵產業界發展與國際之間的聯繫。以新竹科學工業園區而言，1996 年底，園區公司在國外設有子公司 56 家、辦事處 4 家、研發中心 3 家、轉投資公司 43 家，大部分在美國矽谷。

⑶很多大公司已建立起自己的研發能力。

⑷工業技術研究院仍為國內產業界之重要技術來源。自 1996 年 7 月起，工研院開始實施公開實驗室計畫，提供空間、設施與技術，協助在高科技產業方面的共同研發與創業。到 1998 年底，已有 99 家廠商參加 79 項計畫，投資新臺幣將近 50 億，有 8 百餘員工在工研院工作，並已有 13 項計畫完成，10 家廠商獲批准進入新竹科學園區營運。

㈢尋求新產業

⑴半導體與資訊產業仍有很大發展空間，臺灣之經濟規模小，在世界市場上有較大發展之空間，而且資訊產品之進口成分高，隨了技術之不斷進步，尚有很大代替的可能。此外，資訊軟體最近有顯著的發展，應亦有很好發展前途。

⑵光電產業近年成長迅速，在世界市場中亦占重要之地位。臺灣是 CD-ROM 的主要供應者，晚近迅速轉向 DVD-ROM 之產製。1998 年，工研院之光電所當選進入世界 DVD 論壇之指導委員會(Steering Committee)，成為全世界七席委員中之一員。並成立亞洲地區日本以外第一座甲級 DVD 驗證實驗室，以驗證

本地區之 DVD 產品。

(3)網際網路與無線通信，過去兩年成長快速，亦有很大發展的空
間。

(4)政府過去在不同時期選擇不同產業與技術，給予特別的關注。
IC 業的發展初期可說由政府所主導。資訊業雖為政府最早即選
定之策略性產業，但其後發展之成功，多多少少是由於市場的
因素。其他政府選擇的產業，未來亦各有其發展機會。政府的
政策只有當其與市場力量相符時，才會發揮相輔相成的作用。
一國經濟的發展與調適能力，最後取決於三個因素，即其人民
的素質，知識存量與研發能力。

㈣展望與結論

(1)根據科技方案的規劃，臺灣的研發經費應於西元 2000 年達到
GDP 的 2.5%，2010 年達到 GDP 的 3.0%，但目前尚不到 GDP
的 2.0%。由於 2000 年距今不到一年，2.5% 的目標已無法達到。

(2)近年高等教育發展迅速，86–87 學年度有大學 38 所，獨立學院
40 所，專科學校 61 所，而且仍有若干學院等待升格為大學，
專科等待升格為學院。五年前只有大學 21 所，學院 29 所，專
科 74 所。政府正在推行終身教育，希望藉此將臺灣建立為一學
習型社會。實行 45 年之大學入學聯合考試制度，即將由多元入
學制度所取代。在聯考制度下，學生只為考試而讀書，希望在
新制下，學生會有較多的創意。

(3)目前在國外有大量學有專精、經驗豐富的學者、專家可回國參
與發展；這種優勢將於 5–10 年中喪失。由於家庭生活漸趨富

裕，以及國內有較多之機會，目前在國外求學的青年較少選擇久居國外，努力的情形也今非昔比，值得我們憂慮。

(4)因此臺灣應加速全球化，儘速溶入世界知識流動的體系，以掌握技術進步的來源。臺灣並應加速提升若干大學的學術水準，以擔當過去由國外大學所承擔的創造新知、培育菁英之大任。

二、新加坡競爭力委員會報告

我在啟程赴新加坡之前，先閱讀了新加坡競爭力委員會(Committee on Singapore's Competitiveness)的報告書❷。1996 年 11 月，吳作棟總理宣稱，政府會對今後 10 年新加坡在經濟方面的競爭力作一深入的檢討。於是新加坡競爭力委員會(CSC)乃於 1997 年 5 月成立，由商工部部長李玉全(Lee Yock Suam)擔任主任委員。CSC 在委員會之外，另有 5 個小組委員會與 18 個工作小組，並有政府部門與學術界的專家擔任諮詢工作。CSC 的工作，最初集中於對未來 10 年的探討，但 1997 年 7 月開始的區域性經濟危機，對新加坡經濟發生重大的影響，於是乃將因應之道，亦納入研究的範圍。報告中提出短期與長期的建議。不過區域性的危機終將過去，而亞洲亦必再起，因此目前最重要的工作，在於利用此一時機，強化各種優勢，壯大各種能力，使新加坡經濟在度過目前的區域性衰退後，以更堅強的實力，追求繼續的成長。

競爭力報告於 1998 年 10 月 29 日，由委員會函送吳作棟總理，吳

---

❷ Committee on Singapore's Competitiveness, Ministry of Trads and Industry, Republic of Singapore, November 1998.

總理於 11 月 6 日復函致謝，並稱將於 11 月 23 日國會下次集會時，提出政府對報告中各種建議之回應。新加坡政府效率高，反應快，實令人敬佩！以下對 CSC 報告中之摘要報告作簡單的介紹。

㈠短期因應區域性經濟危機之策略與措施

⑴新加坡經濟目前成長減緩，主要因為國外需求大幅降低，而非國內經濟出現問題；不過週邊情況之變動則使新加坡之競爭力為之惡化。持續性的成長，有待區域內各國經濟之復甦，以及世界需求之增加。由於新加坡之經濟規模小，且大量依賴出口，故刺激國內需求，難望發生效果，CSC 亦不建議以貶值作為提高競爭力之手段。

⑵CSC 建議以下六種策略

㈠減低企業成本以協助有活力之公司度過危機，並減少失業。

㈡確保經濟活動之體制有效運作。金融體系必須保持健全，企業必須有取得營運資金的管道。

㈢維持投資者信心。必須接受並面對經濟危機之嚴酷挑戰，但不宜過分悲觀，以致由於本身的態度與行動，引起不必要的嚴重萎縮。

㈣加速能力之培養與經濟之重組，以提升競爭力，並吸引投資。

㈤擴大與已開發國家之貿易，並尋求區域外之新市場，協助本地之公司分散市場。

㈥結合策略性企業夥伴，尋求區域內市場機會，以促進企業之復甦與成長。

⑶針對以上策略，CSC 提出多種具體之措施，包括降低工資成本

與減稅，加強本地企業之融資計畫，協助本地公司取得資金；
訓練技術人力，提升技藝水準，以及協助本地公司尋找與開闢
新市場……等。

㈡長期之世界趨勢

經濟之進一步自由化，持續之全球化以及快速之技術進步，將對
全世界之貿易與資本流動，生產型態以及金融市場，產生重大之影響。
基本上，世界將朝向知識型經濟轉移。這些全球性的趨勢，自將影響
新加坡應採取之競爭策略，以及進入二十一世紀後之生活方式。新加
坡應對這些趨勢善加利用。

㈢願景：建立一個有競爭力之知識型經濟

CSC 之願景，認為新加坡在未來 10 年中，應發展為一先進的、具
有全球競爭力的知識經濟(knowledge economy)，而以製造業與服務業
作為推動成長之雙引擎(twin engines)。此一知識經濟，其競爭力之基
礎在於吸收、處理與運用知識之能力與智力資本(capabilities and intel-
lectual capital)。新加坡應具有強大之技術能力，與活潑之企業家文化，
孕育創新、機敏與優良之企業意識。為了發展成一知識經濟，新加坡
應為一開放性都會型社會，可以吸引世界菁英，並與其他世界性知識
之集結點相聯結。新加坡的國民中，應有足夠的人數，為可以承擔風
險的企業家、創新者與市場操作專家(arbitrageurs)，這些人才與外來的
菁英相結合，使新加坡在資訊時代中力爭上游。

㈣達成上述願景之八項策略

⑴以製造業與服務業為推動成長之雙引擎，如此可避免過分依賴
　單一產業、部門或市場，建立廣闊之經濟根基。

(2)加強國際經濟部門，雖然區域性的經濟危機使涉入較深的公司受創，但國際部門對新加坡之成長與發展仍甚重要，唯應增添全球性層面，以分散市場，使某一地區經濟情況衰微時，仍可維持成長。

(3)建造世界級的公司。新加坡之經濟成長大量借重外國之多國籍公司(MNCs)，今後多國公司仍甚重要，但為能在世界市場上競爭，應以現有政府有關之公司為基礎，建立具有核心能力之世界級公司，使其在世界經濟中有效競爭。

(4)加強本土中小企業之根基，協助其升級，以充分發揮其潛力。

(5)人力與智力資本為競爭之主要優勢，故應加強繼續教育與訓練之體系，建立終身學習與終身可以受僱之機制，在各個層面上提升人力的技藝、創意與才華，以培養世界級的勞動力。此外並應加強對國外人才之引進。

(6)善為運用科學、技術與創新，以提升現有之工商企業，並轉向創新與技術內涵較高之活動。資訊科技為一關鍵性之科技，新加坡應發展為亞太地區資訊技術(IT)之世界中心。

(7)改善資源管理，增加供應，提高使用效率。資源之供給應按市場訂價，以合理分配與使用稀少之資源。新加坡必須更有效使用土地，並確保價格合理、基礎設施優良之土地供應不虞匱乏。水為一種戰略性之經濟資源，必須作更佳的管理。

(8)政府應繼續扮演積極的角色,提供良好之經濟政策與管理環境，以支持與便利私人部門之經營。

三、感　想

這次從東南亞各國開始的經濟危機,新加坡和臺灣同樣受到影響,而新加坡由於對外依賴性更大,與東南亞各國的經貿關係更深,因而受創的程度比臺灣更嚴重。但新加坡自始即認清本身經濟規模小,對國外經濟依賴深,不可能靠擴大內需促進成長;同時鄰近各國與世界經濟如果不復甦,新加坡經濟亦不可能有較大幅度的成長。新加坡亦不走貶值之途,以鄰為壑,致區域經濟更加混亂,而寧願降低工資成本與減稅以求恢復競爭力。新加坡將政策的重點放在基本面的改善,培育人才,加強研發,健全經濟體質,在未來的 10 年中,建立成一個具有世界性競爭力的知識經濟。

我們在臺灣常常稱道新加坡經濟的成就,新加坡不論競爭力或每人 GDP,在世界所有國家中都名列前茅。但我在新加坡前後 4 天的訪問中所聽到的,都是對臺灣研發成果豐碩、科技與企業人才濟濟的嚮往,而希望一問究竟。我們在臺灣常常把自己說成一無是處,走到國外才得到應有的肯定。我返國後,向工研院一位同事說:「到了新加坡才知道你們做得有多好!」不過我們不會真的以為自己多好,我們必須不斷努力,我們國家需要我們不斷努力,百尺竿頭,更進一步。

臺灣和新加坡一樣,是對外導向的經濟,當東亞經濟出現危機,世界經濟成長隨之緩慢時,臺灣經濟不可能不受到影響,5% 甚至 4.8%的成長率已是難能可貴的成就,何況我們在政治方面和社會方面又耗費很多資源。不過成長率降低,經營環境惡化,使一些原本存有若干問題的廠商和邊緣性金融機構爆發危機。其中若干可由政府施以援手,

苦撐以待經濟復甦，也有若干只是苟延殘喘，拖累整個經濟的調整與
成長。經濟成長並非 GDP 與每人 GDP 的直線上升，而是沿著一向上
的趨勢波動，衰退(recession)的作用，在於汰弱留強，保持生產力不斷
增加、經濟持續成長的活力。因此，即令在經濟衰退的時期，政府的
政策仍應重視供給面固本培元的工作；否則治絲益棼，徒亂人意。在
這方面，新加坡的作法應有很多可以參考的價值。

第十一章　臺灣科技產業的發展

一、臺灣經濟發展階段的回顧

在探討臺灣科技產業的發展以前，我想很簡單的回顧一下，臺灣經濟發展的階段。研究臺灣經濟發展的學者，大致都同意，臺灣在 1950年代屬於「進口代替」的階段。在這一段時期，臺灣藉著外匯與貿易管制的保護，在國內發展自己的產業。1958 年的「外匯與貿易改革」，貶低幣值，統一匯率，減少管制，將臺灣成功的導向「出口擴張」的階段，利用比較利益的優勢，發展勞動密集的產業，向世界市場進軍。自從 1960 年代初期以來，臺灣出口大幅增加，經濟快速成長，物價穩定，儲蓄率不斷提高，貿易從入超轉為出超，而且出超對 GNP 的比率呈上升的趨勢，終於導致新臺幣於 1973 年 2 月與 1978 年 7 月兩度升值。1979 年 2 月政府放棄固定匯率改採浮動匯率制度。❶

我在一篇舊作中，稱 1970 年代為「嘗試發展第二階段進口代替工業的階段」。❷ 在這一段時期政府大力發展資本密集的工業，具體的項

本章係作者在臺灣大學香港校會、香港工業總會、其士文教基金會主辦，「兩岸及香港科技產業發展交流會」（1998 年 6 月 17 日，香港）之主題演講。

❶ Chen Sun, "Recycling Trade Surpluses: Policy Options for Taipei, China," *Asian Development Review*, 1989, Vol. 7, No. 2.

目有大煉鋼廠、大造船廠以及石化工業從原料到中間產品等。當時流行的理論稱作第二階段或第二次進口代替。根據此一理論，當下游勞動密集的工業，例如紡織業和塑膠業，發展到相當程度，為中、上游資本密集的工業提供了足夠的市場，就可以進而發展此類工業，取代以往從國外的進口，認為如此可以「改善產業結構」，減少對外國的依賴，增加本國經濟的自主性。這種發展的方式也叫作「向後連鎖」(backward linkage)或「向後整合」(backward integration)。

然而這一理論完全忽略了「比較利益」的原則，如果一國對中、上游工業不具有比較利益，因此其生產成本較國際價格昂貴，而下游工業又依靠國際市場，則向後連鎖徒然造成下游工業的負擔，增加其競爭的困難。而且一旦下游產品外銷遭遇困難，或者最上游的原料如石油或鐵礦取得不易，整個系統都會受到連累，不僅不能減少對外國的依賴，反而增加對外國的依賴。1970 年代後期，石化下游產業出口遭遇困難。1981 年 10 月，政府採取上、中游產品按國際市場訂價的原則，下游產品的負擔減輕，對外競爭能力才得以恢復。若干在所謂第二階段進口代替政策下建立起來的產業，也順應市場的力量，作必要的改變。因此我稱這一時期為「嘗試」發展第二階段進口代替工業的階段。

二、科技產業的興起

1970 年代雖然是嘗試發展資本密集第二階段進口代替工業的時期，然而經濟成長的主要來源，仍然是勞動密集產業的出口擴張。儘

❷ 請參看本書第六章。

管 70 年代臺灣遭遇第一次石油危機的侵襲，一度發生嚴重的衰退，然而十年平均仍達到很高的成長率。事實上，1970-1979 年臺灣 GDP 的平均成長率為 10.0%，而 1960-1969 年的平均成長率為 9.4%。1979 以後，雖然出口繼續增加，出超繼續擴大，但 GDP 成長率降低。勞動密集工業的優勢漸趨耗竭，政府尋求產業發展的新方向。這個新方向後來發展為科技產業，不過當時科技或高科技產業還不是一個流行的名稱，一般所用的名稱是技術密集，有時也稱知識密集工業，嚴格說來並非同樣的概念，但都缺少準確的定義。

1981 年，行政院經濟建設委員會於設計新的經建計畫時，選定以下六個原則作為未來產業發展的方向。這六個原則是：⑴技術密集度高，⑵附加價值高，⑶能源密集度低，⑷污染程度低，⑸市場發展潛力大，以及⑹關聯效果大；簡稱二高、二低、二大。並根據這六個原則，選定資訊工業與機械工業為「策略性工業」加以推動發展。這六個原則中，從經濟成長的觀點看，最重要的是技術密集度高，技術密集度高就可以創造較高的附加價值。另一方面製造出來的產品當然要有競爭力才會有市場，而關聯效果大，則可以帶動國內較多產業的發展。

1982 年，經濟部工業局根據經建計畫提出來的標準，從機械工業與資訊電子工業中選出 151 項產品，作為優先發展的項目。其後經過 1984、1986 與 1988 年三次修正，增加材料工業與生物技術工業，共 214 項產品，其中機械工業有 98 項（占 46%），資訊電子有 87 項（占 41%）。策略性工業享有低利融資、五年免稅、加速折舊、研究發展投資抵減等獎勵，以及生產技術與經營管理方面之輔導❸。

　　不過，早在科技產業的發展成為國家政策以前，三位有遠見的政府首長，已經開始了在這方面的先驅工作，他們是孫運璿、徐賢修和李國鼎。

　　孫運璿　1973 年，當時的經濟部長孫運璿先生鑑於研究與發展工作對未來產業發展的重要，以及政府機關從事研發工作受到的限制，以部屬聯合工業研究所、礦業研究所與金屬工業研究所為基礎，通過立法，成立財團法人工業技術研究院，賦與提升產業技術、促進產業發展的任務。聯合工業研究所後改為化學工業研究所，礦業研究所改為能源與資源研究所，金屬工業研究所改機械工業研究所。

　　在過去 20 多年中，工研院創造了臺灣的半導體產業，帶領並支援臺灣資訊產業的發展，成為臺灣科技產業發展的重要技術來源，而工研院的規模也從開始之初的三個研究所與數百員工，發展到七個研究所、三個研究中心與六千餘員工，受到國際科技研發機構的重視。

　　徐賢修　1970 年代末期，當時擔任行政院國家科學委員會主任委員，後來任工研院董事長的徐賢修先生，看到美國科技產業的發展，蔚成美國新興產業的主流，以及這些新興的科技產業，往往集中在科技研發有成就的大學附近，以就近取得人才與科技，如加州的矽谷、麻州的波士頓與北卡羅萊納的三角區，同時又感於臺灣的經濟發展終需走上科技產業的道路，乃建議政府成立科學工業園區，吸引國內外人才，從事創新科技的投資。

　　他在 1979 年為爭取科學園區立法，在立法院的報告中，有下面一

---

❸　蕭峰雄，《我國產業政策與產業發展》，臺北，遠東經濟研究顧問社，1994，pp. 483–492。

段話：

> 反觀我國……，發展科技密集工業，無論就企業經驗、科技市
> 場、工程技術人才、冒險資金以及整套技術，準備均不夠充分。
> 但發展技術密集工業又是非做不可的挑戰，因此政府仿照許多
> 其他國家已經行之有效的作法，針對科技企業的特性，建立一
> 個人為的適宜發展的環境，加速科技工業引進、紮根、創新的
> 過程。❹

　　科學工業園區(Science-based Industrial Park)於 1980 年在新竹成立，現在名聞全球，已經成為臺灣科技產業的重鎮。科學園區設置在新竹，主要因為鄰近清華、交通兩所以理工學院著稱的大學與工業技術研究院。

　　李國鼎　1976 年，李國鼎先生自財政部長轉任行政院政務委員，奉命協調推動應用科技研究與發展工作，使他對臺灣經濟發展的貢獻，從過去的鼓勵儲蓄、獎勵投資、推行人口政策、出口退稅、設立加工出口區等，轉移到更根本的科技發展與高級科技人才的培育和延攬方面。他籌開全國科技會議，研訂科技發展方案，推廣資訊應用，發起成立財團法人資訊工業策進會，並協助高等教育學府增加教師名額，擴大研究所階層的人才培育。

　　回顧這幾位前輩的遠見和貢獻，我的內心充滿敬佩和感激。如果沒有他們的努力，臺灣科技產業的發展，當是另外一種不同的面貌。

---

❹　徐賢修，《懷信集》，臺北，傳記文說，1993, p. 18。

作為一個經濟學者，我對臺灣的經濟發展常會提出一些自己以為不錯的理論，然而如果缺少以上這些實實在在的活動，不過都是一些空言而已！

三、科技產業發展的成就

1980 年代就臺灣經濟發展的策略而言，是全面自由化的階段，而臺灣經濟的發展，可以說是一個漸進的自由化的過程。在 1970 年代末期到 1980 年代初期孫運璿擔任行政院長時， 孫先生一度希望選擇一適當地區，在臺灣建立一個自由貿易區，以備於 97 以後代替香港的地位。但苦於找不到理想的位置，乃決定逐步放鬆政府管制，使整個臺灣成為一自由化的經濟。1984 年 5 月俞國華繼孫運璿擔任行政院長，宣布他的經濟政策的原則為自由化、國際化與制度化。自由化與國際化從此為人所津津樂道，但制度化則較少有人提及。事實上制度化是指健全各種法令制度，讓市場可以有效運行。

1970 年代以來出超的持續擴大，已經使政府大量降低關稅，減少進口管制並在匯率方面採取浮動匯率制度。1980 年代中期以來累積出超引起短期資金大量流入，貨幣數量急速增加，股票與房地產價格飛漲，終於迫使政府迅速採取金融自由化，並減少國際收支資本帳的干預。另一方面，新臺幣也被迫於 80 年代後期大幅對美元升值，升值的幅度約為 50%。

新臺幣大幅升值，使臺灣用美元計算的工資與產品成本大幅提高，產業對外的競爭力降低，引起產業結構的調整。很多傳統勞動密集的產業轉移到中國大陸和東南亞各國， 成為這些地區在 80 年代後期和

90 年代初期外資的重要來源，對當地的經濟發展有一定程度的貢獻。留在國內的產業紛紛改進生產技術，提高生產力，以維持競爭力。新興的科技產業在此一時期也迅速發展。根據經濟部的統計，從 1986 年到 1996 年，製造業中勞動密集產業的產值所占的比率，從 40.4% 降至 26.4%，技術密集產業的產值從 24.0% 增至 37.5%，資本密集產業所占的比率大致不變。

　　自從 1970 年代後半以來即為政府重視和推動的資訊產業，包括電腦與週邊產品，發展最為迅速。其硬體產品的產值 1994 年約為 146 億美元，居於美國、日本和德國之後，為世界第 4 名。1995 年增至 196 億美元，超越德國而居世界第三。 1996 年成長 28% 達 251 億美元。1997 年估計為 302 億美元，成長率為 20.3%。這些產值大部分在臺灣生產，不過近年以來在臺灣生產的比例呈下降的趨勢，在外地生產的比例則增加。1997 年在臺灣生產的比率從 1995 年的 72%，逐年下降為 62.6%，而在大陸生產的比率，則從 1995 年的 14%，逐年增加為 22.5%。其他生產的地區尚有泰國和馬來西亞等。❺

　　積體電路為半導體之主要產品，臺灣在世界的排名，1995 年次於美國、日本、韓國居第 4 位。1996 年為法國超過，退居第 5。1997 年的產值達美金 76.5 億元，包括製造，53.6 億美元 (成長率 17.3%)，設計，11.5 億美元(45.3%)，封裝，11.4 億美元(24.6%)。其中值得重視的是知識密集的設計業， 1995 年與 1996 年分別只有 7.2 億與 7.9 億，1997 年大幅成長 45.3%，顯示臺灣在 IC 設計能力方面的提高。在製造方面， 自從 1994 年 10 月工研院電子所的次微米(Submicron)計畫完

---

❺　經濟部，ITIS, *Taiwan Industrial Outlook 1998*, Ch. 7, 1998。

成，技術能力到達 0.35 微米，成功的產製 8 吋晶圓，引發大量投資，臺灣的大廠也紛紛研發更先進的製造技術，以與世界最尖端的技術並駕齊驅。❻不久超過韓國，晉入世界第三應可預期。

臺灣的科技產業主要集中在新竹的科學園區。1997 年共有 245 家公司，僱用員工 6 萬 8 千餘人，銷貨總值美金 139 億元。其中大約半數為積體電路($6,960million)，其次為電腦及週邊產品($4,908m)，而成長最快的為光電產品，其產值雖然只有 9 億 7 千萬美元，但成長率達 52.1%。其他在園區內的產業尚有無線通信($945m)，精密機械($119m) 與生物技術($14m)。員工的教育結構，具有博士學位者有 839 人（占 1.2%），碩士學位者有 8,488 人（占 12.4%），歸國學人參與創立的公司有 97 家，在園區工作的歸國人數將近 3 千人。這些數字透露兩點重要的訊息，即高級人力與歸國的學者專家對臺灣科技發展的重要性，我會在下文作較詳細的分析。❼

四、科技產業發展的條件

看過了臺灣科技產業在過去十幾年中快速的發展，我們自然會產生一個問題：究竟那些條件促成了臺灣科技產業的迅速發展？雖然政府參加了一些創始的工作，也提供了一些鼓勵、獎勵和幫助，然而政府過分的熱心，有時可能正是失敗的原因，長期中經濟成長的主要來源，是技術不斷進步所導致的勞動生產力持續增加。如果生產力不增加，勞力增加所引起的成長，由於受到人口因素的影響，有一定的限

---

❻　經濟部，ITIS, *Taiwan Industrial Outlook 1998*, Ch. 2, 1998。

❼　國科會，科學工業園區管理局，《科學工業園區 1997》，新竹市，1998。

度；如果技術不進步，由於邊際報酬遞減法則的影響，增加資本所能引起的成長，有一定的限度。

認清了經濟成長的真實來源，以及政府干預效果的限制，正是政府自 1980 年代初期決定全面經濟自由化的主要原因。1980 年代以來臺灣經濟發展的策略，基本上是在自由化的環境下，尋求生產力的不斷提高。如果我們說 1980 年代以前臺灣經濟發展的特質是需求驅動(demand-driven)，則 1980 年代以來臺灣經濟發展所走的路線為供給驅動(supply-driven)。我在一篇舊作中曾經強調：在長期中，經濟成長乃是一種供給面的現象(supply side phenomenon)。❽

以下我列舉三項供給面的因素，助長了臺灣科技產業的發展，就是高等教育擴張，國外人才返國與工業技術研究院。當然我們也不能忘記政府，特別是經濟部、教育部和國家科學委員會，在供給面的政策所做的很多貢獻。

㈠高等教育擴張

臺灣教育發展的特點，1950 年代和 1960 年代為基礎教育普及的時期；1960 年代後期，國民教育從 6 年延長為 9 年。1970 年代為高中階段擴增技職對一般高中的比例從 4：6 到 7：3 的時期。1980 年代以來為高等教育特別是研究所階段迅速擴張的時期。1986 年，大學畢業的人數有 3 萬 8 千 6 百餘人，1996 年增加 83% 達 7 萬 7 百餘人。而研究生包括碩士和博士畢業的人數，從 3 千 9 百餘人增加到 1 萬 3 千

---

❽　Chen Sun, "The Role of Medium-Term Plans in Development," in Lawrence Krause and Kim Kimhwa, eds., *Liberalization in the Process of Economic Development*, Berkeley: University of California Press, 1991, pp. 143–169.

7 百餘人，增加了 246%，其中獲得博士的人數，1986 年只有 161 人，1996 年增加到 1,053 人。研究生當中，以科技領域人數最多。由於高等教育的迅速擴張，就業人口中受過高等教育，包括學士、碩士和博士的人數所占的比率，從 1986 年的 5.9% 提高到 1996 年的 9.5%，估計 2000 年與 2006 年將分別增加到 11.1% 與 13.2%。 ❾

㈡國外人才返國

過去臺灣高等教育學府畢業的學生，每年都有很高比率的人數，出國深造，他們所去的國家主要為美國，往往滯留不歸，引起所謂「人才外流」(brain drain)的憂慮。然而他們當中有很多在國外攻讀高等學位，然後在高等教育學府、研究機構或大公司就業，繼續從事研究工作，累積經驗，形成日愈雄厚的人力資本，為政府所重視而長期維持聯繫。隨了臺灣經濟的持續發展，國內外的所得差距日趨縮小，國內的機會日愈增加，近年返國的人數大量增加，為國內高等教育擴張與科技產業發展所需的高級人力增添了生力軍。

1980 年代(1980–1989)回國的學者、專家與新近完成學業的留學生共有 14,880 人，占同一時期國內所有高等教育學府研究所畢業出來的碩士和博士共 33,514 人的 44.4%。 1990–1995 年回國人數為 30,238 人，國內新獲碩士和博士的人數為 54,912 人，前者為後者的 55.1%。1993 年到 1995 年三年當中，每年返國的人數都有 6 千多人，其中獲有碩士學位的有 5 千餘人，獲有博士學位的有 1 千餘人。如果沒有這些留學國外的菁英返國服務，過去 10 年臺灣經濟不可能如此順利成功的轉向科技產業。

---

❾　行政院經濟建設委員會，《跨世紀人力發展計畫》，1997 年 3 月，p. 32。

　　而這些返國的人士，只是我們「儲存」在國外的大量人力資本的一部分。留在國外的學者、專家也可以而且有很多正在以不同的方式，對國內的研發工作提供協助。財團法人工業技術研究院，自 25 年前成立之初，就一直得到他們的幫助。

㈢工業技術研究院

　　1992–1997 年工研院新進碩、博士 3,023 人，其中博士 743 人，有 442 人(59.5%)自國外返國，碩士 2,280 人，有 480 人(21.1%)自國外返國。[10]

　　工研院共有 7 個研究所，3 個中心，幾乎涵蓋臺灣產業界所有重要科技領域。現有員工 5 千 9 百人，其中 786 人有博士學位，占 13%，2,228 人有碩士學位，占 38%。1997 年發明創新的案件有 328 件，獲得國內外專利 548 件，1998 年 5 月底累積專利件數已有 3,246 件。1998 會計年度（1997 年 7 月至 1998 年 6 月）移轉 340 項技術至 510 家次廠商，接受委託與合作開發案件 1,050 項，1,350 家次；舉辦成果展示會、技術研討會 957 場，提供講習與訓練 6 萬 9 千人次，並對 2 萬 8 千家次廠商提供 5 萬 1 千項次技術服務。

　　自從 1973 年成立以來，轉業至各界或升學的員工，到今年 4 月底止共有 12,156 人，其中 9,374 人(78%)到企業界服務，成為企業界特別是科技產業的高級主管或科技中堅，1,513 人(12%)到學術界服務。這是工研院對臺灣科技產業發展另一種形式的服務和貢獻。

---

[10]　Raykun Tan, "Status Report on the Study of National Innovation Systems in Taiwan," Workshop for OECD Project on National Innovation Systems in Catching-up Economies, Taipei, April 20–22, 1998.

五、科技進步與經濟發展

科技產業的迅速發展，使技術密集產業的產值在製造業中所占的比率，從 1986 年的 24% 增加到 1996 年的 37.5%，政府的經建計畫希望於 2000 年達 40%，2010 年達 50% 以上。正在努力對經濟先進國家迎頭趕上(catch-up)的發展中國家，都希望發展科技產業以提升競爭力，然而究竟什麼是科技產業？

余序江、許志義等在他們的合著中，引用科技人員／總員額以及研發支出／銷售額在一定標準以上，為高科技(high-tech)產業的定義。❶我自己對科技產業的定義則是：所應用的科技居於先進的地位且在繼續發展之中的產業。因為尚在不斷發展進步之中，因此有下面幾個特點，即(1)研發經費在營業額或總成本中占相當比率，(2)高學歷員工在總員額中占相當比率，(3)產品的生命週期短，不斷推舊出新。這樣的定義免不了有相當武斷的性質，因此，我並不特別強調科技產業和高科技產業之間的區別。

不過現代經濟成長的主要來源，既然是以科學為基礎的技術之不斷進步，則幾乎所有產業不僅都在不同程度上運用科技的成果，而且也可能由於研發投入成為上述定義的科技產業。臺灣的紡織業就是一個顯著的例子。

臺灣的紡織業一向被視為傳統產業，過去並被當作「夕陽工業」來看待。然而由於新技術的不斷引進，生產力不斷提高，1996 年出口

---

❶　余序江、許志義、陳澤義著，《科技管理導論：科技預測與規劃》，臺北，五南圖書出版公司，1998 年 3 月，pp. 2-6。

總值包括成衣仍然高達 156 億餘美元，雖然低於機械與電子產品而為第 3 位，但卻是臺灣賺取外匯最多的產業，每年減去進口紡織品之出口淨值都在 100 億美元以上。近年工研院化學工業研究所完成「超細纖維計畫」(micro fiber process project)，使纖維的細度從 0.2dpf 縮小到 0.15dpf 和 0.05dpf，約為頭髮的 1/30–1/60，提高了產品的品質，也增加了產品的用途，使價格提高 4–7 倍。另外一項聚酯纖維的「高速紡絲技術」(high speed spining project)，使紡絲的速度從每分鐘 3,500 公尺(m/min)提高到每分鐘 6,000–8,000 公尺，成本降低 50%，附加價值提高 20–40%。繼「高速紡絲」之後，另外一項技術上的重大突破是「快速聚合」(high efficiency Polymerization)觸媒技術，使生產力提高 15–20%。

　　去年 4 月哈佛大學教授波特(Michael Porter)在臺北的演講中，特別提到荷蘭的花卉業。花卉在一般人的心目中，應屬傳統的農業，然而先進科技的引入，使荷蘭的花卉業具備世界性競爭力，而成為重要的外匯與所得來源。因此，工研院的任務，不僅帶動科技產業的創立與發展，也不忽略協助傳統產業的升級。

　　經濟的持續成長，有賴教育水準的提升與研發投入的增加。臺灣過去在科技產業與一般產業發展方面的經驗，對其他正向先進經濟追趕中的國家，可能有若干參考的價值，對臺灣本身未來的發展，應也是很好的借鏡。

第十二章　能源、環境與科技

前　言

　　能源經濟學會今天在這裡舉行年會，理事會邀請我作專題演講，我覺得十分光榮。首先我要向國內的能源專家表達敬佩之意。記得六、七年前我擔任臺大校長的時期，每年夏天都擔心電力不足，對校園內的研究工作，可能造成的影響。然而這些年來，雖然核四的興建遭遇困難，但是國內能源供應無缺，繼續支持經濟成長與生活水準提升，並未成為國家發展的限制因素。這是很多專家辛勞、努力的結果！不過我必須向各位坦誠報告，1980 年代以來，我因工作變換，並未特別關注能源問題，手邊也無相關數據，因此只能作概念性的分析，班門弄斧，要請各位學者專家多賜指教。

一、能源的價格與供需

　　回顧過去大約四分之一世紀，世人對能源問題的主要關心，大致可分為兩個階段， 1970 年代和 80 年代初期是能源短缺所引起的高物價膨脹和低經濟成長，1980 年代下半以後是化石能源燃燒所造成的環境污染與破壞。

　　本章是 87 年 10 月 17 日在中華民國能源經濟學會年會之專題演講。

1972 年羅馬俱樂部出版《成長的極限》(*The Limits to Growth*)，認為工業生產按照一定速率成長，不久就會迫近自然資源的極限，使成長無以為繼。羅馬俱樂部的科學家們的憂慮，可說是十九世紀初期以來，英國古典經濟學家長期經濟停滯理論的現代版。英國古典學派的經濟學家，根據馬爾薩斯的人口論和李嘉圖的地租論，認為經濟成長終將趨於停滯，其時投資和儲蓄為零，資本停止累積，經濟停止成長，而生活水準則因人口增加而降低到所謂生存水準。

然而自從英國工業革命以來，二百多年中，世界經濟不但沒有停滯，反而持續成長，主要因為以現代科學為基礎，經由研發所引起的技術不斷進步，使生產力不斷提高，延緩了古典經濟學家所擔心的經濟停滯的到臨。蘇東坡有詩曰：「不識廬山真面目，只緣身在此山中」。古典學派的經濟學家，雖然處身於工業革命以後的快速經濟成長時代，但是並未體會到科學發達使應用於商品生產的技術進步取得了連續的性質，因而產生持續不斷的經濟成長。

1970 年代發生的兩次能源危機，使《成長的極限》所擔心的現象出現端倪。當時主流的看法，認為世界經濟從此進入高（物價）膨脹與低（經濟）成長的時期。然而也和「成長的極限」等機械式的理論一樣，忽略了價格變動和科技進步的影響。石油的價格上漲，一方面引起能源使用的節約，一方面引起使用效率的提高，另一方面也引起供應的增加和新能源的開發。因而在長期中，能源的供給增加，維持一定所得水準所需要的能源減少，使能源的價格下降。

我們回顧 1973 年第一次石油危機以來石油供需和價格的變動，大致表現了這樣的情勢。世界經濟經歷了短暫的遲滯，恢復持續的成

長，一般物價漸趨平穩，而石油的價格則自 1980 年代初期以來大致沒有上漲的壓力。兩次能源危機期間節約能源與提高能源效率的熱忱消退，研究油頁岩開發與煤炭液化的努力鬆弛，核能電廠的興建卻步，能源耗竭的關懷很少聽人提及，世界經濟恍如回到 1973 年第一次能源危機以前能源供應充裕的時代。1997 年末季以來，東亞金融危機引起世界經濟成長減緩，對能源的需要減少，使石油的價格下降。從 1997 年 10 月到 1998 年 3 月，石油價格下降超過 25%，IMF 的原油指標價格(indicator price)從每桶 20 美元下降到大約 14 美元❶，名目價格回降到第一次石油危機以後的水準，真實價格(real price)或相對價格(relative price)則幾乎回到第一次石油危機以前。

這些變化顯示個別商品的價格，如何影響人們經濟行為，從而影響這種商品的供需，而供需又如何回過頭來決定商品的價格。可惜當我們處身於一種所謂「危機」之中，往往為眼前的景象帶領，陷入簡化的機械式推理，忘記價格變化通過科技研發與經濟行為導致的整個經濟系統調整所產生最後結果。

目前我們又處於另外一種「危機」(crisis)即東亞金融危機之中，經濟學者以及金融界和企業界的專家，似乎忘記不久之前對東亞經濟成就的稱許，和未來發展的樂觀，而開始對東亞經濟發展的前途發生懷疑。我們怎能不感嘆，我們對自己終身研習的專業究竟有多少信心，又有多少真正的了解！

---

❶　根據國際貨幣基金 1998 年 5 月《世界經濟展望》(*World Economic Outlook, 1998 May*)，p. 126。

二、能源的外部效應與環境保護

1980 年代後期和 90 年代，能源供應短缺和價格高漲的憂懼被置於腦後，世人轉而關注能源使用所產生的污染問題。

污染在經濟學的分析中屬於外部性(externalities)的領域。外部性包括外部經濟(external economies)和外部不經濟(external diseconomies)。所謂外部經濟是指經濟活動所產生的某種利益或好處，為他人所分享，但並未要求其付出代價。例如一家有規模的書店開設，帶動了社區讀書求知的風氣，再如在庭院中栽植花木，使市容美化，空氣清新。所謂外部不經濟是指經濟活動所產生的某種不利或弊端，對他人造成損害或發生某種負面的影響，但並未加以補償。例如都市生活與工業生產所產生的廢棄物與排放的各種氣體，污染了河川、土地和空氣。由於外部性不在市場活動之中，也不受價格機制(price mechanism)的調節，因此就社會整體最佳供給而言，具有外部經濟的活動往往不足，而具有外部不經濟的活動往往過多。

經濟學中有所謂公共財(public goods)的概念，公共財的特性是消費或享用不具排他性，即張三的消費不能排斥李四的消費。例如公共擁有的山林或池塘，公有的林木總是被爭先砍伐淨盡，公有的池塘也總是被竭澤而漁。所以我國兩千多年前孟子就說：「數罟不入洿池，魚鱉不可勝食也；斧斤以時入山林，材木不可勝用也。」可說為公有山林和池塘提供了永續經營的原則。同樣道理，公有的河川、海洋、大地、森林和大氣，也沒有人像對待自己的財富一樣愛護、疼惜，千百年來，受到累積的剝削(exploitation)，而隨了科技的進步與生產力的增加，人

類的創造力和破壞力同步提高，已經到達令人怵然心驚的地步。畢竟
我們只有一個地球，而地球並非無限！

　　化石能源使用所產生的二氧化碳就是外部不經濟一個很好的例
子。自從兩百多年前英國工業革命以來，世界各國在西方科技與經濟
先進國家的帶領下，視包圍地球的大氣為無限，累積排放煤炭、石油、
天然氣等化石能源放出的二氧化碳。工業革命以前，大氣中二氧化碳
的含量大約為 286ppmv，目前約為 358ppmv，兩個世紀中增加了 78
ppmv；由於溫室效應使地球上的平均溫度升高，對環境有重大的影響。
1890 年至 1990 年，地球上的平均溫度上升 0.5℃，如果不及時加以節
制，2100 年將比 1990 年上升 2℃，屆時南北極冰山大量融化，將使海
平面上升 50 公分，許多接近海平面的地方將從地圖上消失。海平面若
上升一公尺，孟加拉國將流失兩千平方公里土地❷。臺灣很多地方由
於超抽地下水，地層下陷（這也是一種外部不經濟），每當颱風來臨，
淪為澤國，如不早作補救，將來若干地方難免和孟加拉同其命運。

　　大自然原有它自己相生相剋的機制。地球因為有大氣層環繞保護
又有水和空氣使生物出現，人類得以生存繁殖。人吸收氧氣，製造二
氧化碳，樹木吸收二氧化碳，放出氧氣。然而科技進步，經濟成長，
人口增加，使人類製造的二氧化碳快速增加，超越了自然機制所能調
節的限度，而森林正以每年 16 萬平方公里的速度消失。我們似乎正在
加速製造一個日愈不適合自己生存的環境，而最後趨於滅亡。也許這
正是宇宙萬物「修短隨化，終期於盡」的道理。不過也許我們不需要

❷　林志森，〈企業發展與國際環保趨勢〉，載於喜瑪拉雅基金會贊助，華宇企
　　管顧問公司出版，《臺灣企業永續發展的契機》，87 年 7 月。

如此悲觀，科技可以用於不利於環境的方向，應亦可在一定範圍內用於有利於環境的方向，至少應能緩和不利情況的發展，而經濟活動的外部不經濟應加節制。

1972 年聯合國「人類環境會議」(Conference on Human Environment)以我們只有一個地球為主題，發表「人類環境宣言」，主張各國有權開發所屬之資源，但不得損傷他國的環境。1984 年聯合國成立「世界環境與發展委員會」(The World Commission on Environment and Development)。1987 年在東京發表「東京宣言」，提出永續發展的理念，主張為了追求增進當代福祉而從事之發展，不得損傷未來世代可得享有的福祉。1992 年 2 月，聯合國「環境與發展會議」(Conference on Environment and Development)在巴西里約熱內盧舉行所謂「地球高峰會」(Earth Summit)，發表防止溫室效應之「氣候變化綱要公約」與保護生態之「生物多樣化公約」，將永續發展的理念化為具體的行動。同年 11 月聯合國成立「永續發展委員會」(Commission for Sustainable Development)以主導和推展全球持續發展的規劃❸。 1997 年 12 月，「氣候變化綱要公約」締約國在日本東京舉行第三屆會議，通過「京都議定書」，對於包括以二氧化碳為主的六種溫室效應氣體，制定分別以 1990 年與 1995 年為基準，2008 年至 2012 年為期程，各國程度不同之減量規定，不過溫室效應氣體縱然減量至 1990 與 1995 之標準，這些氣體在大氣中的含量仍將繼續增加。

---

❸　本段摘自註❷林志森之大作，敬申謝忱。

三、尋求清潔能源之永續供應

回顧 1970 年代兩次能源危機時期，節約能源曾經是國家的重要政策。然而從 1977 年到 1997 年，臺灣平均每人能源消費的數量從 1,248.6 公升油當量增加到 3,626.5 公升油當量，20 年間增加 190%；能源消費總量從 2,080 萬公秉油當量增加到了 7,825 萬公秉油當量，增加 276%。隨著能源消費的增加，以及初級能源中煤炭和石油所占比例的有增無減，二氧化碳的平均每人排放量從 1990 年的 5.54 公噸，增加到 1995 年的 7.63 公噸；總排放量從 112.69 百萬公噸增加到 162.50 百萬公噸。預計 2000 年將分別增加到 10 公噸與 223 百萬公噸。如果我們以 2000 年為基準，希望將 2020 年二氧化碳減量至 2000 年的水準，在生活型態方面、產業結構方面、科技發展方面、政策和法令方面都需要很大的努力❹。

目前臺灣甚至全世界需要解決的主要能源問題，在較短的時期中，為外部不經濟或污染的控制，在長期中則為再生(renewable)能源的利用，以逐漸代替污染性較高的化石能源與安全性可慮的核能。

如前所述，由於我們對能源外部成本未支付金錢代價，因此導致污染性能源的過度利用，其所發生的成本無法逃避，而是由人類全體與未來世世代代的子孫以環境惡化的形式負擔。節約能源與控制其外部不經濟的方法，在生活方面，如節能之「綠色建築」的推廣，空調與各種家電用電效率的提高；其實即令在目前之技術情形下亦有很大

❹ 本節數據根據許志義在今年 6 月中華經濟研究院主辦「因應京都議定書之能源與環境對策座談會」中之引言報告。

改進的空間。在交通方面，如大眾運輸系統代替個人交通工具，與電動汽、機車代替傳統車輛。在產業結構方面，藉調整產業結構以達到節省能源的目的，對個別國家為有效的做法，對整個世界則少幫助，因為如果某一能源密集的產業為世界所需要，則此一國家減少，另一國家增加，對世界全體而言並無改變。所有這些節約與外部不經濟的控制都和價格與科技有密切的關聯。唯有節省能源與保護環境的科技迅速進步，我們才能期待同時享有低廉、清潔的能源與持續不斷的成長。

在長期中，可以永續供應而無污染之虞的能源主要有水力、風力和太陽能。在目前的能源供給中，除水力外都不占重要的地位。理論上，全世界一年所需要的能源，只需要太陽 30 分鐘的照射就可提供❺。然而在技術上似乎尚有一段遙遠的距離。儘管在歷史上，人類最初使用木材，於林木依然繁茂之時，發現煤炭，不久又有更為方便的石油和天然氣出現，使能源的供應推陳出新，源源不絕。然而並不能由此推論，更好的能源總會及時出現，以維持世界經濟的永續發展。為了彌補此一缺口，現有能源的節約使用與污染控制，以及核能安全的確保與核廢料的妥善處理，仍然是必須努力的方向。

和其他天然資源一樣，能源供給是技術的函數。如技術不變，不久將趨於枯竭，我們希望關心世界永續發展的各國領袖，在訂定各種公約控制能源的外部不經濟之外，也要合作努力，從事能源與環境科技的研發，以提供更有效的方法。否則嚴格的要求，只有使經濟成長率降低，富有國家的低所得階層與貧窮國家的人民，生活得不到改善。

---

❺　日本通產省工業技術院，《新陽光計畫》，國科會科技資料中心編印，87 年 9 月，p. 4。

第三篇

教育的經濟功能與社會功能

第十三章　如何培育下世紀的建設人才

一、投資教育就是投資未來

第二次世界大戰之後，幾乎所有經濟落後的國家都致力於經濟發展的追求，臺灣和非常少數國家脫穎而出，在世界銀行的所得別分類中，已經列入高所得組；以純經濟的成就而言，應可成為已開發的國家。

臺灣經濟發展成功的因素很多，經濟學者有很多討論，但教育是最基本的因素。教育是人力資本的投資，人力資本經由教育投資而累積，不僅促進了經濟發展，也促進了政治和社會的進步。因此臺灣在經濟發展成功之後，又見到政治民主化和社會開放化、多元化的迅速進展。希望可以很快到達成熟穩定的階段。

討論教育對臺灣經濟發展的貢獻，往往忽略了民國 30 年代末期隨政府渡海東來的很多精英之士所扮演的角色。最先重視這個問題的經濟學者是故哈佛大學教授、諾貝爾獎得主顧志耐(Simon Kuznets)先生。他在談到光復初期臺灣人口的變動時，有下面的分析：

本章原載於許慶復主編，《地球村中的臺灣》，正中書局，民國 85 年。

當時日本人撤離，臺灣的人口大約有六百萬略多，增加這一大批文化與歷史背景相同，但社會及經濟經驗不同的人口，對於爾後經濟和社會的發展，是一項重要的因素。……我們對大陸人口中一小部分在技術上居於領導地位，以及後來負責經濟成長決策的人士，興趣尤為濃厚，不過我們對他們的背景和經驗，所知更為有限。❶

儘管我們對這批大陸來臺人士的社會和經濟特性，缺乏完整的知識。但是我們知道他們並非當時大陸人口的一個平均樣本，而是包含很多受過高深教育而且有豐富經驗的人士，使臺灣早期經濟發展，在人力條件方面，遠勝過當時一般經濟落後的國家。

根據戶籍統計，民國 35 年底，臺灣總人口中，受過高等教育者所占的比率只有百分之零點三一，民國 39 年底增加到百分之一點零；其中已畢業者所占的比率，從百分之零點二五增加到百分之零點八三。

眾多自大陸來臺的高級知識分子，分據社會上的重要職位，使其後從本土高等教育學府畢業的青年，在工業發展尚在萌芽階段且以勞力密集的中小企業為主的國內經濟，不容易找到理想的工作，紛紛出國深造，引起所謂人才外流的憂懼。然而這些當年背井離鄉、負笈異域的留學生，在國外增益知識、累積經驗，在民國 70 年代後期和 80 年代，臺灣經濟力求升級，走向高科技和技術密集的產業時，大量返

---

❶ Simon Kuznets, "Growth sud Structural Shifts," in Walter Galenson, ed., *Economic Growth and Structural Change in Taiwan*, Ithaca, Cornell University Press, 1979, p. 28.

國，成為經濟發展的生力軍。這些都是始料未及的發展。

民國 82 年 9 月，行政院成立教育改革審議委員會，由中央研究院院長、諾貝爾獎得主李遠哲先生擔任召集人，為期兩年，檢討當前教育的缺失，建議改革的做法，希望為二十一世紀我國教育的發展，設計出理想的藍圖，使未來整個國家的發展有堅實的基礎和充足的動力。正如教改會在〈塑建教育共同願景〉一文中所說的：「投資教育就是投資未來。」

二、臺灣教育發展的幾個特點

過去臺灣的教育發展是經濟建設計畫中人力規劃的一部分，教育被當作經濟發展的手段，應與經濟發展的需要相一致。這種思想背後的一個原則是，在資金不足的情形下，為了達到最大可能的經濟成長率，應以最少必要的資金，分配於社會之一般設施投資和教育，因而使生產性的投資可以達到最大。

觀察過去臺灣在教育方面的投資，可以發現有下面幾個特點，與上述的原則大致符合：

第一，教育發展採取漸進的方式，以配合經濟發展所需的技術進步和產業結構改善。臺灣初期以發展勞動密集的產業為主，這種產業所需要的資本／勞動比率低、技術水準低，工人的教育程度亦低。隨著經濟的成長，工資率上升，資本的供應增加，逐漸發展資本密集和技術密集的產業，技術水準升高，工人所需具備的教育水準也隨之提高。臺灣最初實施六年國民教育，及齡學童必須接受六年小學教育。民國 57 年秋開始實施九年國民教育，以配合經濟發展的需要，並緩和

升學競爭的壓力。目前國中畢業生升高中、高職或五專的升學率已接近百分之九十，政府早已有將國民教育從九年延長至十二年之議，但由於種種原因迄未能實施，甚至延長至十年也有若干困難和限制。

第二，高中階段的教育重視職業教育，以便提供產業發展所需的技術人力。在民國 59–60 學年以前，初中階段和高中階段都設有職業學校。57 年國民教育從六年延長為九年後，初級職業學校逐漸停辦，政府規劃將普通高中和高級職業學校學生人數之比例，從過去的六比四改變為三比七，一方面配合經濟發展對技術人力的需要，一方面也減少了大學升學競爭的壓力。目前高中和高職學生人數之比已達三二點八比六七點二，若將五專前三年當作高職計算，則高中學生人數的比例已降至百分之三十以下，約為百分之二十八點五❷。

第三，高等教育的數量和科系參考經濟發展的需要決定。決定的程序大致是先由負責經濟建設計畫的單位，也就是早期的行政院國際經濟合作發展委員會，後來改組為經濟設計委員會，再改組為經濟建設委員會，根據經建計畫中經濟成長及產業結構的目標，估計對各級教育及各種專長人力的需要，送給教育部，參考這些估計的數字，決定各級學校及各類系科招生的人數。這種做法的優點在於節省資源與避免教育性失業，缺點則是忽略了教育不僅是一種手段也是一種目的，不僅是一種投資也是一種消費。致使教育當中作為目的本身或消費的部分供應不足，人文和藝術教育未能得到適當的發展，於是文化之中充滿物質和功利的色彩，但缺乏精神和理想的內涵。同時隨著經濟的富有，社會對高等教育的需要不斷增加，升學競爭的壓力也日愈嚴重。

---

❷ 根據教育部八十四學年度主要教育統計指標資料計算。

　　近年教育發展日漸脫離人力規劃的影響，由教育當局主導。高等教育學府的數目迅速增加，大學從七十四學年度的十六所，增加至八十四學年度的二十四所；獨立學院從十二所增加至三十六所，專科學校從七十七所略減至七十四所。同一時期，大學包括獨立學院在內學生的人數，從不到十八萬增加至三十一萬餘，增加了百分之七十五，而研究所教育的發展與研究生人數的增加尤為迅速❸。

三、二十一世紀的一些重要發展

　　我們即將進入二十一世紀。二十一世紀有幾個重要的發展，勢將對臺灣教育的制度和內容發生重大的影響。

　　第一，二十一世紀是世界走向全球化(globalization)的時代；而世界的全球化有幾個主要的原因：

　　⑴由於貿易的自由化(Trade liberalization)，　使商品可以更方便的超越國界，自由流動。

　　⑵由於跨國公司(Transnational corporation)的發展，跨越國界，以最適當的技術，在最適當的地方，用最有利的生產因素組合，追求公司最大的利益。這種利益不一定是利潤最大，可能是擴大或占據市場，也可能是擴大影響力。

　　⑶由於資訊科技的發展，使經營者可於瞬間取得世界各地的資訊，無遠弗屆。真可以說「運籌於帷幄之中，決勝於千里之外。」

　　全球化促進了商品和生產因素的自由流動。使商品的效用(utility)和生產的效率(efficiency)提高，因而使經濟成長率增加，也使個別國家

❸　教育部民國八十五年中華民國教育統計。

甚至個人融入全球化的體系之中。

第二，二十一世紀是亞太經濟興起的時代，特別是東亞地區。在過去四十年中，不論按國內生產毛額(GDP)計算，或按平均每人 GDP計算，東亞都是全世界經濟成長最快速的地區。東亞經濟的成長分為三波：

⑴第一波是日本。日本的平均每人國民生產毛額(GNP)於 1963 年趕上當時「經濟合作暨發展組織」(OECD)中所得最低的義大利，於翌年(1964)成為 OECD 的會員國。目前日本的平均每人所得在全世界名列前茅；其經濟規模在世界排名第二，僅次於美國。

⑵第二波是亞洲四小龍或四小虎，就是我們中華民國、南韓、香港和新加坡。已故的未來學家赫曼‧康(Hermen Kahn)曾經說：世界經濟發展史上有兩個半英雄，兩個英雄是臺灣和南韓，半個是日本❹。因為美國從 1776 年獨立到 1976 年，兩百年經濟發展所到達的水準，日本自明治維新後一百年即達到，而臺灣和南韓只需要五十年。香港和新加坡的每人所得猶高於臺灣。目前臺灣、香港和新加坡在世界銀行的分類中，都被列入高所得組，南韓則尚在中高所得組。

⑶第三波是東協(ASEAN)中之四國——泰國、馬來西亞、印尼、菲律賓和中國大陸，除菲律賓外，近年是東亞經濟成長最快的國家，也是接受外資最多的國家。外資流入多，助長了這些國家的經濟成長。從大約 1990 年到 1994 年，中國大陸、南韓、

---

❹　Herman Kahn, *World Economic Development*, Boulder, Westview Press, 1979, Ch. 6.

泰國、馬來西亞、印尼和菲律賓，平均每年民間資本流入為四七九億美元，占這些國家 GNP 的百分之四點三。這些外資當中，有百分之五十七流到中國大陸。

根據美國《華爾街日報》最近的報導，接受調查的美國廠商，和五年前比較，百分之七十可能擴大在海外的據點，百分之二十六大致不變，百分之四可能縮小。這些廠商目前的海外據點，百分之二十四在亞洲，百分之四十五在歐洲；而將來會有百分之四十四在亞洲，百分之二十三在歐洲。

快速的成長使亞太地區的經濟規模擴大，在二十一世紀，將與北美和西歐，在世界經濟中鼎足而立。

第三，二十一世紀是臺灣成為已開發國家、在亞太地區扮演「營運中心」(Operations center)角色的時代。諾貝爾經濟學獎得主、賓州大學的克萊恩(Lawhence Klein)教授早就指出，臺灣將於西元 2000 年抵達區分發展中(developing)與已開發(developed)地位的界線❺。在前文所說的東亞各國所獲的外資中，臺灣的投資占重要的地位。截至 1995 年 6 月底止，臺灣對大陸的投資達二百四十多億美元，對東協六國（包括原來的五國加越南）的投資也將近二百四十億美元；以上都是根據接受國所發表的核准數。對大陸和東南亞各國的大量投資，改變了臺灣對外貿易的地區結構，和國內的產業結構。對美國的出口從過去占出口總額的將近百分之五十，降為去年的百分之二十三點六；而對香港、大陸和東協六國的出口，則從過去的微不足道，分別增加

---

❺ Lawrence Lau, ed., *Models of Development*, San Francisco, Institute for Contemporary Studies, 1986, pp. xii–xiii.

到百分之二十三點四和百分之十三點四。國內製造業中，從 1986 年到
1995 年，勞動密集的傳統產業所占的百分比，從百分之四十降為百分
之二十六點八，技術密集的產業則從百分之二十四增至百分之三十五
點五，資本密集的產業從百分之三十六增至百分之三十七點七 ❻。臺
灣正努力進一步自由化和國際化，希望發展成為亞洲與太平洋地區的
營運中心，使國內外的廠商，願意以臺灣為基地，發展對亞太地區甚
至全世界的投資與貿易。

四、我們在教育制度上需要的變革

高所得是高生產力的結果，而高生產力反映較高的平均教育水準。
世界上富有的國家，其人民受高等教育的百分比較高，一方面是因為
人民的教育水準高，因而產生了較高的所得，另一方面也是因為所得
高，所以有較多的人口追求較高的教育。

臺灣教育上的一個困境，是隨著經濟的富有，愈來愈多家庭的子
女，追求更高一級的教育，然而過去從經濟發展的觀點，根據人力規
劃所決定的教育數量，無法提供充足的供給，以滿足學生的需要，因
而形成激烈的升學競爭。不但使幾乎所有在學的青少年，在進入國中
之後，為了準備升學而過著緊張的生活，影響他們的快樂成長，也使
一般有子女準備升學的家庭，感受沉重的壓力。

近年由於高等教育的迅速擴張，高中畢業生的升學率逐年增加；
民國七十四學年度只有百分之四十點一九，八十四學年度增加為百分
之五十三點零一。相對於高中應屆畢業生，所有高等教育學府可以提

---

❻　參看本書第三章。

供的機會，稱為就學機會率，七十四學年度為百分之八十點三二，八十四學年度增加為百分之九十五點八六，幾乎每一應屆畢業生有一個機會。然而卻因為重考生以及高級職業學校畢業生的參與競爭而大量喪失。

由於下面兩個原因，高中升大學競爭激烈的情形，實際上遠比以上數字所表現的嚴重。第一，高中畢業生可以投考的學校，包括大學、獨立學院和三年專科學校，而大學又有公立和私立之分，縱然同為公立大學，品質上也未必盡同，學生爭相進入理想中的大學，致使競爭更為激烈。第二，高級中學階段一般高中和高級職業學校三比七之分，大為限制了參與大學升學考試的人數。

為了緩和高中升大學的激烈競爭，同時並配合國家發展的需要，教育改革審議委員會高等教育組的委員們有以下的共識：

1. 高等教育的數量應繼續增加。

2. 高等教育應多樣化，包括：

  (1)教學與研究並重的研究大學；

  (2)以教學為主的一般大學；

  (3)以專業技術教育為主的技術學院，將來可發展為側重務實教育的多元技術大學；

  (4)以職業技藝之教育訓練及一般知識教學為主的社區學院；

  (5)專科學校，目前之專科學校可繼續維持現有之功能，或調整發展為技術學院或社區學院；

  (6)空中大學或開放大學。

3. 增加對私立大學院校的補助，以減少公私立院校學費的差距，並

　　提升私立院校教育的品質。

4.改革考試制度，逐步走向各校自主選擇學生之方向。

5.入學制度應有更大的彈性，使希望求學的人，在人生的任何階段，
　都有方便的機會，進入適當的學校。

　　儘管追求高等教育的願望強烈，但是縱然是已開發的國家，也沒
有必要使其國民都接受高深的教育。何況人的性向和愛好不同，素質
也不同，並不是都願意念大學，或者都適合念大學。而且人生的價值
和成就，也不是經過大學方能取得。以上的設計，一方面增加高等教
育供給的數量，一方面增加選擇的機會，減少品質上和成本上的差異，
希望不但可以緩和升學競爭的壓力，而且可以使青年學子各得其所，
國家也得到發展所需的人才。

　　高中和高職的分流，原來是為了配合經濟發展的需要，為產業界
提供基層的技術人力，同時也發揮了緩和升大學競爭的作用。高職畢
業生升學的道路狹窄，考大學又因其在校所學係為就業而非升學，因
此在考試競爭中，居於不利的地位。過早的分流，使他們當中的多數，
失去了繼續深造的機會，因此也在相當程度上限制了他們發展的前途，
對他們來說是一種不公。高職以私立較多，國中後進入高職的學生，
又以家庭經濟較為清寒者居多；清寒家庭的子女，負擔較多的費用，
進入發展機會受到限制的學校，以致未來改善家庭經濟的機會偏低，
如此惡性循環，形成另外一種不公。教改會討論到這個問題，主張逐
漸提高一般高中的比例，將若干高職或高中調整為綜合性高中，在一
般性課程之外，也提供技藝性的課程，以糾正這種情形。

　　這種建議的轉變，已經引起產業界和人力規劃專家的關切，擔心

因而會引起基層技術人力的流失。然而從較長期的觀點看，在校時專注於一般科目如數理語文教育的高中生，比起在校時接受特定技藝教育而在一般課程方面不免忽略的高職生，可能更能適應技術的變化與產業的調整。不論高職生或高中生，在實際從事操作前，都需要經過一段時間的訓練。短期間，高職生較能迅速進入情況；長期間，高中生可能有較大的潛力。縱令從產業的觀點看，高職生有較多的優勢，然而公義的社會必須考慮所有分子的福利，而為他們安排公平選擇的機會。社會靠它的「誘因制度」(incentive system)引導人力的分配，金錢、名望、地位、社會評價都是重要的誘因。如果有一天，臺灣科技、經濟、政治、社會、文化的發展，使基層技術職位受到較大的肯定，自然會有較多的國中畢業生，選擇接受職業教育的道路。

　　臺灣過去的經驗，國中是青少年發展的一個關鍵性的階段。經過這個階段，固然有很多人順利考上理想的高中和大學，升學、深造，在社會階梯上，循序直上。然而也有很多人遭受挫折，放棄希望和努力，甚至吸毒、叛逆，不接受社會，也不為社會所接受，成為家庭的痛苦、社會的負擔。一個重要的原因是現在的教育制度，使用同樣的教材，採用同樣的方法，根據同樣的進度，來教來自不同家庭環境和生活背景、學習的能力不同、性向和態度也不同的學生，而且用同樣的標準來期許他們和衡量他們。在激烈的升學競爭的壓力下，不能達到期許標準的學生，往往被忽略、被放棄、被分發至「後段班」或「放牛班」，甚至成為老師和成績優秀的學生心目中的壞孩子。在一切以分數和升學為主的社會中，分數成為區分好學生和壞學生的標準。

　　這樣的制度，為社會製造了多少「問題」青少年，也可能辜負了

多少潛在的可造之材，因此教改會的召集人李遠哲先生大聲疾呼「將所有的學生帶上來」。

教改會建議的方法❼，一個是實行小班制，讓老師有能力和時間注意和照顧到班上所有的學生，給予他們個別必要的輔導；一個是課程改革。在課程改革方面，教改會的構想是將課程大致分成兩類，即知識類和工具類。知識類的課程包括自然、歷史、地理等，教學的方法應以引起興趣為主，用不著花時間去背誦和記憶；相關的資料，需要時，可以從書本或圖書館查到。工具類的課程包括語文、數學等，必須按部就班學習。這類課程的教學可按能力分組，分成不同的等級，讓學生循序漸進，也不必所有學生都必須到達同一等級。

不過，不是採取小班制和這樣安排課程和教學的方法，就可以解決所有青少年問題。形成青少年問題、青少年犯罪的主觀、客觀、個人、家庭和社會的因素很多，複雜的問題不宜求簡化的解決。

五、培育建設人才應提升全民素質

二十一世紀國家建設的人才，不應是培育少數菁英之士，而應是全民素質的提升，在以下重新設計的教育體系中。

國民教育：採小班制，課程分成知識類與工具類，各有不同要求的
　　　　　標準，「把每個孩子帶上去」，一個也不放棄；

高級中學：取消強制分流，逐步降低高職的比例，增加一般高中，
　　　　　增設綜合高中，在一般課程之外，並提供技藝性的課程；

高等教育：數量增加，種類多樣化，改變聯招制度，各校自主招生，

---

❼　李遠哲，〈新世紀的教育方向〉，教改會，85 年 6 月 30 日。

使學校可以選擇學生，學生也可以選擇學校。

在這樣的教育體系中，我們希望可以破除升學主義，使學生為興趣和學問而讀書，不再為升學而讀書。我們希望藉此培育獨立思考、孜孜不倦的學問家、科學家、各種專業人才，為我們的社會累積豐富的知識存量，產生連續不斷的技術進步。我們也希望培育高瞻遠矚、勇於創新的企業家，認真負責、精於管理的經理人才，敬業樂群的一般員工，有效運用技術進步，不斷提高生產力，以促進經濟的持續成長。

在臺灣走向全球化的二十一世紀，我們將面臨前所未有的機會，也必須面臨前所未有的競爭和挑戰，因此以下的能力和態度乃特別重要。

㈠在能力方面

1. 運用外國語文的能力：語文是一種溝通的工具，在二十一世紀全球化的時代，有效運用外國語文的能力十分重要，將來臺灣扮演亞太營運中心的角色，外國語文更顯得重要。然而我們在這方面的教育並不十分成功，必須加強。如能在英語之外，並具有第二外國語文的能力，更為可貴。

2. 運用電腦和資訊的能力：二十一世紀是一個資訊化的時代，具有運用電腦和資訊的能力，才能「秀才不出門，便知天下事」，「料敵致勝」。

㈡在態度方面

1. 尊重他人的態度：「尊榮以前，必有謙卑。」我們要尊重別人，才能得到別人的尊重。真正的民主建立在人與人之間的互相尊重之

上。人人都能尊重他人也是建立一個平等社會的基礎。

2.寬容異己的態度：全球化使我們接觸各種不同文化、不同觀念、不同習俗、不同價值和意見的人，寬容使我們和諧相處。寬容也使我們從包涵中欣賞、學習與成長。

3.認真負責的態度：凡事認真，以負責任的態度用心去做，可以確保品質，贏得信賴。認真就是古人所說的「敬」字。日本人做事頗得到「敬」字的精義，我們中國人反而態度馬虎，必須力求戒除，在科技上和工業上才能有領先的成就。

4.為人著想的態度：為人著想就是古人所說的「恕」字，「己所不欲，毋施於人」，是我們社會當前最缺乏的精神。追求自己的利益，不顧別人的利益，甚至犧牲別人的利益，是目前流行在臺灣最大的病態，不僅破壞社會的和諧和安定，也阻礙社會和經濟的進步。

5.終身學習的態度：科技日新月異，知識不斷進步，正規的學校教育只是奠立我們學問的基礎，培養我們求學的能力。我們離開學校之後即使不斷學習，尚不一定能趕上時代的腳步；停止學習就是落伍，也就是失敗的開始。

以上所說的態度，不是知識，而是行為。我國自古智育和德育並重，而且德育比智育更重要。孔子說：「君子入則孝，出則弟，謹而信，汎愛眾而親仁，行有餘力則以學文。」做人比知識更重要。現在的學校教育雖然標榜「德、智、體、群、美」五育並重，但是我們都知道，實際上，在升學主義的籠罩下，只有智育獨尊。道德只當作知識來講授，而不是當作行為來實踐。這種現象，除了學校的因素，當然還有社會的原因，也不是一朝一夕發展的結果。在新的教育體系下，我們

應將這些品德，經由課程和種種活動，隨著青少年成長的過程，內化
於他們的人格之中。不過，成功的機會當然還需要有利的社會條件配
合，並非單獨教育的責任。

第十四章　臺灣跨世紀教育發展的願景

一、前　言

過去四十多年中，臺灣以快速的經濟成長創造了舉世聞名的經濟奇蹟，形成所謂「臺灣經驗」，被視為發展中國家在經濟發展方面的典範。1980 年代後期以來，產業結構順利轉型，高科技產業逐漸成為製造業的主流。目前資訊硬體的產值居世界第三位，半導體產值占第四位，令各國產業界刮目相看。1997 年 7 月從泰國開始的金融風暴，迅速席捲東亞各國，並向全世界蔓延，臺灣在東亞所有開放經濟中，幾乎是唯一受到影響輕微的國家，引起全世界的注意。在政治發展方面，迅速的民主化，一度導致社會失序，但很快恢復穩定。1998 年 12 月立法委員、臺北與高雄兩市市長與市議員，「三合一」選舉，選民所表現的冷靜、理性，顯示臺灣在政治民主方面正邁向成熟階段。

在這些經濟和政治方面輝煌的成就背後，教育發展成功，為國家建設的各個階段，培育了所需的人力，應是最主要的原因。不過臺灣教育發展的成功，也隱含了若干問題，而這些問題隨了經濟的富有日趨嚴重，如不加以解決，勢將對未來發展產生負面的影響。在二十一

本章係民國 88 年為連戰先生競選總統所提供的教育報告。

世紀即將到臨的前夕，臺灣的教育應如何改革，以促進國家的繼續發展。使臺灣在新世紀之初，進入已開發的境界，需要我們共同的努力。

二、臺灣教育發展的成就

臺灣教育發展的成就，可分以下四點來說明。

1. 教育是現代國家建設的基礎。臺灣的教育發展 1950 年代和 60 年代強調國民教育的普及。6 歲到 11 歲學齡兒童的就學率 1950 年代初期不到 90%，1960 年代末期接近 98%，1968 年政府將國民教育從 6 年延長為 9 年，包括國小教育 6 年和國（初）中教育 3 年。1960 年代和 1970 年代初期，正是臺灣發展勞動密集產業，進軍國際市場，經濟快速成長的時期，國民教育的普及與延長，為經濟發展提供了供應充沛而素質優良的人力。國民教育延長，也緩和了國小階段升學競爭的壓力，使學童得以健康快樂的成長。

2. 1970 年代強調高中階段職業與技術教育的發展，將一般高中和高職學生人數的比例從過去大約 6：4 逐步調整為 3：7，一方面供應產業技術水準提升所需要的技術人力，另一方面將人力經由高職導入就業市場，減少一般高中畢業競相擠入高等教育學府窄門的人數，同一時期，高等教育的擴充，也以增設經濟發展所需要的科技系科為主。

3. 1980 年代以來，經濟結構轉向科技產業的發展，高等教育迅速擴張，特別是研究所階段與應用科技的學科，以配合產業升級的需要。1980-1981 學年，臺灣所有高等教育學府碩士班學生只有 5 千 6 百餘人，博士班 6 百餘人，1996-1997 學年，前者增加至 3 萬 5

千餘人，後者增加至 9 千 3 百餘人。

4. 儘管國內高等教育迅速擴張，但在數量上和素質上仍不足以配合科技產業的蓬勃發展。然而在國外深造或工作的留學生大量返國，適時提供了高科技發展所需要的高級人力。1980 年代返國的人數將近 1 萬 5 千人，1990–1995 年超過 3 萬人，分別占同期國內高等教育學府畢業獲碩士或博士人數的大約 45% 和 55%。他們當中有很多學有專精，經驗豐富，以往在國外，主要在美國，久滯不歸，引起所謂「人才外流」(brain drain)的憂慮，如今成為國家經濟發展的重要資源。

教育發達，人民的教育水準高，也是近年政治民主化成功的重要因素。

三、臺灣教育發展的問題

臺灣教育發展的一個重要原則，是配合國家建設，特別是經濟建設，培育所需的人才，直到晚近才逐漸重視國民本身對高等教育的需要。此一原則的優點在於將經濟發展初期稀少的資源，集中於生產性的投資，促成經濟的快速成長，增加所得與可用的資源。缺點則在於限制了國民對教育的追求，忽略了對教育的追求，也是人民的一項重要權利。臺灣教育發展所衍生的問題可分以下四點來說明。

1. 高中進入大學與國中進入高中的升學競爭激烈，誤導了教育的內容與方式，致使國中與高中只重視智育，忽略了德、群、體、美育的發展，而在智育中又只重視與升學考試有關的知識。由於大學和高中都採取聯合招生、統一考試的方式，為了閱卷的方便與

公平，命題趨於簡化，答案則趨於標準化。考試的方式帶領教學的內容，使學生消耗精神於機械式的記誦，以致減低了想像力、創造力與學習的興趣。

2. 中等學校的聲譽，幾乎完全取決於考入下一級學校的升學率，因此無不為升學考試而準備，補習、複習，沉重的作業，反覆的考試使學生日夜辛勞，損傷健康。在課業上表現不如人意的學生，往往遭到忽視或輕視，甚至為師長和家長所放棄，不僅影響青少年人格的發展，而且形成潛在的社會問題。

3. 高中與高職的分流，雖然減少了參加大學聯招的人數，因而緩和了高中升大學的競爭壓力，卻使國中升高中的競爭更為激烈。此外過早的分流教育，限制了青少年的發展；高中與高職 3：7 的比例迫使大多數青年在其人生的開端即居於不利的地位，以致在以後各種發展機會的競逐中，需要更多努力，也會遭遇更多的困難。

4. 城鄉以及公私立學校之間教育資源分配的不均，造成升學機會的差異，因此也造成人生機會的差異。這對很多從開始即因教育資源分配不均而處於競爭劣勢的少年是何等的不公！

四、教育改革的目標

民國 82 年，政府成立教育改革審議委員會，由中央研究院院長李遠哲先生擔任召集人，經過兩年密集的研議完成諮議報告書，提出改革建議。這次教育改革的主要意義在於將教育作為一種手段，轉變為一種目的。教育作為一種手段，其目的在於促進國家建設，特別是經濟發展。教育作為一種目的，則其本身即為每個人追求的目標。如果

說這種目的只是一種中間目的(intermediate end)， 另有其終極的目的(ultimate end)，則其終極的目的，在於幫助人在人格、知識、智慧上不斷成長。換言之，教育工作是以人為本，而不是把人當作達成另一目標的工具來發展。這次教育改革提出了以下幾個重要的目標。

⑴高等教育的擴充與多樣化，以滿足人民追求高等教育的願望，也滿足社會發展對高級人力與多元才華的需要。高等教育的發展遲緩，提供的名額不足，引起強烈的競爭，以致必須以聯考的方式招生，成為臺灣一切重大教育問題的一個主要來源。隨了經濟成長，所得增加，對教育的需求增加，乃是自然的趨勢，也是現代國家人民應有的權利，政府不宜設限，反而應建立制度，方便人民的選擇。

⑵廢除高中與高職的分流，以暢通升入高等教育學府的管道，並緩和國中升高中的激烈競爭。高中與高職的比例，隨就業市場與就學市場的需要自由調整，使學生有更多自由選擇與發展的機會。

⑶廢除大學聯招與高中聯招，採取多元化入學方式，使學校甚至院系可以自主選擇所需的學生，學生可以量力選擇適合自己發展的學校和科系。教育部捐資成立的財團法人大學入學考試中心經過多年探討和研究，應已累積了豐富的經驗，作好充分的準備，以配合新入學制度的實施。國中升高中階段可以採同樣的方式。

⑷從擴大升學機會與改革入學方式著手，引導教學正常化，消滅惡性補習，促成快樂學習，發展五育並重的全人教育。所謂全

人教育是使個人從「生物人」或「自然人」發展為「社會人」或「理想人」的教育過程。全人教育包括知識的汲取，技能的學習，情意的發展與人格的養成，其宗旨在於使個人的「德、智、體、群、美」五育能夠得到均衡與充分的發展。

(5)國民教育實施小班教學，「把每個孩子帶上來」。「把每個孩子帶上來」是教育改革審議委員會召集人李遠哲先生在研議教改工作期間的名言，也是改革的一個重點。過去由於每班學生人數過多，升學又是教學最重要的目的，縱然不是唯一的目的，若干學習落後的孩子得到較少的關注，甚至被忽略或放棄，因此有所謂「後段班」與「放牛班」的存在，這是教育的不幸，也是對教育工作的諷刺！

五、教育發展的願景

轉瞬之間我們即將跨入二十一世紀，二十一世紀是一個全球化、資訊化與網路化的時代。資訊與網路的迅速發展，不僅縮短了人與人之間的距離，也增進了人類對異己文化的了解，使世界形成多元文化的大融合。我們希望臺灣經由教育改革的成功，提升科技的水準，豐富文化的內涵，在這多元文化的地球村中，扮演重要的角色。我們要追求日新月異的科技發展，我們要追求持續提升的生活品質，我們要建立一個多元和諧的安定社會，我們也要提供彈性多元的途徑，使每個新臺灣人潛在多元的才華得以發展和發揮，匯為臺灣不斷進步的原動力。

在二十一世紀，高等教育不再是少數青年通過聯考的窄路才能取

得的特權，而是個人只要努力就可以享有的機會。由於人的素質不同，性向不同，興趣也不同，高等教育應發展各自的特色。其中若干將成功的追求卓越，發展為世界一流的大學，為人類進步創造新知識，培育第一流的人才。過去臺灣甚至全中國在現代化的過程中，依賴外國的大學培植高級人才，獲得先進科技。二十一世紀臺灣的高等教育學府應自己扮演這樣的角色，並回饋世界。

　　我們要在完備的教育體系下，建立終身學習的機制。擴大入學管道，增加學制的彈性，以便利終身學習，使人民在人生不同的階段，不同的年齡，都可以回到教育體系，增進生活及工作技能，以啟發潛力，貢獻社會；或純粹為了滿足興趣，充實生命的內涵。教育不僅是一種提高個人工作能力、促進國家發展的投資，也是一種可以直接享受的消費。

　　多年來，我們社會流行著一種簡化的理想，認為教育經費由國家提供就是公平和正義，增加個人教育負擔，不符合社會正義。然而政府所有收入都來自人民的租稅支出，或其他負擔。而且政府取得收入和支付經費，都要負擔一定的成本，因此由政府支付個人的教育經費遠比個人直接負擔昂貴。我們似乎很少問一個根本的問題：為什麼花別人的錢讀書是公平，而花自己的錢就是不義？此外，偏低的價格導致過多的購買，形成超額的需要。配合高等教育機會的擴增與終身學習制度的建立，我們在教育的每一階段，都應鼓勵私人興學，容許學費自由化。同時，我們也應增加對學生的獎助和貸款，幫助他們取得求學所需的經費。

　　由於一般家庭的營養改善，家長的知識水準提高，以及社會資訊

發達，兒童發育的情形較過去普遍進步，我們可以將國民教育向前延伸一年。國民教育向前延伸一年還有一個附帶的利益，就是幫助年輕的雙親，減少家庭的經濟和精神負擔，提高他們的生產力，增加他們求知的意願與可能性。

我們要平衡國民教育經費分配，消弭城鄉教育的差距，照顧弱勢族群教育，透過教育機會的均等，建立機會均等的社會。

六、結　語

臺灣自然資源貧乏，過去依賴教育發達，人力資本豐厚，創造了以快速的經濟成長與政治民主化聞名於世的所謂「臺灣經驗」。然而以促進經濟發展為主要目的，將教育當作一種手段或工具來發展，也難以避免的引起若干問題。我們希望藉著連內閣時期所提出的教育改革，將這些問題加以解決，為臺灣在二十一世紀的發展，提供更豐富的人力，創造更光輝的成就。

我們要將臺灣建設為中華文化的「新中原」，讓傳統文化在這裡發揚光大，使西方科技在這裡生根成長，成為新臺灣文化內在自發的一部分。讓我們締造另一次臺灣奇蹟，建立一個富而好禮、自愛、愛人、祥和、進步的社會。

第十五章　二十一世紀青年教育的方向

　　青年成長所處的時代影響青年的特質，而青年的特質影響時代的發展。本文內容分三部分：第一節與第二節分析形成當前臺灣青年特質的背景；第三節與第四節探討在即將來臨的二十一世紀國家對青年的期許；第五節根據以上的討論，提出青年政策的方向。

一、臺灣自光復以來的表現

㈠經濟方面

　　臺灣以快速的經濟成長聞名於世，平均每人國民生產毛額(GNP)，民國 41 年不到 200 美元，目前已逾 1 萬 3 千美元，從 86 年開始，被國際貨幣基金(IMF)列為「先進經濟」(advanced economy)。

　　經濟成長是勞動生產力不斷提升的過程，生產力提高，使同樣數量的勞力，可以生產更多數量和種類的產品，滿足人民更大、更多的需要，因而經濟成長必然引起產業結構的變動。

　　民國 40 年代之初，臺灣仍是一個以農業為主的經濟，工業尚在萌芽的階段，經濟結構簡單，就業機會缺乏。經過 40 多年的快速發展，

　　本章係民國 88 年接受青輔會委託所作，對青輔會彭台臨處長和其他同仁的協助，敬致謝意。

目前農業的產值降至 3% 以下，工業所占的比重於民國 70 年代中期到達高峰後逐年下降，服務業則成為最大的部門。

　　快速的成長使國家與個人的財富迅速累積，金錢追逐成為社會普遍的關心。追求財富的努力，一方面推動了經濟的進步，使財富成為一種成就的指標；另一方面也不乏不勞而獲、瞬間致富的例子，顛覆勤儉持家傳統的信念。此外，部分努力被導向不正當的途徑，形成社會的不義，或對社會秩序與安全的破壞，對青少年的成長發生不利的影響。

㈡政治方面

　　民主政治的實施，使各級民意機關的代表，各級政府的首長，從地方到中央，皆由選舉產生。候選人不論其品德、學識與能力如何，只要獲得民意支持即可當選。選賢與能，理論上有助於政治的清明，並為民眾通往政治地位提供便捷的道路，有利於社會的流動與安定。然而由於民主政治實施未久，民主的素養有待培育，民主的文化有待建立，法治的機制有待加強，實際運作的情形，往往未能盡如理想，若干政治人物的作為，為青少年立下負面的榜樣。

　　在國家發展的過程中，政治地位的社會評價降低，有助於人生目標的分散，誘使優秀人才，從事權力和財富以外的追求，使社會更多元化，文化更豐富。

㈢社會方面

　　經濟成長在人口方面引起兩項重大的變化。一項是人口向都市集中，形成都市化。從四面八方大量湧入都市謀生的農村子弟，由於都市地少人眾，房地價和租金高昂，大多先在都市邊緣安身，尋找工作，

徐圖發展。他們之中，不乏後來在事業上有成就的例子，然而更多在房舍簡陋、公共設施不足的環境下，循著經濟與社會的階梯辛苦爬升，不免總有若干人窮困愁苦甚至誤入歧途，造成不同性質的社會問題，並進一步影響下一代的發展，形成惡性循環。

　　都市生活的一個重要特色是人與人之間的疏離。不具親友關係的陌生人，集居於同一社區，漠不關心，不相問聞。鄉里間缺少傳統上「十目所視，十手所指」社會控制的功能，使偏差行為失去監督，罪惡易於隱藏。

　　另外一項重大變化是家庭的形態改變。傳統的大家庭為父母子女兩代的核心家庭所代替。子女的人數也從過去四、五人或更多，減少為一、二人。而父母為生活或事業忙碌，家庭教育的功能式微，兒童在家庭中的成長，也較少機會從眾多兄弟姐妹互動中學習扮演好自己的社會角色，因而較少設身處地為人著想的經驗。

　　經濟成長對社會最重要的影響是多樣化(diversification)，包括商品與服務的多樣化，消費的多樣化，以及人生理想與價值的多樣化。經濟成長為社會創造了前人難以想像的機會，分散努力的目標，使人人可以得到安身立命的憑藉，不必競相參加追逐財富和權力的行列，以致激烈的競爭危害社會的安定。

二、教育的貢獻與問題

　　臺灣經濟快速成長背後的一個重要因素是教育。自從民國 50 年代後期政府引進人力計畫的觀念以來，直到 70 年代後期，教育大致被當作經濟成長的手段來發展，以有效利用有限的資源，並避免教育發

展與人力需要不一致而產生「教育性失業」。一般高中與高職按 3：7 的比例分流，以培育經濟發展所需要的技術人力，高等教育則配合經濟成長與產業結構的變化擴充。高中和大學的入學，都採聯合招生和考試方式，然後按分數和志願統一分發。

激烈的升學競爭，誤導了教育的內容和方式，致使國中與高中只重智育，忽略了德、體、群、美的發展，在智育之中也只重視與聯考有關的知識。為了閱卷的公平與方便，聯考的命題趨於簡化，答案趨於標準化。考試引導教學，使學生耗費精力於機械式的記誦與練習，甚少餘力作深入的鑽研與廣泛的閱讀，以致減低了創造力、想像力與學習的興趣。

考入理想的學校成為學生的最高目標，為了達到這個目標，學校和家庭都作最大的配合，養成很多自我中心、只主張權利不重視責任、驕縱而脆弱的青年。而在課業上表現不如人意的學生，在學校中甚至家庭中往往受到輕視或放棄，不僅影響青少年人格的發展，也為社會製造了潛在的問題。

近年教育改革的重要主張：擴充高等教育的數量，使更多青年可以接受高等教育；廢除聯招制度，代以多元入學方式，使學校可以選擇希望的學生，學生可以選擇理想的學校和科系；改變高中、高職分流的比例，使其符合學生的志願；回返五育並重的教育，使每個孩子都受到照顧，每個孩子都得到尊重。

三、二十一世紀的新世界

1.二十一世紀是科技化的時代。資訊科技的持續進步與推廣，資訊

軟體和網際網路的迅速發展，通信科技的突飛猛進，引起大量的
投資，在需要面成為經濟成長的重要來源；在供給面則改變產業
經營和生產的方式，使生產力提高。資訊和通信科技的革命性發
展，也從生產面進入生活面，改變學習和生活的習慣，影響人生
的態度和價值，使社會更分殊化、多元化。因而個人更容易自是
其是和自我中心。

二十一世紀另外一項重大的科技發展是生物科技。二十世紀後期
以來，世界科技先進國家在生物科技研發方面，累積投資和努力
的成果，必將在二十一世紀陸續出現，使人類對生物的現象有更
深入的了解，進而加以運用，以增進人類健康的維護和農業的發
展。但在另一方面也會引起對新知的疑慮而思如何加以節制。

2. 二十一世紀是全球化的時代，而資訊科技與通信科技的進步幫助
了全球化的發展。資本、人力和技術，跨越國界，自由移動，尋
求效率最高、成本最低的組合，提供最物美價廉的商品。全球化
使國與國之間的合作以及不同國家的人民之間的接觸增加；有效
溝通以促進合作與增進友誼的需要也增加。雖然全球化使後進國
家更能分享先進國家的科技，然而最掌握科技的國家主宰全世界
的經濟，知識貧乏的國家將繼續落後與貧困。

3. 二十一世紀人類將更感到自然資源稀少與環境惡化的壓力。「成長
的極限」雖然可因科技的進步而向後延展，然而資源畢竟有其限
度，而人口不斷增加，生活水準不斷提高，後進國家不斷向先進
國家追趕，使可用的資源日趨耗竭。在另一方面，二百多年的快
速發展，使環境遭受難以還原的破壞，人類為求生存，正在不斷

破壞其賴以生存的環境。二十一世紀應為追求永續發展的時代，
而非高速成長的時代。

4. 二十一世紀是眾多發展中經濟向先進經濟努力追趕的時代。由於
發展策略的不同，快速的經濟成長，過去主要出現於東亞貿易導
向的市場經濟。如今主要共產國家都改走市場經濟的路線，拉丁
美洲國家也放棄進口代替，融入世界市場。世界不同地區的發展
中經濟，將在全球化的大勢所趨之下，經過激烈的競爭，尋求新
的國際分工，唯有科技快速進步的國家，才能「殺出重圍」脫穎
而出。

5. 臺灣應是最具有此種潛力的經濟。不過由於過去快速成長所引起
的人口年齡結構變化，臺灣將在二十一世紀之初，從生之者眾食
之者寡的社會，逐年走向生之者寡食之者眾的社會。老年人口日
增，工作年齡人口在總人口中所占的比例，將在進入二十一世紀
的十年間開始下降，使平均每人 GDP 的成長率，低於勞動生產力
的成長率。臺灣必須提高教育和科技的水準，加強研發的能力，
才能在二十一世紀之初，躋身先進經濟之林，成為一個真正已開
發的國家。

四、二十一世紀新青年

1. 二十一世紀臺灣的新青年應具備四種特質：IQ、EQ、MQ 與 CQ，
就是知性的能力、處理情緒的能力、道德或倫理的能力與創新的
能力。在臺灣當前的教育體系中，只有知性的能力得到有系統的
開發。然而促進社會的進步主要靠知能和創新，而維護社會的安

定主要則靠倫理以及人民處理情緒、和諧人際關係的能力。

2. 二十一世紀的青年應不斷學習，增益知識，提升能力，以達到自己追求的目標，並促進社會整體的發展。不論本身的專業是什麼，都應學習運用資訊科技與外國語文。知識不僅是一種工具，幫助我們達成各種世俗的目的，也是目的本身，豐富我們的內涵，使人生更有意義。

3. 青年應發揮潛能，追求理想。然而人生並無單一的目標，成就亦無單一的標準。生產力提高使經濟富有，社會多元而複雜化，二十一世紀的青年，在傳統的政治目標和經濟目標之外，尚有廣大的天地，可依自己的興趣和能力去追求。在民主的社會中，權責有大小，職位有高低，但人人有自主與尊嚴。國父孫中山先生說：應做大事不應做大官。二十一世紀的青年應分散追求的目標，不必一定做大事，但一定應做有意義的事。

4. 為了建設一個安定、祥和的社會，青年在其成長的過程中，應培養同理心，己欲立而立人，己欲達而達人。在追求個人的目標時，要嚴守「群己權界」，也就是「群我倫理」或「第六倫」，使個人的目的與社會的目的一致，藉個人追求本身的目的，達成社會整體的目的。這種自愛、愛人、關懷社會的心懷，應在從幼兒到青年發展的過程中，經由家庭、學校與社會的教育，潛移默化，自然形成，成為二十一世紀青年人格的核心。

五、青年政策方向

1. 擴大高等教育的容量，提升高等教育的水準，使高等教育更能符

合國家的需要，帶領國家的發展，也使更多青年有機會接受高等教育。

2.改進高中和大學入學制度，使學校得以自主招收所需的學生，學生得以自主選擇理想的學校和科系，並藉以改變前一階段即高中與國校的教學方式和學習態度。重視五育均衡的發展，培養廣泛閱讀的興趣，並打好數理和語文的基礎。

3.國民教育應維持適度的彈性，使學習緩慢與對抽象思考缺少興趣的學生，易於適應，以免在挫折中迷失自我。社會需要各種不同的人才，故應重視多元智能的開發。行為比知識更重要，但品德不能當作知識來傳授，教條式的教育很難發生作用，要在學習中培養同理心，幫助學生辨善惡，明是非。

4.建立終身教育的機制，鼓勵終身學習的風氣，使人民在其生涯的不同階段，都可重回教育體系，接受為加強技能或充實生活所需要的教育。

5.重視各種民間教育和訓練機構的發展，給予必要的協助和獎勵，以補充正規教育和政府訓練機構的不足，發揮社會的創意。試想今日之社會，有多少行業與個人才華，並非政府教育或訓練系統的產物。

6.家庭是最基本的教育單位，然而家庭規模的縮小，雙薪家庭的普遍，其教育功能日漸式微，使教育體系中學前教育的重要性增加，必須予以強化。

7.鼓勵、推動各種藝文與體育活動，增廣場地與設施，誘導青少年參與，以培育情義，鍛鍊體魄，分散人生的目標，超越傳統庸俗

的價值。

8.鼓勵各種公益團體的發展，協助社會上的弱勢族群與迷失的青少年；結合民間的力量，將支援體系和救助體系，伸展到社會的各個角落，使人間有溫暖，凡有需要的都得到幫助。

9.鼓勵青少年參加各種志工組織，從事國內外公益活動，在奉獻中成長與學習。

10.社會教育很重要，如果社會樹立了壞的榜樣，怎能怪家庭教育與學校教育勞而無功。政治與社會領袖以及公眾人物應以身作則，媒體和議會應建立自律機制，為社會樹立良好的典範。

第十六章　教育的社會功能與個人功能

——談教育的目的性與手段性

一、臺灣的教育發展

多年前臺北的公共汽車上，曾經有過下面一段對話。

甲：「第二次世界大戰結束前，臺灣和印度都是別國的殖民地，然而戰後的發展卻有很大的不同。臺灣的經濟快速成長，印度的經濟則停滯貧窮如故，你認為是什麼原因?」

乙：「願聞其詳。」

甲：「我認為最主要的原因是教育。臺灣在日本統治下，人民很少有受高等教育的機會，然而國民教育則很普及，因此提供了紀律良好、具備基本知識的勞動力，恰好配合早期勞動密集工業的發展，促進了臺灣經濟的成長。印度雖然有很多人受過高等教育，甚至在國際上有學術成就的知名之士也很多，然而國民教育卻不健全，很多人不識字，甚至連全國統一的文字也沒有，教育投資無助於經濟發展。」

臺灣光復後的教育建設，早期注重國民教育的發展，使每一國民至少皆受六年小學教育。1950–1951 學年，6 歲至 11 歲學齡兒童的就

本章係民國 84 年 7 月為行政院教育改革審議委員會所作之工作報告。

學率約為 80%，1954-1955 學年起超過 90%，70 年代中期以來超過99%，接近 100%。1968 年秋，政府將國民教育從 6 年延長為 9 年。當年國小畢業生升入國（初）中的比率為 74.17%。80 年代中期以來超過 99%，近年已接近 100%。1964 年，政府引進人力規劃的觀念，在行政院經濟合作暨發展委員會之下成立人力小組，開始規劃臺灣的人力發展。其主要內容可分兩部分來說明：⑴高級中學部分，將一般高中與高職學生人數之比，從 6：4 調整為 3：7。⑵高等教育部分，根據預測的經濟成長率和產業結構變化，估計不同領域人力的需要，作為高等教育學府各科系招生人數的參據。

以上的教育發展，對臺灣人力的供應，產生下面幾項重大的影響：⑴提升職業教育的層次，使原來存在於初中階段的職業教育消失，集中到高中階段。⑵高中階段職業學校的學生增加，配合經濟發展，為社會提供充沛的技術人力。⑶一般高中的學生相對減少，減少了高中升大學的壓力，卻也增加了國中升高中的壓力。⑷高等教育擴張的速度降低，使高等教育只為配合經濟發展而成長，因此，儘管一般高中學生的比例降低，升學競爭仍日趨強烈。

二、教育是目的還是手段

1980 年代中期以後，配合經濟發展規劃人力的觀念，受到學術界和教育行政部門日愈強烈的質疑。反對者主要的論點在於教育有其本身的目的，不應當作或至少不應只當作促進經濟發展的手段。教育的目的，在於培養完滿的人格，增益知識，啟發潛能。換言之，教育工作是以人為本，而不是把人當作達成另一目標的工具來發展。

不過，從經濟的觀點看，教育有其作為手段的意義，也有其作為目的的意義。把教育當作手段，它是一種投資，藉以提高生產力，增加所得；而把教育當作目的，則是一種可以直接享受的消費。更準確的說，我們所享受的是經由教育所產生的知識。隨了經濟的成長與平均每人所得的增加，我們的社會會有更多的人，將教育當中更多的部分，當作目的來看待，或當作消費來享受。

教育的功能，從社會的觀點看，國民教育在實施社會教化，培育理想的公民，提供他們生存所需的基本知能，並為他們以後不論在教育系統內或系統外追求進一步的教育作好準備工作。高級中學階段，包括一般高中和高職，在於為學生升學或就業作準備。高等教育則在為社會培養專門人才和創新能力。從個人的觀點看，「書中自有黃金屋，書中自有顏如玉，書中自有千鍾粟」，「十年寒窗無人問，一舉成名天下知」，教育自古以來被當作達成個人目標的手段。

然而在任何時代，都有人把教育只當作目的來追求，而不是作為達到任何目的的手段。這些目的有時候只是社會所期許的一些目標，實際上正是社會誘因制度(incentive system)的一部分。個人常以為是自己的主人，實際上往往是社會的奴隸，在名韁利鎖的支配下，為了社會目的而辛勞不息。然而也有一些目的，超越社會的功名利祿，就像「田園將蕪胡不歸」、「不為五斗米折腰」的陶淵明，嚮往「採菊東籬下，悠然見南山」的境況。

三、教育與經濟發展

經濟學者很早就重視教育和經濟發展的關係，馬夏爾(Alfred Marshall)說：「知識是生產最有力的發動機」(knowledge is the most powerful engine of production)。他又說：自然在物質方面所表現的是報酬遞減，但在人的方面所表現的則是報酬遞增。教育使知識增加，技術進步，生產函數上升，勞動的邊際生產力因而提高，所以才有報酬遞增(increasing returns)的現象。

教育使生產力增加，促進經濟成長，係經由兩個途徑：一為使知識存量增加，包括科技水準上升，一為使國民素質提高。不過知識並非都是經濟或生產導向，除了經濟的功能之外，教育尚有在社會其他部門方面的功能。從社會的觀點看，教育不是目的，而是手段，用以達到國家在政治、經濟、社會、文化等各方面的目的。從個人的觀點看，教育有手段的成分，也有目的的成分。我們藉教育增強謀生能力，教育幫助我們在社會和經濟的階梯上晉升；教育也使我們內涵充實，更能成為一個獨立自主的個體。

個人結合而形成社會，社會賦予個人各種目的，讓我們各自努力去追求，這些目的可稱之為「價值」，如財富、地位、聲望、名譽等，財富可稱為經濟價值，餘可稱為社會價值。當個人在追求這些目的時，通過社會機制的運作，同時也達成了社會的目的，如社會的生存與發展、文化的延續和發揚、全民福祉的增益等。從個人看是目的，從社會看正是手段，或只是一種中間目的(intermediate end)。當然，任何社會都有若干成員，不受世俗價值的拘束，視富貴如浮雲，追求學問只為成就高潔完美的人格，知識對他們而言，誠然本身就是一種目的，不在社會機制的運作之中。對這種目的的追求如果過多，勢將減損社會的效率，但在一定程度內，反而可以舒解若干競爭的壓力，使社會

更能在和諧中運轉。塑造理想的典型，避免社會過分流於功利，何嘗不可以視為另外一種手段。

四、人力規劃

重視教育的社會功能，視教育為手段、為投資，而且是只生產經濟價值的投資，導致人力規劃的觀念。重視教育的個人功能，視教育為目的、為消費，在經濟發展，社會日趨富裕的情形下，自然引發對教育日愈增加的追求。

第二次世界大戰之後，世界各國紛紛追求經濟發展，幾乎每一個國家，不論共產制度或市場經濟，都採取某種形式的經濟發展計畫，而投資在所有發展計畫中，都是一個最關鍵性的因素。1950 年代末期，經濟學界引進人力資本(human capital)的概念，教育作為一種投資，使人力資本增加，正如傳統物質方面的投資使物質資本(physical capital)增加。1960 年代初期，聯合國強調社會發展，將人力規劃包含在經濟計畫之中。在此之前，印度和波多黎各都已經引進了人力規劃以配合經濟發展。一國在經濟發展的早期，由於資金不足，為了達成最大可能的經濟成長率，藉助於計畫，將教育和社會基本設施的投資節約到最少必要的程度，使有限的資金儘量用於生產性的投資，在一個以經濟成長為主導的時代，毋寧是很自然的選擇。

這樣的選擇自然也會有很大的爭議。作為社會之主體的個人，教育從個人的觀點看，如果是一種手段，為什麼不能自由選擇這種手段？如果是一種目的，一種消費，為什麼不能自由享受這種消費？特別是隨了經濟發展的成功，教育的經濟報酬率和社會報酬率提高，而富有

提高了教育作為目的本身的邊際效用(marginal utility)，所以從個人觀點對教育的需要，超過根據社會觀點所提供的教育，乃是必然的結果。而高等教育的供給必須增加，高中、高職的比例必須調整，甚至取消，重加設計其教育的內涵，也是無法阻擋的趨勢。

關於這個問題，本文作者在〈高等教育的需要與數量〉一文中已有分析，文中所提的原則也已列入教改會第一期的諮議報告之中。重要的是人並非同質，人的素質、性向、興趣不同，當人口當中追求高等教育的比例日愈增加時，不僅高等教育必須分殊化，而在高中甚至國中階段也必須有彈性的準備。

五、教育的功能與資源分配

社會運作的基本原則，是藉著個人追求其個別的目的，以達到社會整體的目的；而社會的目的無非是有效促進全民的福祉。教育是達成個人目的的重要手段，為自己的教育付出代價，不論視教育為投資（手段）或消費（目的），都是最公平也是最經濟的負擔方式。所謂「天下沒有白吃的午餐」，凡有支出，一定有人負擔，由社會負擔個人的支出，必然有浪費和過度消費的現象。

不過，如果社會貧窮，或所得與財富分配不均，若干家庭無力追求教育，以致社會上很多成員潛在的能力和才華，得不到教育的開發，不僅是這些個人的不幸，也是整個社會的損失。因此所有現代國家，基本的國民教育都是義務教育，由政府負擔費用。至於國民教育的年數，則隨了社會發展的水準而增加，我國自民國 57 年將國民教育從 6 年延長為 9 年，未來將延長為 10 年。

　　教育成果超越個人的收穫而產生所謂外部利益(external economies)或社會公益時，其成本的一部分甚至全部應由社會負擔。最顯著的例子如醫師、工程師、科學家，儘管他們自己可能已經得到滿意的經濟和社會報償，然而他們當中有很多人，其為社會所創造的利益，遠不是個人的利得所能衡量。訓練這種人才的現代高等教育，特別是研究生階段，非常昂貴，至少一部分成本應由社會負擔。

　　其實每一階段的教育，從小學到研究所，如與社會的發展相配合，都會產生或大或小的外部利益，促進經濟與社會的發展。金柏格(Charles Kindleberger)早說過：教育和交通是長期中最有利的投資。就此一觀點而言，政府對每一階段的教育，都應考量社會的需要，教育的成本，個人負擔的能力，政府的財政狀況，給予適當的補助。

　　不過政府所支付的每一分錢，都來自社會全民的負擔，而租稅在人民之間的分配未必十分公平，同時在徵收或支付的過程中，都免不了有很多成本。因此不宜慷他人之慨，輕易放棄來自受教育者個人與社會私人部門的財源。私人部門負擔的費用增加，公共部門的預算就可以減少，或用於更多的用途。

第十七章　教育資源的分配與社會公平

一、幾個基本原則

　　我分配到的主題是教育資源的分配與社會公平。在進入主題之前，我想先探討一下幾個原則的問題，以幫助下文的分析。

1. 任何支出必有人負擔，雖然負擔者可能是個人或政府，可能是直接受益的人或不是直接受益的人，甚至根本就是不相干的人。這就是這些年來我們所常說的「天下沒有白吃的午餐」，只要有人吃了午餐，就一定有人為它付出代價，只不過不一定是享受午餐的人而已。

2. 政府的收入來自人民的付出，因此政府任何支出都形成人民的負擔。有時候我們以為由政府負擔經費，可以減輕人民的負擔，實際上只是減輕了受益者或消費者的負擔而已，社會全體仍須負擔全部甚至更多的經費。例如學生的免費午餐、免費教科書等，其實沒有一樣是真正免費的，只不過沒有由受益者付費而已，社會付出的可能甚至一定更多。

3. 最有效率的消費，是由消費者或受益者直接支付其所享受的消費

本章為民國 82–84 年行政院教育改革審議委員會時期所作的工作報告。

之代價。這是由於兩個原因：(1)如果由政府代為支付，則政府不
但在支付時，必然為了支付這筆費用發生若干成本，而且在取得
對應的收入時，也一定發生若干成本，因而使社會支付的總成本
增加。(2)「花別人的錢不心痛」，由別人為我們的消費付錢，往往
有過度消費的傾向，減少了其他消費原來可能使用的資源，因而
使社會全體可以享受的總福利減少。

4. 由別人透過租稅或其他方式，經由政府支出，負擔個人的費用，
不僅不符合經濟原則，也不一定符合社會公平的原則。社會公平
的原則並非我花錢，你付帳，也不是我花錢，政府付帳。

5. 然而教育是為將來的投資，教育機會不平等形成競爭立足點的不
平等，則與社會公平不符。社會可用的資源有限，不可能滿足所
有人所有的需要，也不可能滿足所有人對教育的追求。對教育的
需要受到以下三種因素的限制：(1)個人的意願或選擇，例如由於
興趣、性向或其他個人的因素，決定選擇學校教育之外發展的途
徑；(2)資質和努力，限制了教育上可能到達的程度；(3)經濟條件，
假定由於所得分配不平均，致使低所得者追求教育的努力受到限
制，則不僅是一種制度上的不公平，而且也使若干潛在的才華得
不到教育的開發，對經濟與社會的發展都有不利的影響；不僅是
個人的不幸，也是整個社會的不幸。

二、教育的個人功能與社會功能

民國 84 年，我應教育改革審議委員會「綜合組」委員的要求，提
出一篇背景報告，題目是「教育的社會功能與個人功能──談教育的

目的性與手段性」。這篇報告大致有以下幾個要點：

1. 教育的功能，從社會的觀點看，國民教育在實施社會教化，培育理想的公民，提供他們生存所需的基本知能，並為他們以後不論在教育系統內或系統外追求進一步的教育做好準備工作。高級中學階段，包括一般高中和高職，在於為學生升學或就業作準備。高等教育在為社會培育專門人才和創新能力。總之教育的社會功能在於提升社會在各方面的水準。從個人的觀點看「書中自有黃金屋，書中自有顏如玉，書中自有千鍾粟」，教育自古以來就被當作達到個人目標的手段。儘管也有人追求學問純粹為了完成高潔的人格，或者以知識自娛。

2. 因此，從社會的觀點看，教育是一種手段，用以達到國家在政治、經濟、社會、文化等各方面的目的，而不是目的本身。從個人的觀點看，教育有手段的成分，也有目的的成分。我們藉著教育增強謀生的能力，教育幫助我們在經濟和社會的階梯上晉升；教育也使我們內涵充實，更能成為一個獨立自主的個體。

3. 一般社會運作的原理，是藉「誘因制度」或「獎懲制度」(incentive system)，引導個人追求他們自己的目的，因而也達成了社會的目的；而社會的目的無非是有效促進全民長期的福祉。司馬遷在《史記》〈貨殖列傳〉中說「天下熙熙，皆為利來，天下攘攘，皆為利往。」名韁利鎖駕御著眾生，為了自己的目的而辛勞努力，苦苦追求。從個體有限的生命看，真是何等悲哀，然而整體的福祉因而增進，又是何等偉大！亞當‧史密斯也說：「我們之所以能夠得到飲食，並不是屠宰商、造酒者或麵包師的恩惠，而是因為他們重

視其本身的利益。他們並非關愛世人，他們只關愛他們自己。」然而每個人追求自己利益的努力，冥冥之中好像有一隻看不見的手帶領，達成了社會全體的利益。社會運作的原則如此，而教育又是個人達到其種種目的之手段，或直接享受、消費的目的，則教育的經費由接受教育的人負擔，應該是最公平也最經濟的方式。

4. 然而以下種種考慮，為教育經費部分甚至全部由政府負擔，提供了理論的基礎：(1)避免由於所得分配不平均可能引起的累積性(cumulative)不公平。即貧窮者失去了受教育的機會，而失去受教育的機會使貧窮者的下一代繼續貧窮。(2)把教育當作投資，以增加人力資本，提高生產力，促進經濟成長。馬夏爾(Alfred Marshall)說：「知識是生產最有力的發動機」，而知識的重要來源是教育。(3)教育的成果超越個人收穫而產生所謂外部利益(external economies)或社會公益，其成本的一部分甚至全部應由社會負擔。每一階段的教育從小學到研究所，如與社會發展相配合，都會產生或大或小的外部利益，更不必說偉大的思想家、科學家、教育家對社會甚至對全人類恆久無可計量的貢獻。

三、教育經費的分配與公平

發展中國家，藉教育作為促進經濟發展的手段，因此由政府負擔主要教育投資的費用。我國憲法規定，教育、科學與文化支出在中央不得少於其預算總額的 15%，在省不得少於其預算總額的 25%，在市縣不得少於其預算總額的 35%，應亦是基於這樣的考慮。自光復至今，五十餘年中，臺灣由於教育發達，不僅提高了全民的平均知識水準，

而且增加了社會流動(social mobility)，使一般家庭，經由教育而改善生活，改換門楣；教育應為臺灣戰後經濟成長、政治民主化、社會多元化最重要的因素。

　　教育經費基本上有四個來源，即(1)政府預算，(2)學生支付的費用，主要為學雜費，(3)民間捐助，(4)學校對社會提供服務與經營事業的收入。目前中央與省之教、科、文經費均維持憲法所規定的最低要求 15%與 25%，各縣市則遠超過憲法規定之 35%，而由中央政府的教育部以其預算加以補助。然而隨了經濟的快速成長，所得與財富增加，社會大眾對教育的需求日愈強烈，政府之教育經費日愈不足，義務教育以外，受教育者為自己的教育肩負起更多的責任，應是很自然的推論。

　　也就是說，學生應負擔更多的學費。由納稅人經由政府支出，負擔個人受益或消費所需的費用，並非就是所謂社會公平。原則上，政府既缺乏充足的經費支付教育所需的費用，就不應限制私立學校的發展；既無足夠的經費補助私立學校的費用，就不應限制私立學校的收費；一方面限制收費，一方面又無力補助，唯一可以期待的後果，就是較低的教育品質。政府不僅對私立學校應容許其收費的自由，對公立學校之收費，亦應容許適度的彈性，才能使各校在平等的立足點上從事競爭。

　　不過，昂貴的學費可能限制了若干貧窮家庭子弟發展的機會，不僅對這些子弟不公平，且使部分潛在的才華，失去了開發的機會，不利於國家的發展。因此在個人負擔較高學費的同時，提供充分的獎學金、獎助金和貸款的機會非常重要。多年之前，我的一位朋友在加拿大經商失敗，一時走投無路，決定重新申請學校，取得學生身分和貸

款的機會，終於東山再起。

政府的教育經費在中央與地方之間分配的問題，有各種不同的主張。目前各級政府在教育方面的分工，原則上，高等教育由中央負責，高中和高職由省和北高二市負責，國民中小學由縣市政府負責。在現行財政收支劃分制度下，地方教育經費嚴重不足。針對這種情形我有以下三點意見：⑴修正「財政收支劃分法」，使縣市政府有較多自主性的財源。⑵根據一定的標準，例如學生人數，給予縣市政府一定教育經費的補助，其餘部分則由縣市政府靠自己的施政能力和努力取得。此種補助的方式有加重地方政府首長的責任，促使其展現才能，充分運作地方資源的作用。⑶對於財源特別缺乏的地方，例如澎湖、金門、馬祖等，另予特別的考慮。不論中央以何種方式補助地方，教育經費不足之差額，最後由地方籌措較諸由中央補足，更能鼓勵地方的負責、參與和努力。

私人捐款近年成為公私立大學努力尋求的財源，不過尚未成為風氣，成果不豐，有待各校繼續的努力。此外，中小學應亦容許其募款助學，以充裕學校經費，減少政府的負擔。為社會提供服務，包括教育和訓練方面的服務，以及研究方面的服務，不僅可以增加收入，而且使學校的資源為社會所用，也是一種值得鼓勵的努力。

四、結　語

我們的社會中，常有一種簡化的思考，以為由政府支付個人所發生的費用，例如教育成本，就是社會公平或社會正義，實在是一種誤解。政府一切支出都是人民的負擔，而且在支出和收入時都有附加的

成本。所以當我們藉口社會正義或社會公平一類的口號，主張增加政府支出的時候，必須十分小心，以免實際的後果和我們高貴的觀念並不一致。

第十八章　十年辛苦不尋常

一、從個別招生到聯合招生

民國 41 年夏，我高中畢業，準備投考大學。當時臺灣的高等教育學府只有一所大學和 3 所獨立學院，就是國立臺灣大學，省立臺灣師範學院，省立臺中農學院和省立臺南工學院，此外尚有軍事院校和 4 所專科學校。我的興趣一向在社會科學和文史，因此報考臺灣大學經濟系和師範學院國文系。當時尚無聯招，各校分別招生，分別考試。我兩處幸都錄取，選擇就讀臺大。

分別招生有優點也有缺點。優點在於學校和學生都獨立自主，可以自由選擇。學校可以自己決定考試的科目和題目，選擇適合的學生，學生可以思考自己的興趣和實力，選擇報考的學校和科系。缺點在於⑴試務繁重，考試和閱卷造成很大的負擔；⑵各校考試的時間難免衝突，致使考生不得不有所放棄；⑶學生在炎熱的夏天，參加多所學校的考試，體力上、精神上、經濟上的負擔都很沉重；⑷同一考生被多所學校錄取，不得不設備取生，有時備取名額甚多，形成困擾。以上所說的種種困難，勢將隨了教育的發達，升學人數以及大學院校增加

本章原發表於大學入學考試中心所編，《十年辛苦不尋常》，大考中心，民國 89 年。

而難以克服。

　　從我進大學的第 3 年也就是民國 43 年開始，大學院校的新生入學制度改採聯合招生的方式。各院校組成聯合招生委員會主持其事，統一招生，統一命題與閱卷，然後按照成績與志願統一分發。聯招消除了很多個別招生所引起的問題，但也產生它自己的問題，這些問題也和舊制一樣，隨了學校與考生人數增加而日趨嚴重，並且影響深遠。

　　國家發展需要培育人才，而發展所帶來的機會和財富使更多人追求更多的教育。教育是原因，也是結果。民國 45 年我從臺大畢業的時候，臺灣已經有 4 所大學 6 所獨立學院，10 年後（民國 54–55 學年）大學增為 10 所，獨立學院增為 11 所，再 10 年後（民國 64–65 學年）大學有 9 所，獨立學院有 16 所。到民國 73 年 7 月我出任臺大校長的時候，臺灣有 16 所大學，12 所獨立學院，共計 28 所高等教育學府，同年高中應屆畢業的學生人數有 5 萬 5 千多人，加上 12 萬多高職應屆畢業生中報考的人數，以及捲土重來的以往各屆的落第生和科系不合理想的重考生，使聯招規模十分龐大。

二、聯招的利與弊

　　聯招有以下若干重要問題：第一，考生每年只有一次機會，如因外來或自己的原因，致無法參加考試，或考試時的表現不如理想，只有等待來年。第二，考生人數眾多，不易按照自己的優先志願，進入理想的科系。第三，成績上的細微差距，可能即被分發到希望以外的科系，甚至名落孫山，而一次考試很難正確測出實力，何況多人參加評分，難期絕對公平。第四，參加聯招的大學院校適用同一套考題，

負責命題者通常為主要大學的名師，錄取的分數從接近滿分的 600 分到 2-3 百分，並非都能符合各校應採的標準。第五，為求評分有客觀確定的標準，考題趨向答案簡單無爭議的是非題和選擇題，較少容許考生想像與發揮的空間。第六，考試方式影響教學和學習的態度，致使學生有重視記憶勝於理解與創意的傾向，不利於以後的發展。唯此點雖常為人提出，但衡諸臺灣學生在國外深造或工作的優良表現，並非完全無可爭議。第七，在激烈的升學競爭下，為力求考試公平與避免學生的過度負擔，考試的範圍被限於規定的教科書以內，使一般高中學生喪失閱讀課外讀物與探索課外知識的樂趣。第八，為求考取理想的學校和科系，全力準備與升學考試相關的課業，成為一般高中生最優先的活動，以致青年成長時期的正常生活受到影響，包括生活的習慣與態度，甚至健康。第九，為追求畢業生的高升學率，很多高中背離五育均衡的原則，獨尚智育，即在智育之中亦以考場致勝為優先目標。此種傾向且由高中延伸到國中。第十，在學業考試中領先同儕成為最重要甚至唯一的成就指標，師長以此要求學生，父母以此期待子女，社會以此衡量青少年，整個社會受此觀念驅策，致使在課業上不能符合一定標準的青少年，遭到忽視甚至歧視，成為日愈嚴重的青少年問題的一個重要原因。

　　不過上述問題，尤其九、十兩項，並非完全由於聯招制度，至少一部分是因為高等教育的數量，相對於要升學的學生而言，大量不足，以致一定百分比的學生，不論如何努力，都必然被排斥在外。這時如果社會所提供的正當管道不足，妨礙了年輕人上進的機會，不但會使一些潛在的才華得不到開發，並且形成若干社會問題，十分遺憾。

　　儘管聯招有以上所說的很多弊端，但有一項很大的好處，就是它的公正性。任何人必須通過聯招才能進入大學院校，必須達到一定的分數才能進入一定的學校和科系，而入學考試的成績公平，無可爭議。大學聯招和兵役制度，被認為是臺灣最公平的兩種制度，然而這種形式上的公平真能反映實質上的公平？縱能反映真實的公平，社會與個人為其付出多大的代價？聯招真的無可取代？教育界和學術界有很多意見，但因涉及的問題太多，多年來僅止於討論的階段。然而大學院校不斷增加，入學的人數日增，聯招的影響日愈深遠，入學制度終需作徹底的思考。原則上，理想的大學入學制度需要：(1)讓中學包括高中和國中恢復德、智、體、群、美五育均衡教學的正規，(2)讓大學院校可以照自己的理想選學生，學生可以照自己的希望選學校和科系，(3)有一套公正為社會所接受和信任的選學生的標準。此一新制的建立，需要(1)一位有理想、有魄力的教育主管官員勇敢的作決定，(2)一位同樣有理想、有使命感而且有聲望、有能力的教育家負責執行，(3)一群研究有素、熱情洋溢的學者，經過審慎的研究與討論，提出可行的辦法。

三、大考中心

　　民國 77 年 12 月 20 日，教育部部長毛高文先生邀集各大學與獨立學院的校院長，舉行大學入學考試委員會議，提出成立「大學入學考試中心」的主張，獲得與會校院長一致的支持。會中通過大學入學考試中心設置原則，推選 7 位公私立大學校長為籌備委員，而以臺大校長為召集人。78 年 2 月 10 日，籌備委員會舉行第一次會議，決定

大考中心的組織與任務。大考中心設指導委員會,由所有參加大學聯招的大學校院長擔任委員。指導委員會推舉主任委員與常務委員共7人構成常務委員會,任期3年,連選得連任。大考中心主任由常務委員會提名,經指導委員會通過後,由教育部聘任。大考中心的任務短期在於研究改進大學入學的方法與技術,而於適當時機接辦大學入學所需要的考試與測驗。2月25日大考中心指導委員會舉行成立大會,臺大校長被推舉擔任主任委員。我因擔任臺大校長而有機會參與此一在觀念上是革命性的,但方法上則緩和漸進,先建立共識而後付諸實踐的大學入學制度改革工作,回想起來實在是一件很幸運的事。

毛高文部長做了決定,指導委員會也成立了之後,整個工作的靈魂人物就在於大考中心的主任。在常務委員第一次集會商討大考中心主任人選的時候,每位常委心中可能都想到若干熱心大學入學制度改革並著有聲譽的人士,可是當毛部長建議李崇道先生時,大家都覺得李先生可能是最適合此一工作的人選。李崇道先生於不久前因理想不能實現而堅辭中興大學校長,時任考試院考試委員,毛部長「想其不可想」,我覺得是突破性的思考。

李主任就職以後,從零開始組成他的工作團隊,展開大考中心的業務。李主任原希望將大考中心設在臺大校園中以爭取社會的認同,因為雖然在78年臺灣已經有16所大學和23所獨立學院,其中並有若干名校,然而臺大畢竟是臺灣最悠久、最負盛名而為社會所信賴的大學。無奈臺大本身校舍亦不足,於是乃因李主任曾擔任中興大學校長的關係,獲得中興大學的支持,將中心暫設在臺北的中興法商學院之內。

　　大考中心邀請專家，研究各科命題的方式，學力測驗、性向測驗、題庫的建立，以及多元入學制度，以改進聯招命題，並為將來廢除聯招作準備。李主任在大考中心成立之初，巡迴臺灣各地與高中老師舉行座談會，溝通意見，聽取建議，建立共識。他在各類研究進行的過程中，舉行無數次工作會議，並舉辦五次研討會，一步一步完成他的「大學多元入學方案」。

　　民國 81 年 1 月大考中心改組為「財團法人大學入學考試中心基金會」，推選董監事。臺大校長續被推選為董事長。同年 6 月 24 日李主任辭職，距他於 78 年 6 月 10 日接受教育部函聘共 3 年，可謂 3 年有成。董事會聘請中央研究院院士、臺灣大學前理學院院長前教務長羅銅壁教授繼任大考中心的主任。在每年的大學聯招中，聯招會的主任委員雖由各校輪流擔任，但主要行政工作例由臺大支援，臺大並負責印題組、闈場以及主要的命題工作。羅教授在 6 年的教務長任內是實際的負責人，他是我能想到的第一人選。

四、走向考招分離的制度

　　民國 82 年 2 月，我受政府徵召出任國防部長，離開工作 8 年 7 個月的臺大校長職務，也離開了大考中心的工作。3 年多以來，我因職務的關係，幾乎出席了所有指導委員會、指導委員會的常務委員會與研討會，得以和眾多教育界我素所尊敬的朋友們，共同參與了這項即將改變大學入學制度的工作，留下很多美好的回憶。近年臺灣高等教育迅速擴張，大學紛紛發展自己的特色，尋求自己的定位，實施 40 餘年的聯招制度更難符合各校招生的需要，因而更顯示 10 年前開始的

這項大學入學考試改革工作的重要意義。

　　各級教育皆有自己的目標，高中教育雖然為大學做準備，但並非配合大學入學考試而由考試領導教學。而大學入學考試承擔為大學選才的任務，也不應全受高中教科書的限制。大學入學制度的基本思考，應將高中教學和大學入學分開來處理，不使高中淪為大學入學考試的補習班。大考中心所設計的多元入學方案，包括推薦甄選、預修甄試和申請入學，以及各種配合措施，將考招予以分離，摒棄多年來「一試定終身」的聯招，使學校可以根據學生在大考中心的測試資料和長期表現，選擇適合的學生，學生可以考慮自己的興趣、能力和性向，選擇理想的學校。

　　我在離開臺大前，收回以往由內政部和蒙藏委員會借用多年的臺大公館校舍，供推廣教育中心辦公與教學之用。82 年 8 月，大考中心由中興法商學院遷至推廣教育中心 3 樓，88 年 1 月遷入教育部為大考中心與臺大生命科學系所興建的大樓，結束了將近 10 年借地辦公的臨時狀態，為從 91 學年度起廢除聯招、實施新制積極準備。這是林清江先生任部長時所宣布的決定。林部長於任次長時參與大考中心的籌畫工作，任中正大學校長時當選大考中心董事會董事，不幸於 89 年 1 月病逝，讓我十分感傷。李崇道先生數年前因病赴美休養。毛高文部長出使哥斯大黎加。大考中心的同事亦幾度更替。10 年辛苦不尋常！我向所有曾經一起參與大學入學制度改革工作的朋友們，獻上我的祝福與懷念。

第四篇

凝聚世紀新倫理

第十九章　臺灣經濟發展中社會面貌的變化

　　第二次世界大戰以後，經濟落後的發展中國家向經濟先進的已開發國家努力追趕，臺灣是少數表現優異的地區。1951 年到 1996 年，臺灣用國民生產毛額(GNP)計算的經濟成長率為 8.6%，平均每人 GNP 的成長率為 6.3%。1951 年，臺灣的平均每人 GNP 只有 145 美元，1996 年達 12,992 美元。1997 年，國際貨幣基金(IMF)將包括臺灣在內的 5 個發展中經濟改列為先進經濟(advanced economies)[1]。

　　隨了經濟的快速成長，產業結構發生重大的變化，40 多年前，臺灣基本上是一個以農業生產為主的經濟，1952 年，農業部門，包括農、林、漁、牧，使用總就業人數的 56.1%，生產國內生產毛額(GDP)的 32.2%，工業的就業人數占 16.9%，產值占 19.7%。而工業之中製造業部門的就業和產值分別為 12.4% 和 12.9%。1996 年，農業所占的比重，以就業而言只有 10.1%，以產值而言只有 3.3%。工業部門的比重於 1980 年代中期達到高峰後開始下降。如今服務業已成為最大的部門，

本章係作者參加北京大學、臺灣大學、香港中文大學主辦「海峽兩岸暨香港地區當代文化之變遷研討會」（1998 年 7 月 22–24 日，香港）之論文。

[1]　IMF, *World Economic Outlook*, May 1997. 另外 4 個國家或地區為新加坡、香港、南韓和以色列。

1996 年其就業和產值分別占整個經濟的 52.4% 和 61.1%。

在製造業之中，技術密集的所謂科技產業迅速壯大，其產值 1996 年占製造業的 37.5%，預計西元 2000 年達 40%，2010 年達 50% 以上。在不到半個世紀中，臺灣從一個傳統的農業經濟發展為一個以科技產業為特色的現代經濟，向世界領先的已開發國家迎頭趕上。

本文的重點並非探討臺灣經濟發展成功的原因，而是分析在經濟發展過程中社會與文化的轉變，這些轉變一方面是經濟發展的結果，另一方面也促進了經濟的發展。第一節討論臺灣的教育發展及其對經濟發展的貢獻。第二節討論臺灣經濟發展過程中人口成長的變化。第三節分析經濟發展引起的都市化與家庭型態與功能的變化，第四節探討富裕社會的消費型態、人生價值與態度。第五節表達對理想社會與人生的一些期許。

一、教育發展

如果我們只容許挑選一個因素促進了臺灣的經濟發展，我要挑選的因素就是教育。教育是一種投資，使人力資本增加，生產力提高。不過教育不僅是投資，它也是一種消費，直接增加了個人的享受。教育促進了社會流動(social mobility)，增進了社會公平，個別家庭經由教育，變更職業，改換社會和經濟地位，使社會上潛在的能力得以開發。中國自古以來是一個所謂階級開放的社會(open class society)，布衣而至卿相。「十年窗下無人問，一舉成名天下知」，平民子弟苦讀寒窗，二十年間可以改換門楣。這種情形在傳統中國只是少數的例子，然而在今日臺灣則是普遍的現象。

　　政府的教育政策，早期強調國民教育的普及化，務使每一學齡兒童都接受六年義務教育。1968 年將義務教育從六年延長為九年，以配合工業發展的需要，並緩和升學競爭的壓力。

　　1964 年，政府引進人力規劃的觀念，在負責經濟計畫的機構中設置人力計畫單位，根據經濟發展的需要，從事人力發展的規劃。從 1960 年代後期到 1980 年代初期，人力規劃引導高級中等教育與高等教育的發展將近 20 年。這一時期臺灣人力規劃的主要政策目標有以下三點：⑴根據計畫的經濟成長率與產業結構，估計對高等教育不同科系的需要，作為高等教育學府招收學生人數的參考。⑵增加高等教育中科技科系學生的比例，減少人文與社會科系的比例，以與經濟發展對高等教育人力的需要相一致。⑶將一般高中與高職學生人數的比例訂為 3：7 以提供產業發展所需要的技術人力，並減緩高中升大學入學競爭的壓力。

　　人力規劃的優點在於根據經濟發展提供所需的人力，可以節省教育部門使用的資源，以促進最大可能的經濟成長。然而它的缺點則在於忽略了追求教育乃是人民的一項基本權利，以及教育是生產力提高、經濟成長最根本的因素。經濟學大師馬夏爾(Alfred Marshall)曾經說：「知識是成長最強力的發動機。」在高等教育的數量受到限制的情形下，不僅高中升大學形成激烈的競爭，國中升一般高中的競爭也同樣激烈，甚至更為激烈，以致對高中和國中階段的正常教學產生不良的影響，可能也是近年青少年偏差行為日愈嚴重的一個重要原因。

　　我們如果將人力和教育當作就業和就學兩個市場均衡的問題來觀察，則人力規劃所決定的教育數量儘管在人力規劃的理論上，滿足了

就業的需要，達成就業市場上的均衡，但在就學市場上，則隨了所得提高，人民對教育的需要增加，日愈不能滿足就學的需要。而況即令在就業市場上，藉規劃達成的均衡，也使價格（工資）調節供需或供需決定價格的功能喪失，以致市場的效率降低。

進入 1980 年代，社會對高等教育的需要日愈強烈，就學市場失衡的問題日愈嚴重，激烈的升學競爭造成的教育和社會問題也日愈顯現。而在另一方面，80 年代後半，科技產業迅速發展，就業市場上對高級人力的需要亦大量增加，高教育的供應，特別是研究所階段的教育，乃迅速擴張。晚近以來，高中、高職 3：7 的比例亦加以改變，增加一般高中的比例，以緩和國中升高中的競爭壓力，並增加可進入高等教育學府的潛在人才。

以下兩表分別顯示臺灣高等教育發展與就業人口教育結構改進的情形。這是臺灣經濟發展成功，特別是 80 年代以來科技產業迅速發展的重要原因，也是經濟成長、所得增加、生活日趨富裕的自然結果。臺灣光復之初，高等教育學府只有一所大學，3 所獨立學院，3 所專科學校；1954 年始有第 2 所大學。1951–1952 學年，大學和獨立學院學生人數只有 6,057 人，研究生只有 12 人。45 年以後的 1996–1997 學年，大學和獨立學院增為 67 所，大學本科學生人數達 33 萬 7 千 8 百餘人，占 1996 年底人口總數的 15.69‰，研究生中碩士班有 3 萬 5 千 5 百餘人(1.65‰)，博士班有 9 千 3 百餘人(0.44‰)。博士班人數為 1951–1952 年度大學以上人數的 1.54 倍。1996 年畢業人數有 7 萬餘人得到學士學位，1 萬 2 千 6 百餘人得到碩士學位，1,053 人得到博士學位。

表 19-1　臺灣高等教育的發展

年度	學校數			學生人數及佔年底人口千分比							
	專科	學院	大學	專科		大學本科		碩士班		博士班	
				人數	‰	人數	‰	人數	‰	人數	‰
1951–52	4	3	1	2,140	0.27	6,057	0.77	12	0	–	0
1956–57	6	5	6	5,025	0.53	17,309	1.83	271	0.03	1	0
1961–62	14	8	8	8,366	0.75	29,524	2.63	501	0.04	12	0
1966–67	48	11	10	47,499	3.64	65,245	4.99	1,083	0.08	28	0
1971–72	73	14	9	119,146	7.90	100,455	6.66	2,697	0.18	207	0.01
1976–77	76	16	9	154,056	9.29	140,857	8.50	4,138	0.25	363	0.02
1981–82	77	11	16	192,901	10.60	158,181	8.70	6,555	0.36	800	0.04
1986–87	77	12	16	244,482	12.53	184,729	9.47	11,294	0.58	2,143	0.11
1991–92	73	29	21	332,127	16.12	253,462	12.30	21,306	1.03	5,481	0.27
1996–97	70	43	24	412,837	19.18	337,837	15.69	35,508	1.65	9,365	0.44

資料來源：教育部，《中華民國教育統計，1997》，pp. 2–5, 18–21, 26–27。

表 19-2　臺灣就業人口大專以上程度所佔比率之變動
1986-1997

單位：千人

年　別	總就業人口		專科程度		大學以上程度	
	人　數	%	人　數	%	人　數	%
1986	7,733	100.0	548	7.1	452	5.8
1987	8,022	100.0	614	7.7	495	6.2
1988	8,107	100.0	661	8.1	532	6.6
1989	8,258	100.0	702	8.5	565	6.8
1990	8,283	100.0	758	9.2	596	7.2
1991	8,439	100.0	798	9.5	609	7.2
1992	8,632	100.0	884	10.2	643	7.4
1993	8,745	100.0	954	10.9	704	8.1
1994	8,939	100.0	1,019	11.4	732	8.2
1995	9,045	100.0	1,066	11.8	800	8.8
1996	9,068	100.0	1,162	12.8	858	9.5
1997	9,176	100.0	1,250	13.6	938	10.2

資料來源：《中華民國經濟年鑑，中華民國八十七年》，臺北，經濟日報社，1998年，p. 124。

　　1980 年以來，另有返國的學者專家與新近完成碩士或博士學位的留學生加入國內就業的行列，1980-1989 年共有 14,880 人，1990-1995年共有 30,238 人。國內高等教育學府畢業的人數逐年增加，與大量自國外返國的高級人力，使臺灣就業人口的教育結構迅速改善。1986 年就業人口之中，專科程度的占 7.1%，大學及以上程度的占 5.8%，1997年分別提高為 13.6% 與 10.2%，合計達 23.8%。預計 2000 年，專科程度將提高為 13.9%，大學以上程度為 11.1%，合計達 25%❷。

　　❷　行政院經濟建設委員會，《跨世紀人力發展計畫，民國八十六年至八十九

二、人　口

現今的經濟先進國家在其發展之初，出生率和死亡率大致同步下降，因此沒有發生嚴重的人口問題。然而對第二次大戰以後的發展中國家而言，由於醫藥衛生條件受到已開發國家的影響，獲得某種程度的改善，隨了經濟的發展，死亡率先下降，出生率經過相當時間以後才有顯著的下降，因而使人口成長率上升，依賴人口的比率提高，「生之者寡，食之者眾」，消費對所得的比率提高或無法壓低，儲蓄對所得的比率降低或無法提高，以致無法累積最少必要的投資，使經濟成長率超過人口成長率，平均每人產量或所得得以成長。

臺灣在 1950 年代，死亡率從 11.6‰(1951)下降到 7.2‰(1959)，出生率從 50.0‰(1951)下降到 41.2‰(1959)，人口的自然增加率大致在 33‰ 以上，有 5 年維持在 36‰ 以上，最高時達 38.4‰(1951)，引起嚴重的關切。然而若干政治上有影響力的人士，堅持傳統的倫理觀念，孫中山先生民族主義的理論，以及「生聚教訓」的意念，反對採用家庭計畫以減少人口成長。當時只有美援經費支持的農村復興委員會和美援運用委員會，用人口政策的名義，以非官方的地位，積極推動家庭計畫的工作。

1959 年，農復會的主任委員蔣夢麟先生在一次記者會中說：

> 我現要積極提倡節育運動……如果因為我提倡節育而闖下亂子，我寧願政府殺我的頭；那樣太多的人口中，至少可以減我

年》，86 年 3 月，pp. 31–32。

這一個人。❸

1966 年，經濟部長兼行政院經濟合作暨發展委員會副主任委員李國鼎先生，籌開第一次全國人力規劃會議，邀請孫中山先生哲嗣考試院長孫科先生作主題演說，希望藉孫科之口，說出支持家庭計畫的主張。孫科婉謝為他準備的講稿，但他在演講中指出：孫中山先生在 1924 年的演講中，主張增加人口以對抗西方帝國主義。然而今天的情形不同，今天我們要對抗的是赤色帝國主義的共產制度。對抗赤色帝國主義需要提高人口的素質，不是數量，以消滅貧窮，增加財富。因此家庭計畫與國父中山先生的主張是一致的。❹自此以後，以家庭計畫為主要內涵的人口政策成為國家的重要政策。

　　出生率降低涉及意願和方法的問題。在方法方面，臺灣由於交通便捷，教育普及，以及農復會與家庭計畫工作人員的努力，可以說十分成功。在意願方面，主要因素在於經濟進步，所得增加，工作性質改變，都市化、傳統家庭型態式微以及兒童死亡率降低，使父母對子女的觀念改變，政策所能發揮的作用不大。1950 年代平均每千名婦女的生育數在 6 千以上，其後逐年下降，1994 年只有 1,775 人。40 年前，一般家庭有兄弟姐妹七、八人，所在多有，目前則多為二、三人甚至一、二人。我們試想，一位婦女在一生中，累積生育子女七、八人，甚至十餘人，何等辛勞，其個人生命所受到的限制、所付出的代價何

---

❸　天下編輯，《走過從前，回到未來》，臺北，天下雜誌，1988 年，p. 21。

❹　K. T. Li, *The Evolution of Policy behind Taiwan's Development Success*, Yale University Press, 1988, pp. 75–76.

等巨大，而若干疼惜撫養的子女不免夭折又何等悲痛！如今，我們幾乎可以說，每一出生的子女都可親見其長大成人，追逐理想。只此一端，經濟發展的成就何其可貴！

下表為臺灣自 1950 年代以來每 5 年之人口出生率、死亡率、自然增加率、嬰兒死亡率與生育率。死亡率從 1954 年的 8.17‰ 下降到 1994 年的 5.40‰。出生率從 44.63‰ 下降到 15.32‰。快速的變化，使人口自然增加率在 40 年之間從 36.46‰ 下降到 9.92‰。

表 19-3　臺灣人口出生率、死亡率、自然增加率、嬰兒死亡率與總生育率之變動

單位：‰

年　別	出生率	死亡率	自　然增 加 率	嬰　兒死 亡 率	總生育率（每千婦女生育數）
1954	44.63	8.17	36.46	63.46	6,425
1959	41.18	7.23	33.95	46.47	5,990
1964	34.54	5.74	28.80	31.89	5,100
1969	27.92	5.04	22.88	28.65	4,120
1974	23.42	4.76	18.66	20.91	3,045
1979	24.41	4.73	19.68	16.24	2,660
1984	19.59	4.75	14.84	12.65	2,050
1989	15.72	5.15	10.58	8.40	1,680
1994	15.32	5.40	9.92	6.64	1,755

資料來源：經建會人力規劃處，《中華民國臺灣地區民國 84 年至 125 年人口推計》，85 年 6 月，p. 17。

在另一方面，嬰兒死亡率從 63.46‰ 下降到 6.64‰，1994 年的嬰兒死亡率只有 40 年前的十分之一，每千位婦女生育數從超過 6 千人減少到不到 2 千人。對於一種生物現象而言，可以說是十分劇烈的變化，

其在社會與文化面可能引起的變化，可以想像應亦十分重大。

如果我們用

　　　　Q 表示總產量或 GDP，

　　　　N 表示總人口，

　　　　L 表示工作人口；

則　　　$Q=(Q/N)N$ (1)

　　　　$Q/N=(Q/L)(L/N)$ (2)

　　　　Q/N 是平均每人 GDP，

　　　　Q/L 是平均勞動生產力，

　　　　L/N 是工作人口在總人口中所占的比率，受人口因素的影響。

因此　　$\dot{Q}= (\dot{Q/N})+\dot{N}$ (3)

　　　　$(\dot{Q/N})= (\dot{Q/L})+ (\dot{L/N})$ (4)

即　　　經濟成長率等於每人 GDP 成長率加人口成長率，

　　　　每人 GDP 成長率等於勞動生產力成長率加工作人口占總人口比率的成長率。

如果我們維持勞動生產力不變，則隨了人口成長和年齡結構變化，可以將經濟發展大略分為以下幾個階段：第一個階段是幼少期，幼少年人口迅速增加，L/N 下降，平均每人 GDP 的成長率小於生產力的成長率，因而也影響了 GDP 成長率。第二個階段是青壯期，昔年的幼、少年逐漸長大，進入勞動力，使 L/N 提高。此一階段又可進一步區分為兩個次階段，前一次階段 L/N 的成長率提高，這應是一國 GDP 成長最快速的時期，後一次階段 L/N 的成長率降低。第三個階段是成熟期，人口漸趨老化，L/N 到達高峰，然後下降。

臺灣在 1960 年代上半以前,大致屬於第一個階段,工作人口的增加率低於總人口的增加率, 因此平均每人 GDP 的成長率低於勞動生產力的增加率。1960 年代後半到 1980 年代中期屬於第二階段的前期,工作人口的增加率高於總人口的增加率, 平均每人 GDP 成長率大於勞動生產力成長率, 此一時期 GDP 成長最快速。1980 年代中期以後,工作人口雖然仍較總人口增加為快,但程度上漸降低,因此平均每人 GDP 成長率雖然仍大於勞動生產力成長率, 但 GDP 成長減緩。好景不常, 大約不到十年,臺灣將進入第三個階段即成熟期。以後的發展,必須多經營環境的維護, 制度的改善, 以及科技的不斷進步,以維持生產力的持續提高。

三、都市化與家庭型態的轉變

在經濟發展的過程中, 人口向都市集中, 發生都市化的現象。我們如果接受人口學者和地理學者的標準,將人口在 5 萬人以上的城鎮視為都市, 則 1954 年臺灣聚居在都市或所謂都市化人口占總人口的30%, 1968 年超過半數, 1995 年達 75.7%。1995 年非都市人口為24.3%,內有 18.5% 是農業人口,雖然在總勞動力中,農業部門的勞動力只有 10.6%。同年, 農業生產占 GDP 的 3.6%。這幾個相關數字顯示兩點重要的意義。第一, 農業部門的勞動生產力只有平均生產力的大約三分之一。第二, 由於技術進步與產業結構變化迅速,若干早年的農夫未及適應, 繼續留住在鄉村。臺灣交通便捷,縱使非都市地區,亦甚少現代交通系統未能到達之處, 使非都市地區的居民, 既有鄉村自然風光之樂, 亦可享受現代都市之便利。

　　在臺灣早期經濟發展的過程中，有兩個主要的政策，緩和了農村人口向都市的移動，使臺灣得以在相當程度上，避免了很多發展中國家所遭受到的都市失業之苦，也在相當程度上減少了都市經濟弱勢人口與生活環境的可能惡化。這兩項重要政策，一個是土地改革，一個是工業區的設置。1940年代後期的三七五減租和1950年代初期的耕者有其田，加上農業技術的改進，使農業部門生產力提高，所得增加，將一部分勞力留住在農村。農村所得提高也為工業產品提供市場，幫助了工業部門的發展，並使農村子弟有經濟能力接受更多的教育，促進社會流動。1960年代初期，李國鼎先生在經濟部長任內，在高雄市設立高雄與楠梓加工出口區，在臺中市邊緣設立烏日加工出口區，一方面簡化廠商生產和出口的手續，提高效率，一方面接近鄰近鄉村地區勞力的供應，減低人力缺乏和工資上漲的壓力。其後設立的各種工業區，接近勞力供應，大致也是重要的考慮因素。

　　在臺灣造成都市人口重大壓力的兩個重要來源，一個是1940年代末期和50年代初期隨政府自大陸渡海來臺的移民，一個是工業發展湧入都市謀求發展的農村子弟。前者大多集中在大都市，後者大多先在大都市的衛星城鎮立足，再伺機向大都市進軍。前者形成若干違建地帶，政府經過長時間的努力，方逐步獲得解決，讓都市展現新貌。後者於遵行正途在經濟與社會階梯辛苦爬升的過程中，不免也有貧困與失足的案例，引起若干社會問題，需要政府加以重視。

　　下表告訴我們，臺灣在過去40年經濟發展過程中，都市化程度、勞動力在主要產業部門之分配以及平均家庭規模的變化。隨了經濟發展與都市化，家庭的規模縮小，過去三代同堂的傳統家庭漸為現代核

心家庭所代替。不過一直到 1970 年為止，平均每一家庭的人口，大致
維持在 5.65 人上下，1970 年以後，呈現顯著下降的趨勢，到 1997 年
時只有 3.5 人。

表 19-4　臺灣都市化、勞動力分配與家庭規模之變化

單位：% / 人

年　別	都市化程度	勞動力			家庭規模
		農　業	工　業	服務業	
1954	30.0	54.8	17.7	27.5	5.63
1959	39.3	50.3	20.3	29.4	5.64
1964	45.7	49.5	21.3	32.4	5.67
1969	53.9	39.3	26.3	34.4	5.64
1974	59.2	30.9	34.3	34.8	5.36
1979	65.2	21.5	41.6	36.9	4.86
1984	70.5	17.6	42.3	40.1	4.48
1989	74.1	12.9	42.1	45.0	4.06
1994	76.0	10.9	39.2	49.9	3.75
1995	75.7	10.6	38.7	50.7	3.67
1996	–	10.1	37.5	52.4	3.57
1997	–	–	–	–	3.50

資料來源：　1.勞動力之分配根據經建會，*Taiwan Statistical Data Book 1997*, 1997,
　　　　　　　p. 20。
　　　　　　2.都市化與家庭規模由劉克智教授提供。

　　我們可以想到很多理由，說明家庭型態改變、傳統大家庭式微、
家庭人口減少的原因。例如遠離故鄉到陌生的都市尋求工作，都市居，
大不易，房租和房地產價格高昂，以及子女人數減少等。隨了家庭型
態的改變，家庭的功能也開始發生變化。奉養父母、照顧手足雖然仍
被當作做人的責任，但日愈不容易做到，而在眾人的感慨聲中，漸被

諒解，終至親情疏遠。雖然這樣的結果並非人們所樂見，而常思加以改善，但事實的發展，在臺灣和在其他經濟現代化的國家一樣，總是和理想背道而馳，只能視為快速發展的社會中，為了追求經濟上的效率，不得不付出的代價。近年離婚率升高，單身與單親家庭增加，有人要婚姻不要子女，也有人要子女不要婚姻。

四、生活態度與人生價值

經濟發展的一個重要現象是多樣化(diversification)，包括供給面商品的多樣化，需要面消費的多樣化，以及人生的機會、選擇與價值的多樣化。

曹操曾經說：「人苦於不知足，既得隴，復望蜀！」古時候的帝王在富有四海之後，還想要長生不老。人的欲望無窮，成為煩惱的來源，然而也就是因為欲望無窮，所以推動經濟不斷進步。不過我們對任何特定物品的需要卻有所謂效用遞減的現象。也就是說，隨了消費這種物品的數量增加，我們感到的滿足雖然增加，但「邊際的」滿足減少，直到不再需要。因此，如果社會上只生產一種物品，則這種物品的生產很快就到達極限，多餘的數量不再有人需要，這時候生產力縱然提高，多餘的勞力只有尋求其他工作，甚至失業。

因此隨了經濟發展，不僅生產的數量增加，生產的種類也增加，表現為產業結構的變化，而一切這些變化之所以可能，是因為勞動生產力提高，生產同樣數量產品所需要的人力減少，多餘的人力乃可以用以增加產量或生產其他物品。表 19-4 告訴我們臺灣自 1954 年以來每 5 年以勞動力的分配所表示的產業結構變化；1994 年以後為逐年之

變化。經濟發展先表現為工業部門相對於農業部門的擴大，然後是服務業相對於工業部門的擴大。目前經濟先進國家的一個重要特質，就是服務業部門超過工業部門，成為最大的部門。

生產力提高、經濟發展不但使產品的數量和種類增加，也使產品的品質精良，形式美好，而且有多餘的人力從事精神層面的發展，例如文學、音樂、藝術，使文化趨於精緻。雖然精緻文化在傳統經濟，亦即缺少現代持續性成長的社會也存在，但是現代社會和傳統比起來至少有三點重要的不同。第一，過去只有非常少數特權階層和富有家庭才有能力獲得的享受，現在成為一般大眾普遍的消費。第二，現代很多已經非常普遍的生活必需品和便利品，過去不論如何富有的家庭都無法得到，因為這些物品在那個時代根本就不存在。第三，現代富有的社會當中，雖然仍有人處於貧窮狀態，但是他們當中有遠較過去為大的比例，可藉著努力，改善經濟條件，提高消費能力。

生產力長期持續提高所帶來的多樣化，為每個人提供了各種機會。諾貝爾經濟學獎得主路易斯(Arthur Lewis)曾經說，經濟成長不能使人更快樂，但可以使人得到更多自由。因為快樂是一種主觀的感覺，而財富又有效用遞減的現象，富有使人對各種物品的邊際效用降低，人不為已得到的感到快樂，但常為未得到的感到痛苦，而人生總有很多東西無法得到。這一點因為涉及複雜的因素，不宜有簡化的結論。臺灣大學經濟系梁國樹講座教授黃有光最近在一篇大文中說 ❺：

---

❺ 黃有光，〈經濟成長能否增加快樂?〉《信報財經月刊》，總 255 期，1998 年 6 月。

　　……但也已有相當多的研究顯示，平均而言，有錢的人比沒錢
的人略為快樂，平均所得高的國家之人民也略為快樂。

不過他接著說：「但這作用不是很大。」他分析世界上不同區域所得與
快樂的關係，發現相同所得水準的國家，快樂的程度可能不同，不同
所得水準的國家，快樂的程度可能相同，而高所得國家快樂的程度也
可能較低所得國家為低。此外，在過去數十年中，美國和日本的人均
所得都大幅增加，但快樂水平則沒有什麼變化。

　　但是無論如何，我們很難相信，非洲的若干地區，大批兒童嗷嗷
待哺、無數母親飢餓無助，其快樂的水平可以和衣食豐足的臺灣相比。
然而極端的例子儘管不難找尋，但一般化的結論仍不容易建立。

　　爭議的問題不談。自由是指選擇的幅度，較大的自由表示較多的
選擇。經濟發展或成長使我們可以選擇的範圍擴大，為人生提供了更
多追求的目標或價值。在傳統社會中，勞動的生產力低，絕大多數的
人必須安於宿命，從事農耕，才能生產出足夠的糧食，維持整個人口
的生存。城市的規模，受限於農業剩餘所能維持的人口多寡。只有少
數的幸運者，有機會經由讀書、戰功或其他稀有的管道，取得財富和
權力。

　　經濟成長為我們的社會，在傳統的農業、小規模的工商業以及政
府部門之外，開創了隨了生產力提高而不斷擴大的領域。其內容不僅
包括各種工業、商業、金融業、服務業，也包含各種專門職業，例如，
醫師、律師、會計師……，以及教育、社會、宗教、文化、藝術……
等活動，在每一種事業或活動中都有一個廣闊的天地，可以讓我們去

發揮、創造、與自我實現。

我們甚至可以不追求任何世俗的價值,而只安於自己的興之所至。像陶淵明,「採菊東籬下,悠然見南山」。又像韓愈,「坐茂樹以終日,濯清泉以自潔。」經濟進步,生產力提高,維持生活,在一個成長、富有的社會,對絕大多數的人來說,並不是很困難的事。

不過,經濟發展在市場導向的經濟中,是以個人追求本身的經濟利益為基本動力。 被稱為現代經濟學之父的亞當‧史密斯(Adam Smith)有「公益私利調和」的學說。市場經濟是如此的組織,使個人在追求自己的私利時,同時也達成社會的公益,並且比蓄意要去達成的情形下更為有效。 馬克斯的共產主義在舊蘇聯經過 70 多年實驗終於失敗,如今世界上所殘存的共產制度,應亦不會長遠。

不過我們也很遺憾的看到,為了追求經濟發展而引起的對金錢利得的過分重視,很多人在金錢追逐中,貪鄙急切,驕奢少禮。趙麗蓮教授於 1964 年 5 月退休前夕, 對臺大外文系應屆畢業生的臨別贈言說:

> 不要過分追求金錢和權勢⋯⋯金錢是重要的, 但是絕不值得我們以最大的能力去尋求。⋯⋯為什麼不讓我們每個人只希望好好地盡到自己崗位上的職責呢? 在這國家危難之秋, 我們每個人努力的目標, 該是力求把分內的工作做得盡善盡美。

五、期　許

經過以上的討論，我們對臺灣社會未來的發展，自然會產生以下
三點期許：

1.對物質財富的追求應有倫理的節制。這不但是我國先賢自古以來
的教訓，也是西方經濟學之父亞當‧史密斯「公益私利調和說」的一
個重要前題。孔子說：「富與貴是人之所欲也，不以其道得之不處也。」
〈里仁〉他又說：「不義而富且貴，於我如浮雲。」〈述而〉

我國歷史上最受尊敬的商人是陶朱公。根據《史記》上的記載，
陶朱公就是范蠡，他不但是一位大謀略家，幫助越王句踐打敗吳王夫
差，雪「會稽之恥」，而且急流勇退，「乘扁舟浮於江湖，變名易姓，
之齊為鴟夷子皮，之陶為朱公。」陶朱公「十九年之中，三致千金，再
分散與貧交疏昆弟。」一方面善於經商，一方面仗義疏財；「富而好行
其德」，乃是最為人嚮往的商人典型。

史密斯對經濟學的分析從「自利」(self-interest)出發，往往引起誤
解。然而史密斯的《國富論》出版於 1776 年，但他在 1759 年出版《道
德情操論》(*The Theory of Moral Sentiments*)時，已經指出人有很多動
機，其中最強烈的動機為「自利」，但「自利」受到「良心」(conscience)
的節制。史密斯認為人並非完全是自私的，人的行為往往反映出仁慈
(kindness)與慷慨(generosity)等美德。❻史密斯說：

---

❻　Edward W. Ryan, *In the Words of Adam Smith*, Thomas Horton and Daughters, 1990, pp. 208–209.

> 無論我們認為人如何自私(selfish)，但在他的本性中顯然有若干
> 原則，使他關心他人的命運和幸福，儘管他從中並無所獲，只
> 有內心感到欣慰而已。❼

經濟倫理在消極方面的一個要點，是追求本身的經濟利得不損及
他人的利益，在積極方面的意義，則是進一步創造他人的利益。唯有
這樣，當個人追求自己的經濟利益時，同時也促進了公共的利益；也
因為這樣，自利的追求才得到道德上的容許並肯定。司馬遷說：「天下
熙熙，皆為利來，天下攘攘，皆為利往。」我們希望臺灣熙來攘往的人
群，將倫理的規範謹記在心，以節制自己的行為，使我們致富的活動
趨於高貴，使我們的經濟發展不僅提高所得，也提高國家的尊嚴。

2.價值的追求應分散，以緩和緊張，增進和諧。經濟發展為我們帶
來前所未有的各種機會，使我們可以安身立命，對社會也有所貢獻。
在經濟停滯的傳統社會中，經濟成長率為零，總產量不變，張三的所
得或財富（主要的形式為土地）增加，就是李四的所得或財富減少，
政治地位成為主要追逐的目標。對於這種目標也只有少數人通過讀書
與考試去取得。其餘絕大多數的人則安於宿命，不妄事追求，以維持
人才晉用與社會安定之間的平衡。

經濟發展為社會在政治的目標或價值之外，增添經濟的目標或價
值，然而政治的開放與民主化，以及教育的普及與提升，使參加追逐
的人數增加，競爭趨於激烈，一方面固然進一步促進政治的進步與經
濟的成長，另一方面則引起社會的混亂、失序，以致一部分資源在激

---

❼　同上書，p. 209。

烈甚至惡質的競爭中浪費，並增加社會的緊張，使同樣總產量所能達到的社會福祉降低。

　　社會需要競爭以促進進步，然而過多的競爭使福利水準降低。經濟發展既然為社會提供了多樣的目標或價值，我們即應適度分散追求的目標，使經濟進步與社會安定同步前進。

　　3.人人應該有機會，人人應該有尊嚴。基本上，我們通過教育得到機會。在傳統社會中，「書中自有黃金屋，書中自有顏如玉，書中自有千鍾粟。」功名利祿甚至美女都可從讀書得到。而今天，更高的教育為我們帶來更多、更好的機會。在 1970 年代和 80 年代，臺灣根據經濟發展的需要，對教育的成長加以規劃，而以聯合招生考試的方式選取接受教育的學生，雖然節省資源，維持公平，但卻限制了人民受教育的權利，在強大的升學壓力之下，形成「升學主義」，使教育的內容扭曲，並引起「惡性補習」，也使一部分在升學競爭過程中表現不如人意的學子，在學校中、社會中、甚至家庭中失去尊重，甚至被排斥在學校教育之外，致使社會的青少年問題日愈嚴重，也是社會犯罪惡化的一個重要原因。

　　近年政府決心改革教育，先有李遠哲帶領的「教育改革審議委員會」提出建議，然後有吳京和林清江兩位教育部長的積極推動。高等教育供給的數量增加，使更多高級中學畢業生可以進入大學或獨立學院。高級中學階段則降低高職的比例，增加綜合高中，為更多高中生做好繼續升學的準備。大學聯招和高中聯招不久將取消，由各校自行招生。過去十年來，從毛高文部長成立「大學入學考試中心」開始，經郭為藩部長時期，數百位專家持續努力研究的成果，為取消聯考，

改採申請入學，做好了準備的工作。

　　我們希望在即將形成的新制度中，我們國家未來的主人們，人人有機會受到適性的教育，人人受到有尊嚴的待遇。人的素質和性向不同，而國家發展需要各式各樣不同的人才，「天生我材必有用」，不能用單一的標準衡量普天下不同的人才。

　　不過，我們也要切記：社會需要競爭，有競爭才有進步。不論教育如何改革，競爭仍是必有的機制，讓最有潛力的菁英，在競爭的壓力下脫穎而出，接受最好的教育，為國家和社會的發展做出最大的貢獻。

第二十章　社會有效運作的倫理基礎

一、前　言

倫理就是人類道德的原理，也就是人類相處應遵守的一些原則。通常我們都是把道德當作「最後的目的」或「終極的目的」(ultimate end)，認為做人就是應該如此，而不是把道德當作手段(means)希望從中得到好處。所以《聊齋》有一段故事中說：「有心為善，雖善不賞；無心為惡，雖惡不罰。」一個人如果為了得到好處而行善，雖然行了善也不應給予獎賞；如果無心做了壞事，雖然做了壞事，也是可以原諒的。所以做好事是不應有功利考慮的；實際上做好事往往免不了要付出某種形式、某種程度的代價，有時候可能相當昂貴，因而才越發難能可貴。不過我今天要談一談，其實道德也有其功利的基礎。

首先，我們要知道，倫理是社會的產物，單獨一個人不發生倫理問題，兩個以上的人相處，才有倫理的問題。倫理是人在社會當中，為了長期共同的利益，應遵守的一些行為模式。曾經有人問我，現在我們的社會已經很功利了，如果談道德也講功利，豈不更助長社會功利主義的氣勢嗎？這話誠然不錯。不過我要說的功利並不是個人、眼

本章係作者於 1998 年 2 月 23 日在工業技術研究院之演講。

前、直接的利益，而是通過互動所產生的社會長期的利益；作為社會
的一份子，個人當然也從中得到利益。

二、社會的基本功能

一個有效的社會應具有兩項基本功能，一個是增進物質福利的功
能，可稱為經濟功能；一個是維繫人際關係，促進社會和諧的功能，
可稱為社會功能。經濟功能與社會功能相輔相成，才能增進社會長期
的福祉。

經濟發展簡單的說可分成兩個階段，就是停滯的階段和持續成長
的階段，顧志耐(Simon Kuznets)教授稱之為現代成長的階段(modern
growth epoch)，這兩個階段以現代科技出現為分水嶺。我們回顧人類
社會，絕大部分時間都停留在停滯的階段。所謂停滯的階段並不是平
均每人產量完全不增加。開疆闢土，取得新資源，或偶有聰明才智之
士，發現或發明新方法，使勞動生產力提高，於是總產量增加，平均
每人產量或所得隨之增加。然而生活改善使人口增加，勞動力(labor
force)隨之增加，由於邊際報酬遞減法則(law of diminishing returns)的
關係，邊際生產力下降，總產量雖然增加到較高的水準，但平均每人
產量或所得則大致又回到原點。因此在人類歷史發展過程中，人口不
斷增加，偶而也為戰爭或災荒所中斷，因而出現下降，但長期中則呈
不斷增加的現象。這表示不連續、偶然的技術進步是會出現的，但為
人口增加所趕上，以致總產量雖然增加了，但平均每人產量或所得卻
得不到顯著的改善。

現代科學的出現，使以科學研究為基礎的技術進步，取得連續不

斷的性質，改變了人類的宿命，進入持續成長的階段。於是生產力不斷提高，總產量和平均每人產量不斷增加，生活水準也隨之不斷改善。而晚近電腦與通訊科技的發展使我們進入另外一個技術上的新時代，可稱為資訊時代，而稱前一時期為工業時代。科技的持續進步，不僅改變了人類物質生活的條件，也改變了生活的態度和社會的型態。

工業社會的主要特質是「大宗化」(masification)。這特質表現為大量生產、標準化、大宗消費、大眾社會、大眾媒體、大眾教育、集中決策、多數統治、核心家庭……等。資訊社會的主要特質則是分殊化(de-masification)，表現為眾多少數群體和獨立自主的個人，各有自己的目標、信念、價值和行為模式，不講天理，不信鬼神，也不畏「大人之言」，「只要我喜歡，有什麼不可以！」工業社會的特點是單一化(homogeneity)，資訊社會的特質是殊異化(heterogeneity)、分散化、個別化、獨立化與自由化。當技術條件改變時，不僅經濟型態發生變化，社會型態也發生變化。

三、從五倫到第六倫

隨了社會形態的變化，倫理的內涵也發生變化。在一個經濟停滯的傳統社會中，人際關係單純，個人接觸的對象，不外家庭、親族、政府與朋友。因此「五倫」大致可以涵蓋各種重要的關係：父慈子孝，兄友弟恭，君使臣以禮，臣事君以忠，夫妻有愛，朋友有義。五倫是具有特定關係的人們之間的倫理。對於較少接觸不在五倫之中的非特定關係，則大致可以引申家庭或朋友的關係予以適應，所以中國人見面，縱然素不相識，也往往以兄弟叔伯相稱。

　　然而經濟成長，人口集居，社會型態和人際關係隨之改變。個人與非特定陌生者的關係日趨密切，與家庭親族之間的關係反而有日趨淡薄之傾向。而科技進步使個人行為對社會大眾所發生的影響，日愈增大。這種影響經濟學中用「外部性」(externalities)這個概念來處理，例如交通阻塞的問題與環境污染的問題等。因為五倫以外的對象，缺乏特定的關係，也許根本不認識，甚至不能確指(unidentifiable)，不像五倫的關係具有某種程度的義務感和一定的期待，因此個人的行為如果對他們產生了不利的影響，由於影響分散，個別負擔小，因此往往未加注意或重視，也較少責任心和羞愧感。因為傳統的五倫不足以約束隨了經濟進步、社會變化所產生而且日愈重要的非特定對象之間的關係，出現了經濟進步而道德落後、社會混亂失序的現象。所以李國鼎先生在民國 70 年提出第六倫的概念，以規範個人與非特定對象之間的關係，補傳統五倫的不足，並於民國 80 年成立中華民國群我倫理促進會，「推我心，愛別人」，愛不認識的人，愛社會上的一般陌生大眾，約束自己的行為，以維護社會大眾的福祉。

　　五倫和第六倫的性質可以用下表加以區別：

五　倫	第六倫
特定關係	非特定關係
影響直接，確定	影響間接，分散
有對等的義務與期待	純為單向的義務
私德	公德
特殊主義(particularism)	普遍主義(universalism)

所謂特殊主義，就是對於有特定關係的人，適用較為有利的標準；普遍主義則是不論關係如何，都以同一標準相對待。

四、社會的報償制度與資源運用

然而社會並不是靠愛心和善意來調配資源，促進經濟的進步。西方的經濟學之父亞當・史密斯(Adam Smith)在他的《國富論》中有一段廣為引用的名言：

> 我們之所以能夠得到飲食，並不是屠宰商、造酒者或麵包師的恩惠，而是因為他們重視其本身的利益。他們並非關愛世人，他們只關愛他們自己。

史密斯在同書中又說：

> 他通常誠然並沒有意思去促進公共的利益，也不知道究竟促進了多少……心中所想的只是本身的利得。他在這一情況，和在很多其他情況下一樣，由一隻看不見的手所引導，達成了一種無意達成的目的。透過他對本身利益的追求，往往比真正蓄意去做時，更為有效的促進了社會的利益。

這就是史密斯私利與公益調和的學說。個人在一定的規範下追求私人的利益，自然達成促進公益的目的；甚至比一心一意要去追求公益更為有效。

　　前幾天我和國科會主任委員黃鎮台先生參加同一個研討會。黃先生提到,此說為追求自利提供道德的正當性,在目前利慾高漲的社會,不宜加以強調。的確,我們不能鼓勵對自利的追求,倫理絕不是表現於對自利的追求,而是恰好相反,表現在對追求自利的節制以及更高層次的目標,我們將在下文討論。我們中國自古以來從來都不鼓勵對自利的追求。但是我們的社會,甚至任何社會,究竟用什麼方法調配人力,去從事社會所希望的各種任務呢? 其實不外經濟誘因和社會誘因,也就是經濟報償制度——利,和社會報償制度——名。名韁利鎖,駕馭著眾生,為了自己的利和名,苦苦追求,雖然並非都能達到自己的目的,但卻達到了社會的目的。這真是社會運作的奧妙之處!

　　遠在史密斯之前,我國的司馬遷就有相同的思想。司馬遷在《史記》〈貨殖列傳〉中分析,人們為了追求自己欲望的滿足,各自努力從事自己所專長的工作,使各種資源都得以利用,各種職務都有人擔任,「各勤其業,樂其事……不召而自來,不求而民出之。」實在是自然的道理,沒有人加以安排。司馬遷認為追求財富是人的本性。他舉了很多例子,說明很多正當與不正當的行為都是為了追求財富。前者如農工商賈,「固求富益貨也」;後者如不務正業的閭巷少年,出賣色相的「趙女鄭姬」,「舞文弄法」的貪官小吏。社會既然以利和名當作調配人力的主要誘因,這種誘因自然也不免會被應用到負面的方向,因此不能不有所規範。孔子說:

　　富而可求也,雖執鞭之士,我亦為之;如不可求,從吾所好。

又說：

> 富與貴是人之所欲也，不以其道，得之不處也。貧與賤是人之
> 所惡也，不以其道，得之不去也。

　　司馬遷在〈貨殖列傳〉中特別標榜的三位成功的企業家，都具有特別令人稱許的品德。一位是我們都熟知的陶朱公，也就是范蠡。陶朱公有眼光，知人善任，治產積居，與時逐利。會賺錢，但仗義疏財。十九年之中三致千金，再分散給窮親戚朋友。司馬遷說：「此所謂富好行其德者也。」第二位是孔子最富有的學生子貢。子貢善於經商。孔子說他：「賜也不受命而貨殖焉，億則屢中。」〈貨殖列傳〉記載著：

> 子貢結駟連騎，束帛之幣以聘享諸侯，所至，國君無不分庭與
> 之抗禮。夫使孔子名布揚於天下者，子貢先後之也。

第三位是白圭。白圭不但隨了時間的變化掌握商機，而且節儉勤勉，與員工同甘苦，他看準了時機「若猛獸摯鳥之發！」白圭說：

> 吾治生產，猶伊尹、呂尚之謀，孫吳用兵，商鞅行法是也。是
> 故其智不足與權變，勇不足以決斷，仁不能以取予，彊不能有
> 所守，雖欲學吾術，終不告之矣。

德國的經濟史學家韋伯(Max Weber)在他的名著《基督新教倫理與資本

主義精神》(*The Protestant Ethic and the Spirit of Capitalism*)一書中也指出，資本主義的精神並非貪得無饜。貪得無饜是古今中外所有社會都有的現象。資本主義精神反而是遵守一定規範，約束自己的行為。唯有這樣，個人在追逐私人利益的時候，才不會損及別人的利益，反而促進了公共的利益。

社會運行的原理是誘導個別分子追求社會所設定的目標，個人得到自利，社會得到公益。然而必須在一定的條件下二者才會一致，就是倫理。倫理的最低原則是不損及別人的利益，如果張三的利得來自李四的損失，整個社會並無收穫。

熊彼得(Joseph Schumpeter)《經濟發展理論》(*The Theory of Economic Development*, 1934；德文原版 1912 年) 中的企業家，很像韋伯資本主義精神的具體化。根據熊彼得理論，企業家經由創新(innovation)創造新增的(additional)價值，生產力因而提高，就業因而增加，社會的總產量或 GDP 隨之增加，企業家得到利潤，整個社會都得到利益。然而企業家縱然富可敵國，仍然不斷追求財富，並非貪得無饜，而是追求事業上的成就與貢獻，利潤只是附隨的結果。

五、倫理不能長期違反私利

資訊時代，眾多的少數群體(minority groups)和獨立自主的個人，各自堅持自己的信念、價值和行為模式，這時我們更需要有一個共同的原則，規範大家的行為，才不致因為分殊化而致社會功能受到損傷。這個共同原則就是我國固有的恕字。推己及人之謂恕，恕也就是己所不欲，毋施於人。《大學》：

> 所惡於上，毋以使下；所惡於下，毋以事上。所惡於前，毋以
> 先後；所惡於後，毋以從前。所惡於右，毋以交於左，所惡於
> 左，毋以交於右。此之謂絜矩之道。

人在社會中與上、下、前、後、左、右之人相處，絜矩之道就是謹守自己的分際，不使自己的行為損及他們的利益。

不過不損及別人的利益，不能算是積極的善行。我在一次座談會中，聽臺大哲學系傅佩榮教授談儒家的人際關係。傅教授將儒家的人際關係分成三種境界，六個層次。(1)是自我中心的境界，又分生存與發展兩個層次。(2)是人我互動的境界，再分為禮法和情義的層次。(3)是超越自我的境界，再分為無私與止於至善的層次。傅教授並用《論語》中的一段對話舉例。子路「願車馬衣輕裘與朋友共，敝之而無憾」，是情義的層次，顏回「願無伐善，無施勞」，是無私的層次，而孔子「老者安之，朋友信之，少者懷之」，表現了一種對社會的使命感，是止於至善的層次。我們不僅要消極的避免對別人的傷害，還要積極的作出貢獻，服務社會。不過人並不是常常都能保持一致的風格，很多時候，我們看到很多人，雖然一方面對社會有所貢獻，但另一方面卻在傷害他們所貢獻的社會而不自知，或昧起良心置之不顧。

儘管倫理不是為了得到個人直接的利益，然而如善沒有善報，惡沒有惡報，甚至於善有惡報，惡有善報，遵行倫理讓人長時間受到傷害，則倫理很難見諸實踐，只不過成為人們口邊或筆下的虛言而已！曾國藩〈復彭麗生書〉有這樣一段痛切的文字：

　　竊嘗以為，無兵不足深憂，無餉不足痛苦，獨舉目斯世，求一
　　攘利不先，赴義恐後，忠憤耿耿者，不可亟得。或僅得之，而
　　又屈居低下，往往抑鬱不伸，以挫，以去，以死。而貪饕退縮
　　者，果昂首而上騰，而富貴，而名譽，而老健不死。此其為浩
　　歎者也！

要想使人民遵奉倫理，社會的獎懲制度必須與道德原則一致。二者背
道而行，是社會在口頭上仁義道德而行為上男盜女娼的主要原因。從
個人在組織之中地位之升遷，在社會上名聲之榮辱，到鄉里社區之間，
十目所視，十手所指，都構成社會獎懲制度的一部分。

　　在規範日趨微弱之今日，我們除了希望社會上每一分子，都能了
解倫理對社會有效運作之重要性，也希望有力量實施獎懲的組織，包
括政府、學校、企業、媒體、各種職業、專業團體……等，都能以行
動和言論發揮獎善懲惡的作用，為我們的社會保住倫理的元氣。在過
去幾年，我們中華民國群我倫理促進會，以推動企業倫理作為活動的
一個重點，就是希望企業能在維護社會倫理方面，扮演一個中流砥柱
的角色。我也衷心盼望有影響力的媒體，要獎善懲惡，為社會樹立良
好的典型，不要獎惡懲善，帶壞了社會的風氣。

第二十一章 社會偏異行為制度
因素的觀察

一、人心不古，世風日下？

　　本月 22 日至 23 日，臺灣大學舉辦「跨世紀臺灣的文化發展研討會」，23 日靜宜大學校長李家同先生在李遠哲先生主持的座談會中，對建立倫理規範提出呼籲，24 日各報都有報導。根據《中央日報》的報導：

> 李家同憂心忡忡的說，大學在培養精英分子的同時，卻忽略社會有黑暗的一面，青少年犯罪越來越嚴重，我國雖號稱有五千年文化，卻發生少年手刃父母、研究生殺人毀屍、四十名明星學校學生集體械鬥等其他國家罕見的案件，在已開發國家中，臺灣的綁票案件可能居首……

李校長所說的這些行為都屬社會偏異行為。所謂偏異或偏差是指偏離正途，不符合社會的規範，換言之，偏異行為就是偏離社會規範，不

本章係作者在 87 年 11 月 7 日救國團社會研究院與聯合報共同主辦「社會省思——第六倫與群我關係之再探討研究會」之引言報告。

為社會規範所容許的行為。偏異行為的範圍很廣，並不是都到達犯罪的程度，甚至也不一定嚴重到與倫理道德相違背。

偏異行為在任何社會，任何時代都存在。我們自古以來就說「人心不古，世風日下」，好像偏異行為越來越多，也越來越嚴重。然而《孟子》中就有一段這樣的記載：

世衰道微，邪說暴行有作；臣弒其君者有之，子弒其父者有之。孔子懼，作春秋。

看來孔子的時代，並不比今天更祥和、安定。事實上，孔子的思想正是希望為混亂失序的社會建立和諧與秩序。社會的發展和經濟的發展一樣，並不是呈一條向下或向上的直線。不過我們在臺灣這些年來，似乎大家都覺得真是世風日下了。可惜我們缺乏一個客觀的指標來衡量。

二、社會的組織與運作

人何以不離群獨居，享受自由自在的生活，而要集居組成社會，受社會的約束？因為人在社會中，由於分工、專業、互助、合作，使生產力提高，可以更有效的解決生存發展的問題；此外，社會也開拓了人生的境界，豐富了生命的意義。先總統蔣公有一幅對聯說：

生命的意義在創造宇宙繼起的生命，生活的目的在增進人類全體的生活。

上聯所說的是人生的生物意義，下聯所說的是人生的社會意義或文化意義。

　　單就生物的層次而言，人生的意義無非是個體的生存與總體或群體的繁衍；真是「人之異於禽獸者幾希？」更悲哀的是，個體的生存不過是群體延續的工具或過程而已！正如馬爾薩斯在他的《人口論》中所說的，一種生物如果不受到節制，就會不斷繁衍增加，人也是一樣。馬爾薩斯認為人口增加要受糧食的節制，其實節制人口增加的因素豈止糧食一項，自然資源特別是能源的供應有其極限，都是我們當前常常關心的問題，不過科技的發展，使這些限制因素最後可能來臨的時間不斷向後展延。

　　社會的形成開展了人生的領域，使人生在生物的意義之外，並有社會的意義，而社會的意義更重要，也更豐富。人在社會中感到有成就、有貢獻、有意義、有情意、有愛、有歸屬，也有各種世俗的報償，如財富、權勢、地位、聲望、名譽等。這些都是人在社會中追求的目標，但不是都能得到。人們的聰明才智不同，努力的程度不同、機會不同、有幸與不幸，有不同的偏好，也有熱中與淡泊的區別。

　　社會的組織及其運作的原則，大致是自然發展的結果，儘管我們相信，自古以來若干有影響力的聖哲之士，曾經有重要的投入。然而我們觀察社會的運作，發現社會是如此組織，藉由其組成分子對本身目的的追求，達成社會自己的目的。社會的目的是什麼？一個健全的社會其主要目的至少有以下三個：第一是安全，對外抵禦侵略，對內維持治安，使個體的生存與群體的延續可以得到基本的保障。第二是進步，使社會分子在物質和精神上的滿足與時俱增，具體的表現如經

濟成長與政治的民主化。第三是和諧，即社會分子融洽相處。簡單的說，社會的目的就是促進其構成分子全體長期的福祉，使人生更豐盛，而一種文化的成就，就看其在達成社會目的方面的表現。

西方經濟學的鼻祖亞當·史密斯(Adam Smith)認為，個人追求自利(self-interest)的努力，冥冥之中好像有一隻看不見的手引領，達成社會的公益，其效果往往比蓄意促進公益更為有效。這就是史密斯的公益與私利調和學說。以上見於史密斯的《國富論》或譯《原富》。《國富論》初版於1776年問世，不過史密斯在他十七年前的《道德情操論》(The Theory of Moral Sentiments, 1759)一書中指出，雖然自利是一種很強的動機，不過人的動機有多種，人的行為常常表現出仁慈(kindness)和寬大(generosity)的美德。自利常受良心(conscience)的節制。

在亞當·史密斯之前二千年，中國的司馬遷在《史記》〈貨殖列傳〉中，表現了大體上相同的思想。司馬遷說：「天下熙熙，皆為利來，天下攘攘，皆為利往。」利之所在，社會所需要的物品，自然有人去生產，社會所需要的工作，也自然有人去做。為了追求利益，當然也出現一些負面的活動，如逞強鬥狠的「閭巷少年」，出賣色相的「趙女鄭姬」和「舞文弄法」的貪官小吏等，真是古已有之，不知是否「於今為烈」！不過司馬遷也和史密斯一樣，在討論追求財富的動機之重要性同時，強調道德的特質。他在〈貨殖列傳〉特別標榜陶朱公、子貢和白圭三位品德與學問兼備而又善於經營的企業家，令人十分嚮往！

為了使社會有效運作，構成社會的個別分子也就是社會的成員，必須遵守一定的規範。這些規範的基本原則，就是個人的行為直接、間接不侵害他人的利益，甚至進而有助於成就他人的利益。由於社會

規範對社會有效運作的重要意義，所以任何社會都將對規範的遵守，
當作教化的重要工作，經由其教養體系，包括家庭、學校、機關團體、
宗教和政府，內化為社會成員人格的一部分。孔子說：

> 君子入則孝，出則弟，謹而信，汎愛眾而親仁；行有餘力，則
> 以學文。

品德優先於知識，不僅是我國教育的傳統，其實在西方社會也是一樣。

遵守規範，踐履倫理，對個人而言，是修身的目標，是做人應追
求的「最終目的」(ultimate end)，並非達成其他功利目的的手段；對社
會而言，則是一項重要的手段，誘導個別分子有秩序的努力，達成社
會自己的目的。

究竟這種對規範的遵守是出於人心本有之善，抑後天學習的結果，
我國自古以來有很多爭論。也許我們可以說，縱然是出於人性之本善，
但光是善端和善念是不夠的。《論語》有這樣一段記載：

> 子貢曰：「我不欲人之加諸我也，吾亦欲無加諸人。」子曰：「賜
> 也！非爾所及也。」

子貢猶且不及，所以曾子要「吾日三省吾身」，以檢討自己的品性。

三、教育制度的功與過

本月 26 日，《中國時報》刊載，由中國時報生活新聞中心，邀請

青少年問題專家，舉行「青少年問題面面觀」座談會的精彩內容。歸納會中專家的意見，大致可以得到幾個重點：第一，人生很複雜，青少年「對生命有矛盾、有衝突、也有嚮往和夢想」（李小敏），但當前的教育系統，將一切教育化簡為智育，而以學業成績為衡量一切成就的標準。第二，不能符合學業標準的學生受到忽視，被學校放棄，甚至成為「中輟生」。「他們這一生很難跳脫無知、貧窮、犯罪的惡性循環……青少年得不到認同感，他面對挫折的能力很低，容易憤怒、傷人和自殺；他們也抽菸、酗酒、嗑藥……其實他心裡想，反正爛命一條……」（彭台臨）。第三，家庭教育式微，親子關係發生問題，很多父母養而不教，或不知如何教育子女。第四，不過仍有很多可敬的青少年，在困難的環境中，珍惜求學的機會，力爭上游，可見個別的責任仍應重視，不可將一切責任推給家庭、學校和社會。

家庭和學校一向是社會實施教化的主要制度，藉以維護傳統、強化價值與傳遞文化。經濟發展與都市化的結果，改變了家庭的型態，使家庭仰事俯畜和教育子女的功能式微。第一，家庭的規模縮小，核心家庭代替了傳統三代同堂的大家庭。1997 年臺灣家庭的平均人數只有 3.5 人，很多家庭夫妻同時工作，子女乏人照料和管教。第二，家庭經濟日趨富裕，子女在物質供應不虞匱乏的生活中長大，不知物力維艱，也不知有所節制。第三，子女人數減少，一般家庭只有一、二個子女，兩個子女間往往有若干年間隔，因而每一子女都像獨生子女一樣成長，沒有機會在家庭中學習與人相處及為別人考慮。第四，升學競爭激烈，努力準備功課，考上理想的學校，成為所有家庭最優先的目標。與考試無關的知識都不重要，更無論品德與生活教育。為了

使子女有更多的時間準備功課，往往免除他們在家庭中的雜務，和傳統所重視的灑掃應對，他們的要求常常獲得滿足，他們的錯誤常常得到寬恕。

在學校教育方面，學校是培養學識與品德，造就人才，蔚為國用最主要的體系。學校在不同時代、不同社會可能有不同的形式，但是基本功能則相同。我國傳統時代，讀書人十年寒窗，通過考試，出任朝廷官員，布衣可至卿相，而致仕還鄉，又成為地方仕紳。讀書幾乎是唯一的管道，使農民改換門楣，提高地位，也因而使我國自古以來就是一個「階級開放的社會」(open class society)。

在傳統社會中，技術與經濟停滯，農業是主要的生產形式和所得來源。絕大多數人民，安於宿命的安排，從事世代相傳的職業，只有少數人嘗試通過教育，改變宿命。因此，一方面維持了社會的穩定與和諧，一方面也提供了必要的流動性。然而進入顧志耐(Simon Kuznets)所說的現代成長時代(modern growth epoch)，經濟成長，工商業發達，各種專業興起，政治民主化，為社會提供了各種取得財富、地位與名聲的機會，也引起全民覺醒共同追逐，但大致都須通過教育的窄門。在參與社會追逐之前，先要通過教育的競爭。

臺灣教育的發展，過去主要配合經濟發展的需要。1950 年代強調國民教育的普及，60 年代將六年國教延長為九年，70 年代重視高中階段職業教育的發展，將高中與高職學生的比例訂為 3：7，直到 80 年代才加速發展高等教育，以提供科技產業發展所需要的高級人力。但經濟發展，每人所得提高，一般家庭都希望子女能接受高等教育，對高等教育的需要增加。然而早期高等教育的名額有限，80 年代後期以來

雖迅速增加，但供給仍有不足，聲譽和品質也有不同，學生爭相進入
心目中理想的學校，導致國中階段和高中階段激烈的升學競爭。

升學競爭影響一般學校的教育內容和施教方式，致使中學階段的
教育只重視智育，而在智育當中只重視與升學考試有關的部分。國中
教育的目標為了升高中，而且只為了升高中，高中教育只為了升大學。
中學階段的學生夜以繼日，背誦、記憶、參加補習和大大小小的考試，
疲憊不堪。課業表現優異的學生受到師長和家長的青睞，表現落後的
學生被冷落甚至放棄。26日《中國時報》刊載的座談內容中，和平醫
院精神科李慧玟主任說：

> 我遇到一些不愛讀書會抽菸、蹺課的小孩，他們說，他們就跟
> 電腦一樣是1和0兩種，聰明會讀書的就是1，不會讀書的就
> 是0，什麼都別談了。

通過升學考試順利進入大學的學生，雖然並不表示一定會有光明
的前途，但大致取得了競逐各種世俗目標如財富、地位、聲譽等的初
步資格，而在教育階梯上不幸失足的青少年，雖然並不表示失去了一
切力爭上游的機會，但的確陷於較為不利的地位。當社會所提供的正
當管道過於窄狹，例如未能提供足夠的教育機會，而對目標的重視又
過分強烈，例如目前臺灣社會對金錢利益與政治權勢的熱中，乃注定
從制度中製造出大批受盡挫折和打擊的成員，其中不免有若干難以心
悅誠服、認同社會的主流價值與規範，而在社會規範的力量微弱時，
表現為偏異甚至邪惡的行為，不僅影響社會的安定，也損害社會的效

率，影響社會與經濟的進步。

在這樣的家庭與學校環境下成長的青少年，很容易表現出下面的特質：將一切優惠視為當然，不知感恩，也缺少對別人的體諒。他們勇於主張自己的權利，卻不願承擔自己的責任；他們常常挑剔別人，卻很少檢討自己。追求自我眼前的利益勝過一切，「只要我喜歡，有什麼不可以！」

四、社會需要多樣的才能，人也有不同的才華

人的素質不同，性向不同，興趣與喜好也不同，不能用單一的標準衡量，也不可能以簡化的教育方式啟發。社會也需要各方面的人才和能力，而且社會越進步，其所需要的才能越多樣。所以我國的教育原則自古主張因人施教。《論語》：「子以四教：文、行、忠、信。」包括知識、行為與品德。孔門弟子中，顏淵、閔子騫、冉伯牛、仲弓主修「德行」，宰我、子貢主修「言語」，冉有、季路主修「政事」，子游、子夏主修「文學」。

孔子自己就是一位有多樣才能的人物。《論語》中有這樣一段很有意思的記載：

> 大宰問於子貢曰：「夫子聖者與？何其多能也」，子貢曰：「固天縱之將聖又多能也。」子聞之曰：「大宰知我乎？吾少也賤，故多能鄙事。君子多乎哉？不多也。」牢曰：「子云，吾不試，故藝。」

最後一句的意思是說：我不遇於世，用不著迎合國君的需要，所以可以隨興趣所在，發展多樣的才藝。我們如借這句話諷示當前的情形，不妨說：我因為用不著參加升學考試，可以隨興趣之所在學習，因此能發展多樣的才藝。此外，子貢雖然專修言語，但是並未妨礙他成為一位成功的企業家。孔子說：「賜也不受命而貨殖焉，億則屢中。」子貢也是一位多才多藝的人物。

　　李遠哲先生在一支公益電視廣告中，談到他少年時期就讀的新竹中學和辛校長，他說：學校是一個充滿興趣的地方，怎麼會有學生逃學！然而將學校教育化簡為升學準備的工作，不僅窄化了學習的範圍，趣味也隨之喪失。

　　我們必須承認，任何社會、任何時代都會有偏異甚至邪惡的行為。這些違反社會規範、破壞社會秩序、損傷社會效率的行為，或由於生物的因素，或由於環境的因素，不能都歸因於制度。然而如果教育系統未能重視品德教育，社會又提供強大的誘因，鼓勵人民追求自我的利益，自然會有較多的機會，出現偏異的行為，而在知識教育中遭受挫折的青少年，更容易誤入歧途，以致斷送將來的機會。因此國家應提供多樣充分而有彈性的教育機會，讓所有的人都可以適才、適性發展他們的潛能。

第二十二章　臺灣企業倫理的使命與重建

一、倫理的意義

倫理是人與人相處應遵守的原則，推廣為人在社會上為人處世的原則，通常被當作道德的同義詞。我國儒家倫理的最高原則是仁。仁者愛人，其出發點是發自內心推己及人的愛心。《孟子》〈公孫丑篇〉：

> 今人乍見孺子將入於井，皆有怵惕惻隱之心也。非所以內交於孺子之父母也，非所以要譽於鄉黨朋友也，非惡其聲而然也。

然而，雖然仁是一種做人的普遍性原則，但在現實生活的實踐中，則隨了人際關係的親疏遠近有很大的不同。

儒家文化的人際關係以五倫為核心，即父子、兄弟、夫妻、朋友、君臣。在這種個人與具有特定關係、特定對象的關係中，個人有一定的義務，而對對方也有一定的期待，例如父慈子孝、兄友弟恭、夫妻有義、朋友有信，君使臣以禮，臣事君以忠等。這種態度甚至當對方

本章係作者 88 年 5 月 28 日在中央大學「企業倫理與永續發展研討會」之專題演講。

不以社會所期待的方式回應時，仍逆來順受，犧牲自己的權益，甚至生命，堅守本分，如忠臣之對昏君，孝子之對不明事理的父親，使正常的倫理關係得以維護，社會因而得以順利運轉，也留下若干忠孝節義的故事，樹立倫理的典範，為後人所歌頌、讚歎！至於對缺乏特定關係之陌生對象或陌生大眾，則基本的原則是「己所不欲，勿施於人」，各憑「良心」。

不過這並非容易做到的原則。《論語》〈公冶長篇〉：

> 子貢曰：「我不欲人之加諸我也，吾亦欲無加諸人。」子曰：「賜也！非爾所及也。」

尤其當「良心」和私欲發生衝突的時候，在缺少制度的約制與外在監督的情形下，良心的堅持有時需要很堅強的道德意志。

英哲亞當‧史密斯(Adam Smith)對倫理和我國儒家有大致類似的看法。史密斯在他的《道德情操論》(*The Theory of Moral Sentiments*)第一篇〈論同情〉(of Sympathy)開宗明義就說：

> 無論我們認為人如何自私，在他的天性中顯然有若干原則，使他關心他人的幸福與喜樂，雖然他從中並無所獲，只不過樂於見到而已。❶

---

❶ Adam Smith, *The Theory of Moral Sentiments*，臺北，協志工業出版公司，78 年 4 月，p. 1。

史密斯認為，我們從他人的哀傷中感到哀傷，是一種顯而易見的事實，不需要任何證明。而且這種情緒，像人性中其他原始的熱忱一樣，並不限於善良慈悲之士，即令窮兇極惡之輩與鐵石心腸的亡命之徒，亦非全無同情之心。❷

史密斯認為，每個人都比照顧別人更宜於照顧自己和善於照顧自己；每個人都比感受別人更能感受自己的喜樂和痛苦。感受自己的喜樂和痛苦為原始的感覺，感受別人的喜樂和痛苦則為此種感覺所反射或同情的影像，前者是實體，後者是投影。除了自己之外，接著就是家庭。我們對家人的關切勝於對大多數的外人。不過即令同一家庭的成員，也不是沒有親疏遠近之分。人的天性，對兒女比對父母更多同情與感應，對兒女的無微不至，也勝於對父母的尊敬和感激。事實顯示，兒童之生存全賴父母的照顧，但父母的生存並非天生依賴子女的照顧。在自然的眼中，兒童似乎比老人更重要，也往往激發更強烈、更普遍的同情。史密斯補充說：

> 事實亦應如此。因為萬事都有待於兒童，或至少可從兒童處得到希望。❸

史密斯的《道德情操論》出版於 1759 年，較《國富論》初版早 17 年。經濟學者多引用《國富論》而少引用《道德情操論》，二書互相補足，而非互相矛盾。❹在《國富論》中，自利被當作促進經濟進步的

---

❷　同上。

❸　同書，pp. 313–314。

基本動力。不僅如此，而且個人只要追求自利，冥冥之中自有一隻看不見的手，帶領其達成整個社會的利益。但在《道德情操論》中，史密斯指出，雖然自利是一種重要的動機，但是人的動機有多種，自利不但常受「良心」(conscience)的節制，而且人的行為往往反映出仁慈(kindness)與寬大(generousity)等美德。

二、倫理的社會功能

我們如果只強調史密斯追求自利可以有效達成公益的說法，很容易誤導大家忽略了一些重要的條件，例如制度、法律和倫理，而倫理是他在《道德情操論》中討論的課題。追求自利不能損及他人的利益，這是任何合理的社會都應維護的原則，孔子說：

> 富與貴是人之所欲也，不以其道，得之不處也。(《論語》〈里仁篇〉)

孔子又說：

> 不義而富且貴，於我如浮雲。(〈述而篇〉)

從經濟學的觀點看，個人得到利益如果是由於他人失去利益，則對整個社會而言，所得或財富並未增加，當然不能成為一種美德。但

---

❹　Edward W. Kyun, *In The Words of Adam Smith*, Thomas Horton and Daughters, 1990, p. 209.

如個人得到利益是由於創造了新增的價值(additional value, added value)，社會的總所得因而增加，甚至比個人所獲的利益更多，因為新增的價值為多人所分享，在這種情形，個人追求自利，使社會全體的所得與財富增加，自然應該得到道德上的支持，並加以鼓勵。因此在技術停滯、經濟沒有成長的社會與技術不斷進步、經濟持續成長的社會，社會對追求經濟利得的態度基本上是不同的。一般而言，前者消極、淡泊，後者積極，甚至流於急切。

史密斯的《國富論》第一版於 1776 年問世，一般認為 1776 年也是英國工業革命開始的一年，機器代替勞動使生產力不斷提高，導致持續的經濟成長。事實上，以平均每人產量持續增加為特色的經濟成長在 1776 年以前的英國就已經存在。史密斯在《國富論》中曾以富裕(opulence)和進步(progress)兩種不同的情況比較中國和當時的英國。他認為中國的經濟情況雖然富裕，但沒有進步（成長），英國雖然不富裕，但不斷進步。現代經濟成長從英國很快蔓延到歐洲大陸和美國，使歐洲和北美成為最早進入現代成長的地區，因而也成為目前世界上經濟最先進的國家。在亞洲，日本要到 1860 年代明治維新以後才急起直追，進入顧志耐(Simon Kuznets)意義的現代經濟成長的年代(modern growth epoch)。

臺灣在過去數十年中，舉國上下發展經濟，努力追趕先進國家，以平均每人所得而言，目前離世界上最富有的國家，雖然仍有相當差距，但已被歸類為「先進經濟」(advanced economy)。在成長導向的努力中，金錢成為一項最重要的成就指標，也是促進經濟成長最重要的誘因。強烈的賺錢動機衝激社會的規範，使倫理的約束力衰微，社會

失序。然而有效的規範可將牟利的熱忱導向創新的途徑，成為科技進步、生產力提高、經濟成長的動力。一般往往以賺錢當作資本主義的特質，然而德國的經濟史學家瑪克司・韋伯(Max Weber)指出，資本主義的特質不是追求經濟利益，反而是對追求經濟利益的約制。他認為貪財是自古以來所有國家都有的現象，他特別拿中國的車夫和義大利的船夫舉例，但是資本主義經濟發展只在少數特定的國家出現。

　　經濟發展在社會方面所引起的變化是人口迅速增加，都市化，人際關係改變。人口向都市集中，傳統的大家庭為現代的小家庭所代替，五倫的關係雖仍重要，但個人與並無特定關係的陌生者或社會大眾之間的互動日趨頻繁和重要。個人的活動不僅對原以為不相干的陌生者直接或間接發生影響，而且隨了科技水準的提高，個人活動的能量擴大，影響的程度也增加。例如過去一般家庭很少產生垃圾，如今垃圾泛濫成災，處置困難。再如過去步行或騎腳踏車，未聞產生空氣污染的問題，如今汽車和摩托車行駛所產生的二氧化碳，不僅危脅著人體的健康，而且進入大氣，產生溫室效應，其長遠的後果不堪設想。

　　這種個人或個別廠商的活動有意或無意、自覺或不自覺所形成的社會負擔，屬於一種外在成本，行為者不必支付代價，而由無關的陌生者不由自主的承擔。其影響可能是小至個人不守秩序所造成的混亂，大聲喧嘩所產生的噪音，可能是大如私人或公共工程所造成的環境破壞，也可能是竊取公共財物所造成的租稅負擔，或盜用智慧財產致被盜用者遭受損失，甚至使國家為之蒙羞……。然而由於影響的形成可能間接而迂迴，產生的成本可能分散而難以察覺，因而行為者不易有罪惡感，且易於逃避，因而不易加節制。

　　有鑑於這種情形，李國鼎先生於民國 70 年提出「第六倫」的概念，也就是「群我倫理」，並撰文加以闡述。他指出，經濟發展改變了社會結構，人際關係隨之發生變化。個人與陌生社會大眾之間的關係日益重要，但缺少為大家共同遵守的行為準則加以規範，以致個人追求自己的經濟、政治或社會目標時，傷害到不認識、不確知的陌生大眾，形成或大或小的社會成本，個人自己也會反過來身受其害。李先生說，一個國家不可能長時期道德落後而經濟進步。民國 80 年李先生在企業界、學術界和公益人士的敦促下，號召成立「中華民國群我倫理促進會」，並當選理事長。

　　從民國 80 年到今天，群我倫理促進會舉辦了很多活動，近年將活動的重心放在企業倫理的推動。這樣的選擇主要由於兩個原因：第一，倫理應與社會上的獎懲制度(incentive system, rewarding system)一致。雖然道德被當作絕對價值(absolute value)，遵守道德是做人的本分，不是為了得到好處。然而如果制度獎惡懲善，壞人得不到應得的報應，好人反而常為吃虧的一方，則在長期之中，社會將會成為一個只有少數人堅守原則，多數人陽奉陰違的虛偽世界。目前臺灣的社會中，工商企業最有能力建立一種和倫理原則一致的獎懲制度，作為社會的中流砥柱，為臺灣維護社會賴以有效運作的倫理。第二，企業倫理可以幫助企業維持內部的整合(integration)，鼓舞士氣，提高生產力，對外建立形象，增加商譽，使企業得以永續經營。

三、臺灣的企業倫理

　　企業倫理是一個複雜的概念，細分應包括企業內部經營團隊彼此

之間的關係，經營者與股東之間的關係，公司與顧客之間的關係，公司與競爭者之間的關係，公司與社會與環境之間的關係等。

(一)內部關係

中國傳統文化的重要特質，是將團體，小至企業單位，大至國家，當作家庭的關係來經營。美國的未來學家赫曼‧康(Herman Kahn)認為，儒家文化個人與社會之間的關係，強調部分與整體之間的互補與合作。儒家文化注重合作而非競爭，義務而非權力。赫曼‧康認為儒家文化較諸西方文化更有助於經濟的成長。❺

我國傳統的店舖，掌櫃（總經理）居於家長和師父的地位，新進的員工先做學徒，伺候資深的員工，從洒掃應對開始，學習做人的道理和做事的方法，慢慢晉升為帳房、掌櫃或創立自己的事業。目前臺灣資深的企業家，如所謂「臺南幫」的吳修齊先生、吳尊賢先生和高清愿先生，其早期的生涯，大致都循此一方式發展。他們成功的條件，能力強固然是重要的因素，但品德更受到重視。他們共同的人格特質是勤儉、誠信、寬厚、感恩，對父母孝，對公司忠。我們在兩位吳先生的傳記中，可以清楚的看到。❻

最近《遠見雜誌》總編輯莊素玉小姐為高清愿先生所寫的傳記中，❼也表現了同樣的特質。在莊小姐筆下（和在朋友的心目中），高

---

❺ Herman Kahn, *World Economic Development, 1979 and Beyond*, Boulder, Westview Press, 1979, pp. 121–122.

❻ 吳修齊，《吳修齊自傳》，臺北，遠景，1993 年。
　吳尊賢，《吳尊賢回憶錄》，臺北，遠流，1999 年。

❼ 莊素玉，〈高清愿無私開創統一〉，《遠見雜誌》，88 年 5 月號。

先生用人唯德。他進用新人先看成績單，操行重於學業。他謙虛、誠懇，生活簡樸，有強烈的責任感和成就動機，樂於服務，對於替人賺錢比替自己賺錢更有興趣。他對人尊重、感恩。高先生創立統一公司，邀請他的老東家吳修齊先生擔任董事長。在統一公司成立三十週年的慶祝大會中，莊小姐描述高先生以副董事長的身分致詞，他在臺上先向臺下的董事長吳修齊先生深深一鞠躬說：「如果沒有吳董事長，我沒有今天。」態度像小學生對老師一樣恭敬。吳修齊先生和吳尊賢先生對過去提攜過、幫助過他們的人，也懷抱著同樣的感念。

　　另外一位背景完全不同的資深企業家，和信集團的領袖辜振甫先生，出身於富有顯貴的家庭，受有完整優良的教育，同樣以道德品質做為事業經營的基礎。他在就讀於現在的臺灣大學、當年為臺北帝大時，身兼七家家族公司的董事長。畢業後辭卻所有職務，赴日本東京大學研究院進修，嗣後進日本製糖公司任辦事員，從基層做起。他的經營哲學是：

　　　　謙沖致和，開誠立信。

辜先生在其著作中，❽和多次公眾場所講話中，都強調《論語》：

　　　　不患人之不己知，患不知人也。

的做人原則。

---

　❽　辜振甫，《學而第一》，臺北，辜公亮基金會，86 年，p. 8。

　　辜振甫先生和高清愿先生多年來在企業界領袖群倫，他們所經營的事業成功，固然為重要的原因，個人的人格特質，受人信任和尊敬，當是更重要的原因。

　　經濟發展引起社會結構和人際關係的重大變化。赫曼‧康所說的西方人際關係的特質，群體與群體之間的對立，如學生對抗教師，員工對抗雇主，子女對抗父母。也在臺灣出現，且漸成為普遍的現象。❾不過不論在家族、學校、企業或社群之中，倫理仍為維持群體和諧相處、欣欣向榮最重要的基礎。臺積電董事長張忠謀先生在一次電視訪問中被問到他的人生價值。

　　　張先生說，他所信守奉行的價值，形成於兩個世代，也就是四、
　　　五十年以前。他相信禮義廉恥、誠信、勤勉、尊重長輩、回饋
　　　社會；他說這種中國儒家傳統的信念，其實和西方並無二致。
　　　談到臺灣當前的情形，張先生的言辭神情若有憾焉！張先生說，
　　　至少他在主持的臺積電中，努力維持這樣的價值；管理階層以
　　　身作則，加以實踐，形成公司的文化。❿

張忠謀先生的實踐，正是「中華民國群我倫理促進會」所推行的企業倫理。「群我」並且希望將倫理以企業為基礎，推廣到整個社會。

---

❾　Sun Chen, "Investment in Education and Human Resource Development in Postwar Taiwan," in Stevan Harrell & Huang Chün-chieh (eds.), *Cultural Change in Postwar Taiwan*, Boulder, Westview Press, 1994, pp. 91–110.

❿　孫震，〈臺灣經濟理論的演變與重建〉，《理論與政策季刊》，87 年 12 月。

(二)與股東和顧客之關係

宏碁公司的董事長施振榮先生在他的大作中說，宏碁照顧利益的優先順序，第一是顧客，第二是員工，第三是股東。而他自己的利益則放在顧客、員工和股東後面。實際上經營者、股東、員工和顧客四者的利益，在長期中是一致的。他說：

> 企業價值的高低，取決它對社會貢獻的多寡，而企業對社會最大的貢獻，是提供高品質產品與服務來滿足消費者的需求；為了提供高品質產品與服務，必然要有高素質的員工，因此企業必須訓練人才、照顧員工。如此，公司經營成功，利潤自然回饋給股東。而我的利益，就擺在顧客、員工和股東後面。⓫

經營者照顧到各方面的利益，自己的利益因而也得到照顧，這不僅符合倫理的原則，也符合功利的原則。所以我國的傳統老店往往以「貨真價實」、「童叟無欺」為號召。

不過，欺騙顧客，出賣員工，甚至犧牲股東的例子時有所聞。這種例子不僅出現在今天的臺灣，在過去、在外國也一樣存在。這一方面固然是企業倫理的問題，同時也是法律和制度的問題。在缺乏制度節制和法律嚇阻的情形下，倫理的力量有時並非十分堅強，特別是當本身的成敗面臨重大考驗，或本身的利益面臨重大損失的時候。臺灣在去年年底至今年年初有很多類似的例子。我們幾乎難以相信，經營者（往往是企業的董事長），勾結二、三親信，在一兩個星期之中，可

⓫ 施振榮，《再造宏碁》，臺北，天下文化，1996 年，p. 10。

以將公司龐大的資產轉移為私人所有，使債權人和股東蒙受重大的損失，而金融機構和納稅人，也因政府的介入，增加額外的負擔。

㈢與競爭者之關係

維持公平的競爭，尊重競爭者的權益，是一項倫理的原則，也是促進效率和提高生產力的機制。《孟子》〈公孫丑篇〉有這樣一段記載：

> 古之為市者，以其所有易其所無，有司者治之耳。有賤丈夫焉，必求龍（壟）斷而登之，以左右望而罔（網）市利。人皆以為賤，故從而征之。征商，自此賤丈夫始矣。

在這一點上，孟子的主張可能稍嫌嚴苛。他雖然希望維持一種參與者所獲得的資訊相同的競爭條件，如果其中一人登高四望，對市場情況有較多的了解，自然占有較大的優勢，因而使競爭失去了公平的基礎。不過，只要「有司」並不排斥別人也可登上此一土堆，則這位捷足先登者，其實很接近熊彼得(Joseph Schumpeter)所說的創新(innovation)的一種形式。一旦別人也登上此一土堆，壟斷的優勢即隨之消失。

經由發明和創新取得的智慧財產權，應是最具有積極意義的競爭優勢，也是長期中經濟成長最主要的來源，因而應予保護，以保障發明和創新者的利益，鼓勵其更加努力。

在臺灣，政府多年來努力宣導保護智權的觀念，大力取締仿冒，有顯著的成效，然而仍然常會受到外國的指控。可能在一般的觀念中，對無形財產特別是尚未實現的無形財產的侵犯，比較不會像對有形財產的侵犯一樣有罪惡感。

㈣與社會之關係

　　大約十年前，臺大成立學術發展基金，李添財先生、吳尊賢先生、辜振甫先生捐贈巨款，成為創始的基金。去(1998)年 7 月，吳尊賢先生又慨捐新臺幣二億元為臺大建造「尊賢館」，作為國際學術交流接待訪問學者之用。吳先生在捐贈典禮上說：吳氏子弟和相關企業中的很多員工畢業於臺大，臺大為我們國家培植了很多人才。他多次對臺大捐贈是表達感念之意。回憶十年前他捐贈一千萬元，作為臺大學術發展基金會的初始捐款，我當時擔任臺大校長向他求助時的為難，他說：

> 教大學校長開口向人要錢，比要他的命都難。今後我們應更主動，不要等人開口。

　　大約在同一時間，吳尊賢先生對臺南的成功大學也有巨額捐款。

　　企業家的主要收入是利潤。利潤是企業家組織生產因素，創新、經營的報酬。生產因素包括土地、資本和勞動，各按其市場供需的情況，獲得應得報酬，因此利潤並非對某種生產因素剝削的結果。企業家自可心安理得的保有。然而企業家並非在任何條件下都可以創造利潤。經濟理論告訴我們，在停滯的經濟中，利潤為零，淨投資為零，儲蓄和投資相等，亦為零，由於沒有投資，故經濟成長率亦為零。創新需要憑藉一定的「知識存量」(the stock of knowledge)，可以從中導出技術進步，使生產力提高。創新需要有可用的資本，以融通生產和營運的活動；創新需要有訓練有素的人力；創新也需要市場和使市場可以有效運作的法規和制度。這些因素為企業家的創新提供了外在的

條件。因此成功的企業家以其一部分所得回饋社會，也可視為對其所享有的外在利益(external economies)的一種酬謝。

　　臺大管理學院的徐木蘭教授在今年 5 月 7 日臺灣電機電子工業同業公會工商倫理委員會與中華民國群我倫理促進會合辦的「工商倫理系列講座」的演講中指出，研究結果顯示，經常舉辦或贊助公益活動的企業，在顧客的心目中有較好的形象，當其涉及不當的事件時，較易獲得諒解，因而可以輕易度過困難。不過縱然企業家可以從其公益支出中獲益，我們寧願相信，企業家對社會的付出，是出於一種高尚無私的善念！

㈤與環境之關係

　　倫理從人際關係推廣到人與自然環境的關係，是因為經濟活動對我們居住的環境和大自然產生了不利的影響，反過來影響我們自己。這種觀念其實在孟子的時代就存在。孟子說：

> 數罟不入洿池，魚鱉不可勝食也。斧斤以時入山林，林木不可勝用也。(〈梁惠王篇〉)

隨了科技水準的提高，人類的創造力和破壞力同步提高。經濟發展的結果，幾乎使全世界的森林、土地、河川和海洋都受到累積性的破壞，而臺灣由於人多地少，過去急切的追求經濟成長，環境的負擔更大。

　　甚至過去幾乎被人類視為無限的大氣，也因化石能源使用所產生的二氧化碳，產生溫室作用，正使人類的生存面臨重大威脅。我在去年 10 月 17 日中華民國能源經濟學會年會的專題演講中曾經說：

大自然原有它自己相生相剋的機制。地球因為有大氣層環繞保護，又有水和空氣使生物出現，人類得以繁殖。人吸收氧氣，製造二氧化碳，樹木吸收二氧化碳，放出氧氣。然而科技進步，經濟成長，人口增加，使人類製造的二氧化碳快速增加，超越了自然機制所能調節的限度。而森林正以每年 16 萬平方公里的速度消失，我們似乎正在加速製造一個日愈不適合自己生存的環境，而最後趨於滅亡。❷

四、善有善報的倫理世界

倫理的出發點是愛心和善意，不僅不是為了得到回報，而且需要節制自己，甚至犧牲自己，以成就別人，或至少不使別人受到傷害。這正是倫理的可貴之處。所以蒲松齡在《聊齋》的一個故事中說：有心為善，雖善不賞；無心為惡，雖惡不罰。行善如果為了貪圖回報，縱然做了善事也不應給予獎賞。做人誠然應當如此！不過，如果制度不能獎善懲惡，讓好人得到保障，壞人受到懲罰，不僅對個人不公，對社會不義，而且有違善良制度增進社會全體長遠福祉的功能。因此倫理對社會上的個別分子而言，誠然是一種義務，一種最終目的(ultimate end)，但對社會全體而言，則是維持和諧、增進福祉的手段。

愛心和善意當其與個人的重大利益發生衝突時，可能變得十分脆弱！善良的文化需要有效的制度作為支援體系：要獎善懲惡，不要獎惡懲善。長時期讓「善有善報，惡有惡報，不是不報，時候不到」，才

❷　孫震，〈能源、環境與科技〉，《能源季刊》，民國 88 年 1 月，pp. 2–7。

能形成溫柔敦厚的善良風俗。然而少數公眾人物短時期惡性的示範，就會引發風氣的敗壞。社會的倫理道德日趨敗壞時，「心靈改革」和「教育」是不可能單獨發生作用的。

　　我們當然希望廠商提供貨真價實、品質優良的貨物和服務，正當的企業也以此自我期許，但市場的競爭比企業主的善意，更能達到服務顧客利益的目的。獨占性公營事業往往產品品質低，價格高，缺少進步，而態度惡劣。所以過去十數年間，民營化成為一種全球性的趨勢。我國也早在 1980 年代初期，即將公營事業民營化訂為重要的經濟政策。

　　由國家立法保障員工的權益是現代國家共同的做法。然而經濟繁榮，達到充分就業，使勞工成為一種稀少的生產因素，多方爭聘，最能使員工獲得實質的利益。亞瑟‧貝恩斯(Arthur Burns)發現，經濟衰退時，餐館的侍者服務態度好，經濟繁榮時，服務態度惡劣，因為很容易在另一家餐館找到待遇更好的工作。大約二十年前，我在行政院經濟建設委員會任副主任委員的時候，芝加哥大學經濟學教授、諾貝爾經濟學獎得主傅利曼(Milton Friedman)訪問經建會。主任委員兼中央銀行總裁俞國華先生主持央行和經建會兩個機構的簡報。簡報完畢，俞先生請貴賓批評指教。傅利曼先生建議說：「廢除中央銀行！廢除經建會！」俞先生笑稱：「很好！這樣我就成為一個 freeman 了。」freeman 與 Friedman 諧音，眾人大笑。我因和傅利曼先生是舊識，戲稱：「這樣我就要失業了。」他說：「你會找到更好的工作。」這就是自由經濟的效率和巧妙之處。不保障，以得到更多、更普遍的保障。

　　去年年底到今年年初，臺灣很多廠商或由於擴充過速，或由於炒

作股票，以致發生財務危機，影響到若干金融機構的安全，政府被迫出面紓困。我們在電視上看到若干經營者，信誓旦旦，說是要負責到底。不旋踵之間，轉移公司巨額資產為己有，使其個人錯誤所發生的虧損，成為無辜股東甚至全體納稅人的負擔。我們固然要感歎企業倫理之敗壞，但是不能不奇怪，我們的法律和制度何以會容許少數也許一、二公司負責人，任意操縱，而且最後盜取公司的資產！公司的其他董事何在？公司的監察人職司何事？按照股票的市場價值作為貸款的依據，也是可以商榷的融資政策。

在對環境的破壞方面，雖然我們不能以任何藉口，諒解若干廠商任意處置廢棄物，製造對土壤、對河川、對水源、對空氣的污染，但是如果政府沒有為我們國家準備適當的場所和方式，處置每日的消費行為和生產行為所必然產生的垃圾，那麼我們假定這些垃圾如何會自己消失呢？

因此，在我們呼籲心靈改革的同時，不要忘記配合的條件和制度，使好人不致常常吃虧，壞人不會常常得逞，也使規規矩矩做事的人不致遭受困難。好心至少沒有惡報，善行才能受到鼓勵而光大，而民德歸厚矣！

目前我們的社會，法律緩不濟急，家庭甚至政府都像西方所說的沒有牙齒的老虎，日漸失去規範行為的功能，似乎只剩下企業，而且是民營企業，尚有能力為我們的社會維護有效運作所需要的倫理。

第二十三章　建立一個老有所養的社會安全制度

　　我國公務人員的退休撫卹制度，於 84 年 7 月 1 日由所謂「恩給制」轉變為「儲金制」。過去的退休撫卹給付係由政府逐年編列預算支付，隨了公務人員平均年齡與退休人數的增加，逐漸成為政府財政的重大負擔，若干地方政府，甚至由於付不出退休金不得不延緩有關人員的退休時間。新制係設立退撫基金，由公務人員與政府共同繳費，納入基金，運用孳息，使退撫經費不虞匱乏。

　　退撫基金和舊制比較，有以下幾項優點：(1)和政府預算分離，免除對政府財政日愈增加的負擔；(2)獨立操作，可以產生通常較銀行存款利率為高的收益；(3)大量資金投入證券市場，從事理性投資，有減少投機、穩定股價的作用；(4)形成一種強制儲蓄，使個人與政府都必須將一部分收入加以存儲，以備未來之需，並為投資提供一部分可以依賴的資金。

　　不過我今天要講的，並不是退撫基金如何運用，以產生更多的收益。我的題目是「建立一個老有所養的社會安全制度」，而公務人員退撫基金是整個社會老人社會安全與福利制度重要的一環。「老有所養」

本章係作者 87 年 5 月 26 日在「八十七年度公務人員退撫基金專題研討會」之演講，後發表於《自由中國之工業》，民國 87 年 8 月號。

有不同的層次。《論語》子游問孝，子曰：「今之孝者，是謂能養。至於犬馬，皆能有養，不敬何以別乎?」子夏問孝，子曰：「色難⋯⋯」。色難涉及精神的層次。所以我們如果用較高的標準來看，「老有所養」的這個「養」字，應包含安全與福祉兩個層次。我們在制度的設計上，可能不容易做到，然而不妨「雖不能至而心嚮往之」。

　　我今天講話的內容，有下面幾個要點：(1)臺灣的人口迅速老化，需要照顧的老人隨之增加；(2)傳統家庭養老事親的功能日漸式微，政府加入，承擔日愈重要的責任；(3)然而政府的任何支出，都是國民全體的負擔，「花別人的錢不心痛」，不負責任的政客，假公義之名，慷他人之慨，不僅增加政府財政的困難，也鼓舞社會貪婪與不勞而獲的風氣；(4)政府的涉入愈多，個人的責任愈減輕，不但加速傳統家庭功能的消失，並有使社會儲蓄率降低的傾向；(5)個人的責任不宜輕易取代，家庭的功能應盡量維護，市場對增進老人安全與福祉有很大的潛力，應多加開發。

一、進入高齡化社會

　　經濟成長初期，人民的生活情形改善，死亡率降低，人口增加率提高，進而妨礙經濟成長，因而產生人口政策。臺灣曾經因為成功的人口政策，促進了快速的經濟成長，然而曾幾何時，我們已經進入一個高齡化的社會。民國 85 年，65 歲以上老年人口占總人口的比率為7.7%。根據經建會的「中推計」，老年人口比率民國 100 年將達 10%，民國 120 年將達 20%。由於人口增加從早期的高成長率迅速降低，因此老化的速度遠高於歐美經濟先進的國家。

　　15-64 歲工作年齡人口對老年人口的扶養比率，民國 85 年為 11.2%，推估 100 年為 14.2%，120 年為 31.4%。也就是說，民國 85 年，平均大約每 9 個工作年齡人口，扶養一位老年人口，此一數字 100 年減為 7 人，120 年再減為大約 3 人。而工作年齡人口當中，並非每人都參與工作，假定臺灣的勞動參與率，今後都維持在近年的大約 58.5%，則到民國 100 年時，平均每 4 個勞動人口即需負擔一位老年人口，到 120 年時，不到 2 個勞動人口即需負擔一位老年人口。生之者日寡，食之者日眾，不但是個人日愈沉重的生活負擔，也是國家日愈嚴重的經濟問題。

表 23-1　臺灣人口年齡結構的變化
民國 85 年、100 年、120 年

年　別	年中人口（千人）				年齡結構(%)			扶養比(%)	
	總　　計	0-14 歲	15-64 歲	65 歲以上	0-14 歲	15-64 歲	65 歲以上	幼年	老年
85	21,438	5,058	14,729	1,651	23.6	68.7	7.7	34.3	11.2
100	23,985	4,865	16,744	2,376	20.3	69.8	9.9	29.1	14.2
120	25,739	4,391	16,246	5,102	17.1	63.1	19.8	27.0	31.4

資料來源：經濟建設委員會人力規劃處，《中華民國臺灣地區民國 84 年至 125 年人口推計》，85 年 6 月 27 日。

　　不過上文的數字只具有統計上的意義，事實上臺灣家庭的型態和功能，隨了經濟成長與都市化，發生了很大的變化，核心家庭成為主要的形式，近年離婚率逐年增加，單親家庭日增，傳統上奉養父母的功能日趨式微。根據經建會的報告，老人與子女同住的比率，從 75 年的 70.2% 降低到 85 年的 64.3%，僅與配偶同住與獨居的老人則分別

從 75 年的 14.0% 與 11.6%，增加到 85 年的 20.6% 與 12.3%。加以壽命延長，80 歲以上的高齡人口增加，民國 85 年僅占總人口的 1.05%，預估 100 年將增加為 2.13%，120 年再增加為 3.81%，顯示「老有所養」不僅是財務來源的問題，而且是醫療保健和生活照顧的問題，而後面的問題可能比財務問題更為困難。

二、目前臺灣的老年安全制度

目前臺灣的老年經濟安全制度大致涵蓋以下四個範疇，即社會保險、社會救助、福利服務和醫療保健。

以社會保險而言，目前公務人員有公（教）保養老給付（一次）與退撫基金給付（一次或年金），職業軍人有軍保退伍給付（一次）與退撫基金給付（一次或年金），大致可以維持衣食無虞，使退休（伍）後的生活得到相當的保障。勞工方面，有勞保老年給付和勞基法退休金，二者都是一次給付，無一定雇主的勞工則只有老年給付（一次），金額微薄，對退休後生活恐怕沒有很大的幫助。對於這三種保險，政府有不同比率的補助，公保和軍保中的軍官部分，政府負擔的比率都是保費的 65%，士官以下為 100%。職業工人政府補助 40%，有雇主之產業工人政府補助 10%。至於沒有保險保障的窮苦老人，則由各種不同的社會救助施予援手。

老人可以享受的社會救助有以下各種：⑴中低收入戶老人生活津貼，家庭平均每人每月收入在最低生活費標準 1.5 倍以下者，每月 6,000 元，1.5-2.5 倍以內者，每月 3,000 元。其符合低收入戶一定條件者，並有生活補助費。所謂最低生活費標準，根據 86 年 11 月 19 日修

正公布的「社會救助法」之規定，是按最近一年，平均每人每月消費支出 60% 計算。⑵老年農民福利津貼，每人每月 3,000 元。⑶榮民院外就養給與，每人每月 12,082 元，其所需要具備的資格，必須符合一定資產調查，且未經政府收容安置者。⑷部分縣市發放敬老福利津貼，金額有 3,000 元與 5,000 元不等，惟因地方財務有限制，發放期間不定。

　　老人的福利服務，包括安養、養護、日間託老、居家服務等。然而由於設施不足或達不到合理的標準，以及制度的有待建立，社會所提供的福利服務和實際需要尚有很大的差距。這方面的問題如果得不到解決，再多的金錢救助，也難增進老人的安全和福祉。

　　至於老人的醫療保健問題，在全民健保實施後，大致獲得了適當的解決。

　　目前各種名目的社會保險，皆以就業者為對象，仍有四百餘萬其他國民未納入社會保險的保障之內。且除政府系統的退撫制度外，老年給付多採一次給付的方式，數額微薄，難以成為老年生活的主要憑藉。86 年 12 月，接受中低收入戶老人生活津貼與老年農民福利津貼的人數經政府主管機關核定，分別為 15 萬 7 千與 42 萬 7 千餘人，合計占 65 歲以上老年人口的 34.5%。我們的社會仍有很多未能享受社會保險，而且得不到社會救助的老人，被遺漏在社會安全保障之外。我們一方面擔心現行複雜分歧的社會安全制度，無法全面提供老人最低生活需要的安全保障，另一方面憂慮政府的責任日愈增加，而政府的負擔日愈沈重。

　　鑑於仍有大量人口不在現行社會保險的保障之內，以及公、勞保

老年給付一次給付的方式，使老年生活面臨很大的風險，政府正在規劃國民年金制度，使全民於到達老年時都能享受到以年金方式給付的基本生活保障。國民年金制度的規劃工作，預定將於下月（87 年 6 月）完成報告，希望於西元兩千年見諸實施。

　　規劃中的國民年金包括老年年金、身心障礙年金和遺屬年金三部分，其與現行各種保險制度的關係採取「業務分立、內涵整合」之原則。所謂「業務分立」，就是公、軍、勞保現行業務繼續維持運行，彼此財務獨立，但可相互委託辦理，其他國民加入新成立之國民年金保險。所謂「內涵整合」，就是各保險體系提出相同給付內涵的基礎年金，以保障老人的基本生活。目前規劃的全額年金為 9,100 元；現行公、軍、勞保一次給付之老年給付年金化，其超過國民年金基礎年金的部分，作為附加給付，由各保險體系自行規劃。國民年金的保費和給付全體被保險人一致，政府補助基礎年金保費 20%，對無雇主之被保險人，可視政府財政狀況提高補助比例，最高達 40%，低收入戶被保險人自付部分之保險費由政府全額補助。隨了經濟成長，物價、所得與生活水準的提高，保費與給付由立法規定同步調整，以避免形成政府財政的片面負擔。

三、天下哪有白吃的午餐

　　我們希望將來國民年金實施後，我國「老有所養」的經濟安全制度，在財務方面，可以逐步形成三重保障：第一層是國民年金與現行各種保險所提供的基礎年金與附加給付，以保障老人的基本生活。第二層是現行公、教、軍退撫基金，以及勞基法與企業自動建制的退休

金，以保障退休、資深國民無虞溫飽與可以維持自尊的合理生活水準。超越此一層次之第三層保障，則必須靠個人自己的努力、勤勉、節儉與善於規劃，同時也有賴社會組織的日趨健全，提供各種理財與儲蓄的管道。我個人尤其對此第三層的保障給予最大的關注，而再三致意。因為個人的責任與努力，實為社會進步、經濟繁榮、國家強盛最基本的因素。西諺有云：「到地獄之路是由善意所鋪成的」(the road to hell is paved by good intentions)，過於周到的照顧，如果傷及個人的責任和努力，在長期中會造成國家重大的災害。

　　不久之前，民意代表和政治人物主張老農福利津貼和敬老福利津貼的激昂慷慨，如在眼前。我們希望立法院諸公在討論國民年金新制，主張提高對被保險人特別是對經濟弱勢的被保險人之保費補助時，不要忘記「羊毛出在羊身上」，或者近年流行的「天下哪有白吃的午餐」，政府一切支出，都是人民的負擔。雖然政府取之於民，用之於民，不過不論取得收入或支付支出，都發生很多行政(administrative)與外部(external)成本，因而使全民所付出的代價，遠超過全部受益者所得到的利益。

　　儘管如上所述，政府的支出是人民的負擔，但是並非所有的人都了解這種情形。同時分攤到個人身上的負擔，往往間接、輕微，不易察覺，尤其是對所得較低、稅負較輕的納稅人，然而對受益人而言，則具體而實惠。因此為政治人物提供了利用的機會：主張對部分選民有目共睹的福利，而以不為人知的全體納稅義務人的負擔為代價，從中獲取自己政治的利益。我們熟悉的免費營養午餐、兒童免費醫療、教科書免費等，都是這類慷他人之慨的例子。事實上，諾貝爾經濟學

獎得主，美國芝加哥大學傅利曼(Milton Friedman)教授的名言「天下哪有白吃的午餐」就是由此而來。天下不但沒有白吃的午餐，而且一切所謂免費午餐，都必須付出更為昂貴的代價。受益人得到「福利」，社會付出成本，政客得到最大的利益。公義並非都像我們直覺感到的印象一樣，是非有時必須作系統的思考才能判斷。

縱然政府經由賦稅的手段，取得必要的財源，可以給老人更多福利津貼和補助，但家庭的親情和溫暖不能由政府以金錢來代替。誠然，社會變遷減弱了家庭在養老方面的功能，然而在老人比例增加的同時，兒童的比例大幅減少，多多少少增加了一般家庭奉養父母的能力，何況祖父母在進入高齡期之前，仍可含飴弄孫，對家庭有或多或少的貢獻。今天我們已經很少看到有眾多子女的家庭，表 23-1 告訴我們對 14 歲以下幼童的扶養比率，民國 85 年只有 23.6%，民國 100 年將下降為 20.3%，120 年將再降為 17.1%。

曾子曰：「慎終追遠，民德歸厚矣！」慎葬父母，祭祀祖先，猶且有使人情風俗歸於敦厚的功能。歐陽修在〈瀧岡阡表〉一文中說：「祭而豐不如養之薄也。」經濟發展讓我們付出了多少文化的代價！傳統家庭的功能仍有努力維護的價值。家庭在社會支援體系的協助下，勉力扮演仰事俯畜的角色，可能是值得我們努力的一種老人安養制度。

四、市場潛力有待開發

老人經濟安全制度涉及兩個層次的問題，一個是經濟來源的問題，一個是生活照顧的問題。政府在為老人提供生活所需的經濟來源方面作了很多努力，但在生活的實際照顧方面需要的努力更多，甚至可以

說尚在起步的階段。

　　臺灣現有在政府立案的安養與療養機構，一方面數量大量不足，一方面又有大量閒置的床位，呈現一種矛盾的現象；在品質方面也多在勉強接受的邊緣。未立案的安療養機構林立，不僅品質參差不齊，而且有若干環境不佳，安全堪慮。不久前臺北縣一家安養院發生火災，搶救不及，死傷多人，引起社會重大關切。然而也像社會上其他不幸的事件一樣，發生之後，喧騰一時，不久歸於沉寂。不過我們欣悉行政院已成立「老人安養專案小組」，內政部也已完成「加強老人安養服務方案」，希望能夠很快看到良好的效果。

表 23-2　臺灣安療養機構（85 年）

安養機構						療養機構					
機　構		床　位		實際安養人數		機　構		床　位		實際收容人數	
公立	私立	公立	私立	公立	私立	公立	私立	公立	私立	公立	私立
16	32	7,145	5,801	4,781	2,310	1	15	442	758	305	539

資料來源：經建會人力規劃處，《我國社會福利現況與展望》簡報，87 年 4 月。

　　一般說來，民意代表與社會學者傾向於由政府負擔較多的責任，經濟學者傾向於由個人、家庭與市場負擔較多的責任，政府則必須了解，在這方面政府所能提供的福利服務既昂貴、又缺乏效率和溫暖。政府的任務應建立制度，訂定法令規章，提供獎助，鼓勵與誘導個人自助，未雨綢繆，早為老年生活作好準備的工作。為人子女者，不可輕易放棄奉養父母的責任。父母養育子女，並非只是一種責任，而是有無盡的愛心。家庭的溫馨與親情，沒有一種政府或機構的福利服務

可以代替。家庭功能的喪失，將使現代功利社會日趨冷漠的人際關係更趨於澆薄。

　　對於提供老人的安養和療養，市場有很大的潛力可以開發。政府如果把老年照顧只當作一種福利或慈善事業來辦，則供給的數量和品質可能永遠都會不足，然而如果看作是一種日愈增加的需要，則需要就會通過市場創造它自己的供給，而且自然會達到要求的品質。這時候政府只需在旁提供最小必要的補助或協助。我們的社會是如此組織，借助個人追求自己的目的，使社會的目的得以有效達到。個人的目的可能是經濟利益（利），可能是社會聲望（名），可能是成就一種事業，也可能是做一件有意義的事；社會的目的主要有安定、和諧、進步與繁榮。因此當我們想要設計一種方法以達到某種社會的目的時，運用社會組織的這種特質，可能比訴諸崇高仁慈的情操更為有效。

　　隨了高等教育的發達與各種專業能力的培育成功，例如社會工作、護理、復健等，我們社會會有很多專家在適合的環境下，從事老人安療養的服務，包括機構服務和居家服務。相信在政府的補助和方便下，很多公益團體、社會組織和志工，也願意一起參與，建立一個完整的老人經濟安全體系。

三民大專用書書目——國父遺教

三民大專用書書目——經濟・財政

三民大專用書書目——會計・審計・統計